Chinese Grammar:
From Knowledge to Competence

汉英对照

汉语语法教程
从知识到能力

徐晶凝　编著

图书在版编目(CIP)数据

汉语语法教程：从知识到能力：汉英对照/徐晶凝编著. —北京：北京大学出版社，2017.5
ISBN 978-7-301-28258-8

Ⅰ.①汉… Ⅱ.①徐… Ⅲ.①汉语-语法-对外汉语教学-教材 Ⅳ.①H195.4

中国版本图书馆CIP数据核字(2017)第085371号

书　　　名	汉语语法教程：从知识到能力（汉英对照） HANYU YUFA JIAOCHENG: CONG ZHISHI DAO NENGLI
著作责任者	徐晶凝　编著
英 文 翻 译	〔美〕David Schultz
插　　　图	郑涵颖
责 任 编 辑	孙　娴
标 准 书 号	ISBN 978-7-301-28258-8
出 版 发 行	北京大学出版社
地　　　址	北京市海淀区成府路205号　100871
网　　　址	http://www.pup.cn　新浪微博：@北京大学出版社
电 子 邮 箱	zpup@pup.cn
电　　　话	邮购部 010-62752015　发行部 010-62750672　编辑部 010-62753374
印 刷 者	天津和萱印刷有限公司
经 销 者	新华书店
	787毫米×1092毫米　16开本　29印张　489千字 2017年5月第1版　2025年5月第3次印刷
定　　　价	79.00元

未经许可，不得以任何方式复制或抄袭本书之部分或全部内容。
版权所有，侵权必究
举报电话：010-62752024　电子信箱：fd@pup.cn
图书如有印装质量问题，请与出版部联系，电话：010-62756370

To students

学习者

"的""地""得"怎么用?
"我四个小时看电视了。"对不对?
"那是一个小舒服的房间。"为什么不对?
"学生把书看得很认真。"为什么不行呢?
"小王走得很快。"和"小王很快地走。"有什么不一样?
"他吃胖了。"和"他吃得很胖。"意思一样吗?有什么不一样?
"我吃了一个苹果"和"我把苹果吃了"有什么不同?什么时候要用"把"字句?
……

你在学汉语的时候,这些问题是不是让你很迷惑 (míhuò / confused, puzzled)?是不是还有很多语法,你虽然学过了,可是还没有完全明白?还不知道怎么用?没关系,选择这本语法书,你就可以找到这些语法问题的答案 (dá'àn / answer)。

为了帮助你更好地了解这本书,我来简单介绍一下书的主要特点 (tèdiǎn / feature)。

我希望通过这本书的讲解 (jiǎngjiě / interpretation) 和练习 (liànxí / exercise),帮助你解决一些"已经学过、但还没有真懂"的语法问题。你一定已经学过一段时间汉语了,知道一些汉语语法的知识,但是,有大部分的语法点 (yǔfǎdiǎn / grammar points),实际上你可能并没有完全理解。比如说,你学过"了""着""过",学过趋向补语 (qūxiàng bǔyǔ / directional complement,如"跑过来、走进去")、学过"的、得、地"等,可是还不知道怎么用。所以,我在书里会帮助你系统地 (xìtǒng de / systematically, thoroughly) 学习、理解汉语的这些语法。

还有一些语法知识,你可能懂了,可是,在实际用汉语进行表达的时候,你却常常不能主动 (zhǔdòng / initiatively) 运用这些知识。比如,你一定知道汉语里的句子语序 (yǔxù / word order) 是"我在北京大学学习汉语",不是"*我学习汉语在北京大学",可是在说汉语的时候,你却常常忘记这个语序,直接按照 (ànzhào / according to) 你的母语 (mǔyǔ / mother language) 语序说出来了。因此，我在书里设计了大量的练习，包括听说读写译 (yì / translation) 各种形式的练习，希望你能按照要求，主动利用 (lìyòng / make use of) 这些语法点来完成练习。这些练习会帮助你内化 (nèihuà / internalize) 语法知识。

在运用 (yùnyòng / use) 汉语的时候，一个一个的词怎么安排在句子里才是准确 (zhǔnquè / accurate) 的？这一定是你常常感到拿不准 (nábuzhǔn / not sure) 的地方。所以，我在书里不但会帮助你了解汉语句子的基本 (jīběn / basic) 语序，还会告诉你每一个语法知识与汉语句子的语序之间究竟 (jiūjìng / on earth) 是什么关系。

另外，为了帮助你更好地理解本书的内容 (nèiróng / content)，我请 David Schultz 先生对本书进行了英语翻译，希望能对你有所帮助。他的汉语非常好，现在是美国一所学校的汉语老师。书里的插图 (chātú / picture) 是我女儿画的，看起来有些稚嫩 (zhìnèn / childish)，希望你能感到轻松好玩儿。

从2014年9月以来，我在www.edx.org平台上开设 (kāishè / open) 了"中级汉语语法"慕课 (Moocs)，讲解了这本书里12章的内容。你在用本书学习的时候，也可以在那个平台上看教学视频 (shìpín / videos)，它会帮助你理解。

希望在学习本书的过程 (guòchéng / process) 中，你会发现：观察(guānchá / observe) 汉语的语法现象 (xiànxiàng / phenomenon)，试着自己去发现语法规律 (guīlǜ / regulations, rules)、总结语法规律，是一件很有意思的事情；语法学习不但没有那么难，而且还是很快乐的。Yes, grammar is never boring. Let's go！

祝你学习进步！

徐晶凝
2016年10月15日

To teachers

教师

本教程是为以汉语作为第二语言的学习者编写的实用语法教材，目的是帮助学习者系统化地梳理已经学过的语法知识，进一步掌握汉语的基本结构规律，以提高他们的汉语水平。因此，本教程主要作为集中式语法教学，即中级语法选修课的教材使用，教学适用对象的汉语能力要求为：已学完甲级语法项目和部分乙级语法项目，掌握《汉语水平词汇等级标准大纲》中的甲级词语，可写作600字以上长度的文章。

对于新手汉语教师，包括汉语言文字学专业背景的教师来说，在讲解某个语法点时，应该怎么设计教学步骤，应该讲解哪些内容，有哪些需要注意的事项等等，也是需要在教学实践中慢慢摸索积累的。因此，本教程也可以作为一本语法教学参考书目，供年轻的同行和汉语国际教育专业的研究生参考，以帮助大家了解现代汉语基本语法项目及其教学注意事项和教学方法。为此，本教程还提供了语法教学实况视频和教案示范，扫描下方的二维码即可直观地感受教程独特的编写理念。

本语法教程的编写理念是："完全打破理论语法的框架，从句子生成的角度出发，把相关的语言项目安排在一起。"

对于学习汉语的留学生来说，他们不需要了解汉语里语素、词、词组之间的分界，词类的判定标准，主语究竟怎么判定等等语法知识，但他们需要知道"一本有趣的汉语语法书"这个词组里有四个定语，而且定语标记"的"或隐或现是有条件限制的，因为这样的语法知识与他们汉语表达的准确性直接相关。因此，在面向留学生的语法课上，我们需要向他们介绍的是与他们的汉语表达能力直接相关的那些语法知识。最基本的内容就是：帮助他们生成语法准确、语序正确的句子。

我最好的朋友昨天在一家书店顺利地读完了一本有趣的汉语语法书。

这是汉语里最复杂的一个句子，说它最复杂，不是因为它长，而是因为它包含了汉语句子里几乎所有的组成成分：主语、谓语、宾语、补语、定语、状语、时体成分。

因此，本教程的编排就按照这个复杂句子的构成一一展开，上编的内容与句子的主干相关，包括时间表达、地点表达、谓语动词（离合词）、补语、定语、状语以及特殊句式"把"字句、被动句等；而下编的内容则与句子的时体情态成分有关。

以这样的理念来选取编排语法项目，目的是希望学生在学完这些语法项目之后，对汉语句子的构成有一个清晰的整体的认识，从而提高正确生成汉语句子的能力。所以，您在使用本教材授课时，最好以这个复杂的句子来贯穿整个学期的教学安排，讲到某章的语法点时，首先要明确告诉学生它对应的是这个复杂句子的哪一个部分。

另外，面向留学生的语法课，目的并不是单纯向学生讲授汉语语法的知识，而是帮助他们提高语法能力，即帮助他们有意识地运用语法结构和语法知识进行表达，从而提高语言表达的准确度和流利度。因此教师在语法课上需要设计各种听说读写译的练习，帮助学生注意（notice）到所学的语法，并能做到用所学的语法进行有效输出（pushed output）。也就是说，面向留学生的语法课，应该是一种以语法项目作为授课线索而进行的汉语听说读写综合训练的课程。为此，本教程设计了大量的练习，包括聚焦于形式的机械性练习，也包括聚焦于意义的交际性练习。您可依据教学课时与学生的实际水平选择使用。

最后，本教程力求做到"语言浅显易懂，讲解深入浅出"，但毕竟是专门知识，对于中级汉语水平的学习者来说，如果没有老师的帮助，理解起来还是有一定的困难。因此，本教程增加了英文翻译，便于学习者自学或复习。您在授课时若需要使用一些英文进行辅助讲解，也可作为您的参考。

有一点要说明的是，您在使用本书的过程中，可能会发现本书对某些语法现象的处理，跟语法学界的一般认识不同，可能是错误的。比如，第三章，"这儿、那儿"都列入了双音节方位词；第九章，"他笑着把门打开了"中的

"笑着"处理为状语。之所以这样处理,完全是为了方便留学生理解学习。因为"这儿、那儿"也可以加在普通名词之后表达处所,如"我这儿、老师那儿、桌子那儿",在这一点上,它们与其他双音节方位词的用法是一样的。而对于留学生来说,他们没必要区分"这儿、那儿"是处所词,"上边、下面"是方位词,事实上赵元任(1979)也是这样处理的。而将"笑着"处理为状语,也是因为从语义上,它是修饰说明"打开门"这一动作的,从位置上来说,它置于主要谓语动词之前,完全符合状语的界定,方便学生理解。

还有一些内容本教程没有谈及,若按照通行的理论语法的框架来看,本教程似乎不够完整。如在第八讲状态补语中没有谈及"看把你累得"这种所谓的省略形式;书中也未介绍介词短语补语(如"我毕业于1996年")和程度补语(如"好极了、冷死了")等等。之所以这样处理,是因为从便于留学生理解的角度看,把"看把你adj.得""adj.极了/死了"等当作固定格式来理解更好,而没有必要让他们了解这是一个状态补语或程度补语。介词短语补语之所以未谈,则是因为该结构具有较强的语体限制,且可使用的动词也相当受限,对于中级汉语水平的学生来说,将"来自、冲向、生于"等作为单独的词语学习更为合适。

自2006年在北京大学开设语法选修课以来,我在语法课的教学内容、教学方法与教学目标上进行了诸多的探索思考;2014年9月以来,还选取了本教程上编中主要的12个语法项目在www.edx.org平台上开设了"中级汉语语法"慕课(Moocs),受到了选课者的欢迎,特别是来自海内外的汉语教师同行,给我提供了很多积极的反馈。基于10多年的教学积累和学习者的反馈,我决定出版这本语法教程,与同行和学习者进行更广泛的交流。

感谢您选择本教程,期待来自您的宝贵意见和建议。

徐晶凝
2016年10月15日

语法术语表 Grammatical Terms

语序	yǔxù	word order	
形态变化	xíngtài biànhuà	inflection	
动词	dòngcí	verb	V
及物动词	jíwù dòngcí	transitive verb	Vt
不及物动词	bùjíwù dòngcí	intransitive verb	Vi
离合词	líhécí	verb-object compound	V-O compound
量词	liàngcí	classifier	
名词	míngcí	noun	N
方位词	fāngwèicí	noun of locality	
形容词	xíngróngcí	adjective	Adj.
虚词	xūcí	function word	
副词	fùcí	adverb	Adv.
介词	jiècí	preposition	Prep.
连词	liáncí	conjunction	Conj.
助词	zhùcí	auxiliary	Aux.
名词性成分	míngcíxìng chéngfèn	nominal phrase	NP
动词性成分	dòngcíxìng chéngfèn	verbal phrase	VP
介词词组	jiècí cízǔ	prepositional phrase	PP
主语	zhǔyǔ	subject	S
谓语	wèiyǔ	predicate	
宾语	bīnyǔ	object	O
定语	dìngyǔ	attributive	Attr.
状语	zhuàngyǔ	adverbial	
补语	bǔyǔ	complement	Comp.
结果补语	jiéguǒ bǔyǔ	resultative complement	RC
趋向补语	qūxiàng bǔyǔ	directional complement	DC
状态补语	zhuàngtài bǔyǔ	predicative complement	Pr.C
可能补语	kěnéng bǔyǔ	potential complement	PC
修饰	xiūshì	modify	
重叠形式	chóngdié xíngshì	reduplicated form	
双音节	shuāng yīnjié	disyllable	
单音节	dān yīnjié	monosyllable	

Contents

引言 Introduction / 1

上编　Part One

第一讲　汉语语法的特点　The Distinguishing Features of Chinese Grammar　　4

1.1 汉语语法的特点一
The first distinguishing feature of Chinese grammar / 4

1.2 汉语语法的特点二
The second distinguishing feature of Chinese grammar / 6

1.3 汉语语法的特点三
The third distinguishing feature of Chinese grammar / 7

1.4 句子结构与"的、地、得"Sentence structure and "的, 地, 得" / 9

第二讲　时点词与时量词　Time Words　　18

2.1 时点词 Time-when words / 19

2.2 时量词 Time-duration words / 21

2.3 几组时间词的用法 Usage of several groups of time words / 29

第三讲　方位词与处所表达　Nouns of Locality and Expressing Place　　40

3.1 方位词 Nouns of locality / 42

3.2 用不用方位词"里"或"上"
Can nouns of locality "里" or "上" be used / 45

3.3 "在、是、有"与存在句 "在, 是, 有" and existential sentences / 49

3.4 在……上、在……中、在……下 / 50

第四讲　离合词　Verb-Object Compounds　　57

4.1 离合词引进宾语的办法 V-O compounds and their "objects" / 58

4.2 离合词的用法 Usage of verb-object compounds / 61

第五讲　结果补语　Resultative Complements　　65

5.1 结果补语的形式 The form of resultative complements / 66

5.2 结果补语的意义 The meaning of resultative complements / 69

5.3 专用结果补语 Special resultative complements / 71

5.4 结果补语的用法 Usage of resultative complements / 80

第六讲　趋向补语　Directional Complements　　86

6.1 趋向补语的类型 Types of directional complements / 88

6.2 趋向补语的用法 Usage of directional complements / 91

第七讲　可能补语　Potential Complements　　103

7.1 可能补语的形式 The form of potential complements / 104

7.2 专用可能补语 Special potential complements / 105

7.3 可能补语与"（不）能"
Potential complements and "（不）能" / 108

第八讲　状态补语　Predicative Complements　　112

8.1 状态补语 V 得 AP / 113

8.2 状态补语 V 得 VP / 118

8.3 状态补语 A 得 VP / 120

8.4 状态补语的用法 Usage of predicative complements / 121

8.5 状态补语与可能补语
Predicative complements and potential complements / 124

8.6 补语总结 Summary of complements / 126

第九讲　"把"字句　把-Sentences　　132

9.1 句子的信息安排与"把"字句
The ordering of information and 把-sentences / 132

9.2 关于"把"字句的注意事项
Special considerations concerning 把-sentences / 136

9.3 几种主要的"把"字句
Several primary types of 把-sentences / 137

第十讲　被动句　Passive Sentences　　153

10.1 "被"字句　被-sentences / 153

10.2 主要的"被"字句句型
The primary sentence patterns of 被-sentences / 157

10.3 其他的被动句 Other passive sentence patterns / 159

第十一讲　定语　Attributives　　　165

11.1 领属关系 NP 中，名词性定语与"的"
Attributive noun and "的" in relative nominal phrases / 166

11.2 属性关系 NP 中，名词性定语与"的"
Attributive noun and "的" in NP of attribution relations / 167

11.3 时间词、处所词、方位词与"的"
Time words, place words, nouns of locality and "的" / 168

11.4 形容词性定语与"的"Adjectival attributives and "的" / 169

11.5 动词性定语与"的"Verbal attributives and "的" / 172

11.6 介词短语定语与"的"
Prepositional phrase attributives and "的" / 174

11.7 数量词定语与"的"Numeral-classifier attributives and "的" / 174

11.8 多项定语 Multiple attributives / 182

第十二讲　状语　Adverbials　　　196

12.1 状语的类型 Types of adverbials / 196

12.2 介词短语状语与"地"
Prepositional phrase adverbials and "地" / 198

12.3 形容词状语与"地"Adjectival adverbials and "地" / 199

12.4 数量词状语与"地"
Numeral-classifier adverbials and "地" / 203

12.5 副词状语与"地"Adverb as adverbial and "地" / 205

12.6 多项状语的顺序 Word order of multiple adverbials / 206

12.7 状语与补语 Adverbials and complements / 209

下编　Part Two

第十三讲　要　会　将　　　220

13.1 要 / 221

13.2 会 / 225

13.3 将 / 227

13.4 S +[未来时点词]+ VP / 230

第十四讲　在　正　呢　　　　　　　　　　　　　　　235

14.1　S +在+ place + V +（O）/ 236

14.2　S +正在+ V（+ O）/ 237

14.3　S +一直在+ V（+ O）/ 239

14.4　S +总在+ V（+ O）/ 240

14.5　S +（正／一直／总）在+ V +（O）+呢 / 241

第十五讲　着　　　　　　　　　　　　　　　　　　244

15.1 "在"与"着"/ 244

15.2（正）V_1 着（O）+ V_2（O）/ 247

15.3 "（正）急着+ V"与"（正／在）忙着+ V"/ 249

15.4　S +（正）在+ place + V_1 着（O）+ V_2（O）
　　　S + V_1 在+ place + V_2（O）/ 250

15.5　处所+ V 着+ O / 251

15.6　V_1 着 V_1 着+ V_2 / 254

15.7　V 着 / 256

15.8 "着"与"呢"/ 257

第十六讲　了　　　　　　　　　　　　　　　　　　265

16.1 "$了_1$"和"$了_2$"的意义
　　　The meaning of "$了_1$" and "$了_2$" / 266

16.2 "$了_2$"的意义和用法 The meaning and usage of "$了_2$" / 269

16.3 "$了_1$"的意义和用法 The meaning and usage of "$了_1$" / 275

16.4　叙事语篇里的"$了_2$"与"$了_1$"
　　　"$了_2$" and "$了_1$" in narrative discourse / 277

16.5 "$了_1$"的注意事项
　　　Special considerations concerning "$了_1$" / 284

第十七讲　过　来着　是……的　不　没　　　　　　291

17.1　过 / 291

17.2　来着 / 295

17.3　是……的 / 296

17.4 "没"与"不"/ 299

第十八讲　V 起来　V 下去　　　　　　　　　　　　　　307

18.1 V 起来 / 307
18.2 V 下去 / 310

第十九讲　动词重叠　Verb Reduplications　　　　　317

19.1 动词重叠的形式 The form of verb reduplication / 317
19.2 动词重叠的意义 The meaning of reduplication verbs / 318
19.3 动词重叠的用法 Usage of reduplication verbs / 319

第二十讲　语气助词　Modal Particles　　　　　　　329

20.1 疑问句与"吗、呢、吧、啊"
　　Interrogative sentences and "吗，呢，吧，啊" / 330
20.2 感叹句与"啊" Exclamatory sentences and "啊" / 338
20.3 祈使句与"吧、啊、嘛、呗"
　　Imperative sentences and "吧，啊，嘛，呗" / 342
20.4 陈述句与"呢、吧、啊、嘛、呗"
　　Declarative sentences and "呢，吧，啊，嘛，呗" / 347
20.5 语气助词用法总结 Summary of modal particle usage / 366

参考答案　Answer Key　　　　　　　　　　　　　　374

主要参考文献　Main References　　　　　　　　　446

致谢　Acknowledgements　　　　　　　　　　　　448

Introduction

我们用语言进行交流，交换信息，就是用一个一个的句子来表达某个事件或存在的某种情况。如，我们用下面的句子进行交流：

We use language to communicate. Sentence by sentence, we exchange information about an event or an existing situation. For example, the exchange below illustrates the simple act of exchanging information through language:

A：你为什么说你的朋友很厉害啊？
B：他昨天在一家书店顺利地读完了一本语法书啊！

B的句子里包含着很多的信息：

Sentence B contains a large amount of information:

（1）谁（我的朋友"他"）、什么时候（昨天）、在哪儿（书店）、怎么样（顺利地）、干什么（读完一本语法书）。

First type: Who (my friend "他"), what time (昨天), where (书店), how (顺利地), what (读完一本语法书).

（2）句子里除了"昨天"可以告诉我们"读书"的时间以外，还有一个"了"，也可以告诉我们一些"朋友读完书"这件事的信息。在语法上，"了"就属于时体（tense-aspect）范畴的语法现象。

Second type: Aside from "yesterday" (昨天) telling us what time reading (读书) took place, there is also a "了" in the sentence, which tells us more information about the event of the friend finishing the book. Grammatically speaking, "了" is considered a tense-aspect marker.

（3）这个句子里，还有一个"啊"，它可以告诉我们说话人B对听话人A的态度以及他对自己所说的话的确信态度。"啊"在语法上叫做语气助词，它属于情态（modality）范畴。

Third type: In this sentence there is also an "啊" which tells us what kind of attitude the speaker "B" holds towards the listener "A", as well as indicating the speaker's attitude of certainty towards his statement. Grammatically speaking, "啊" is referred to as a modal particle, falling under the modality category.

汉语里的情态成分主要有三种：
There are three modality types in Chinese:
- 语气助词 Modal particle：吗、啊、呢、吧、嘛、呗……
- 语气副词 Modal adverb：偏偏、究竟、并、千万……
- 情态动词 Modal verb：能、会、可以、可能、应该……

和（1）信息有关的语法，我们将在本书的上编学习，主要包括时间与处所表达、离合词、补语、定语、状语、把字句、被字句、量词、形容词等。这些语法与句子里的主要组成部分有关系。

We will study the grammar features relating to the first type of information in the first part of this book. These grammar features concern the expression of time and location, separable verbs (V-O compounds), complements, attributive, adverbial, 把-sentence, 被-sentence, classifier, adjective, etc. These grammar features are all related to the primary components of a sentence.

和（2）、（3）信息有关系的语法，也是非常重要的。因为我们在用语言与别人进行交流的时候，有必要把我们所说的事情——一个事件、一个状态或者一种情感等等，跟说话的时间、地点和听话人等因素联系起来，才能更好地与听话人建立起交际的场景。我们一定要正确使用这些语法，才能让我们的表达更加得体。这些时体、情态方面的语法，我们将在本书的下编学习。

The grammars relating to the second and third type of information also play an important role in using Chinese to communicate. When we use language for the purpose of communicating with others we must connect the content of our speech–an event, a state, or a feeling–with factors such as time, place, and the listener. Only after making these connections can an appropriate interactional setting be built and communication take place. It is thus incumbent upon the speaker to accurately use the rules of grammar. The book's second part will be devoted to studying the tense aspect and modality of Chinese grammar.

Part One

第一讲　汉语语法的特点 / 4

第二讲　时点词与时量词 / 18

第三讲　方位词与处所表达 / 40

第四讲　离合词 / 57

第五讲　结果补语 / 65

第六讲　趋向补语 / 86

第七讲　可能补语 / 103

第八讲　状态补语 / 112

第九讲　"把"字句 / 132

第十讲　被动句 / 153

第十一讲　定语 / 165

第十二讲　状语 / 196

第一讲 汉语语法的特点
The Distinguishing Features of Chinese Grammar

要学习汉语语法，应该首先了解汉语语法的主要特点。那么，和你的母语比较，汉语的语法有什么特点呢？

If you plan on studying Chinese grammar, understanding the primary features of Chinese grammar must be the starting point. In that case, if compared with your mother tongue, what is it that's unique about Chinese grammar?

1.1 汉语语法的特点一
The first distinguishing feature of Chinese grammar

看一看，想一想：下面四组例子里，句子或词组的意思一样吗？

Take a look, think about it: In the four groups of examples below, are the meanings of the sentences or phrases all the same?

（1）我要和他结婚。
　　 他要和我结婚。

（2）我跳在马背上。
　　 我在马背上跳。

（3）他一个小时后就走了。
　　 他走了一个小时了。

（4）北边的楼
　　 楼的北边

再看下面的四个俄语句子。它们的意思是一样的，都是"我爱我的母亲"。

Take another look at the four Russian sentences below. Their meaning is the same! They all mean "I love my mother".

（1）Я（我）　　　　　　люблю（爱）　свою мать（我的母亲）.
（2）свою мать（我的母亲）　люблю（爱）　Я（我）.
（3）свою мать（我的母亲）　Я（我）　　　люблю（爱）.
（4）Люблю（爱）　　　　　Я（我）　　　свою мать（我的母亲）.

所以，汉语语法和其他语言比较，有一个重要的特点，就是：
So, if you compare the grammars of Chinese with other languages, there is an important difference:

> **语序很重要。** Word order is of primary importance.
> 语序不同，意思就可能不同。
> Different word order, different meaning.

练习一 / Practice One

根据句子的意思，选择合适的表达填空
Based on the meaning of the sentence, choose the appropriate expression to fill in the blank

1. 不怕辣 vs. 怕不辣

（1）我＿＿＿＿＿＿，我们去吃四川菜没问题！
（2）我告诉你，我吃饭＿＿＿＿＿＿，你放这么少的辣椒怎么行？多放点。

2. 吃什么有什么 vs. 有什么吃什么

（1）现在我们的生活好了，东西多了，＿＿＿＿＿＿。
（2）我们在山里，不是在家里，不容易找到吃的东西，你别挑剔（tiāoti / picky）了，＿＿＿＿＿＿吧。

1.2 汉语语法的特点二
The second distinguishing feature of Chinese grammar

下面这些句子的语法对不对？如果不对，应该怎么说？
Is the grammar in the sentences below correct? If they aren't correct, how do you say them?

（1）*我要见面我的朋友。
（2）*我很感兴趣汉语语法。
（3）*虽然他喜欢汉语，不喜欢语法。
（4）*如果他学习语法，就他的汉语水平能很快提高。

正确的说法应该是：
The correct way of saying them is as follows:

（1）我要**和**我的朋友见面。
（2）我**对**汉语语法很感兴趣。
（3）虽然他喜欢汉语，**但是**，他不喜欢语法。
（4）如果他学习语法，他的汉语水平**就**能很快提高。

这四个句子的错误，都和虚词（function word）有关系。虚词主要包括副词（adverb）、介词（preposition）、连词（conjunction）、助词（auxiliary word）等。这些词一般没有实在的意义。

The mistakes in these four sentences are all related to their function words. Function words include adverbs, prepositions, conjunctions, and auxiliary words. These words typically don't have a concrete meaning.

所以，汉语语法的第二个重要特点就是：
So, the second distinguishing feature of Chinese grammar is:

> **虚词很重要。** Function words are of central importance.
>
> 有时候，我们必须使用虚词。虚词在句子中的位置也往往是不自由的。
> We often are required to use function words. However, the placement of these function words in a sentence are not flexible.

判断并改错 True or false

1. 我跟你不同意。
2. 我为什么不可以只用勺子吗?
3. 那次旅行对我很大的影响。
4. 我已经学过很多的次,但是一次一次地失败了。
5. 第二天晚上我们终于在山海关到了。

1.3 汉语语法的特点三
The third distinguishing feature of Chinese grammar

下面这些句子,用汉语应该怎么说?
How do you say the sentences below in Chinese?

(1) I study Chinese grammar.

　　我学(习)汉语语法。

(2) He studies Chinese grammar.

　　他学(习)汉语语法。

(3) I studied Chinese grammar.

　　我学(习)汉语语法了。

(4) I am studying Chinese grammar.

　　我在学(习)汉语语法。

(5) I am going to study Chinese grammar.

　　我将学(习)汉语语法。

(6) Studying Chinese grammar is easy.

　　学(习)汉语语法很容易。

(7) Grammar-learning is interesting.

　　语法学习很有趣。

你可以发现,英语里"study"在不同的句子里有不同的样子,可是,在汉语里所有句子里的"学习"都是一样的。

As you can see, in English, the word "study" has different forms in different sentences. In Chinese, however, the form of "学习" remains the same in all the different sentences above.

这就是汉语语法的第三个特点：
This is Chinese grammar's third distinguishing feature:

> 没有形态变化。No inflections.
>
> 1. 无论在什么情况下，动词都不需要变化。
> Regardless of situation, verbs do not undergo any changes in Chinese.
> 2. 英语等语言用形态变化表示的语法意义，在汉语里，往往是用加虚词的方法来实现的。
> Chinese uses function words to indicate the grammatical meanings that are expressed by inflections in English and other languages.

另外，你还可以发现，汉语里有一个双音节（disyllable）的动词"学习"，还有一个单音节（monosyllable）的动词"学"，有时候，它们可以互换。可是，在第七个句子里，却只能用"学习"。

You will also discover that Chinese has both a disyllabic word "学习", and a monosyllabic word "学". They all mean "study". Sometimes the two words can be used interchangeably. However, in the sentence (7), only "学习" can be used.

这样的动词，在汉语里有很多，再比如：
Chinese has many of these kinds of verbs, including the following examples:

修——修理（to fix, to repair）
编——编辑（to edit）
考——考试（to examine）
种——种植（to plant）

一般来说，双音节动词大多可以受名词的修饰（modify），或者直接做定语修饰名词，也可以单独做主语（subject）等。如：
Generally speaking, the majority of disyllabic verbs can be modified by adding a noun, or directly act as a modifying attributive noun, or directly act as a subject. For example:

（1）汉语学习很重要。（"学习" is modified by the noun "汉语".）

（2）自行车修理部在那儿。（"修理" acts independently as attributive.）
（3）请问，汉语编辑室在几楼？（"编辑" acts independently as attributive.）
（4）学习是一种乐趣。（"学习" acts as subject.）
（5）明天有语法考试，考试时间是上午9点到12点，考试地点在101教室。（The first "考试" is modified by the noun "语法". The second and third "考试" act as the attributive modifier of "时间" and "地点".）

这样用的时候，双音节动词相当于英语中的动名词（gerund）。可是，单音节动词一般不能这样用。

In this situation, disyllabic verbs are similar to gerunds in English. However, monosyllabic verbs are generally not allowed to be used in this manner.

因此，学习汉语的时候，要特别注意：

As a result, when learning Chinese, the learners ought to take special caution:

> 双音节动词和单音节动词的语法地位不一样，大多数双音节动词都可以变成名词用。
>
> The grammar function of disyllabic verbs and monosyllabic verbs is different: the majority of disyllabic verbs can act as nouns.

1.4 句子结构与"的、地、得"
Sentence structure and "的, 地, 得"

我们再做一个翻译练习。请注意句子的语序。

Let's do some more translation practice. Pay attention to the word order of the sentences below.

（1）My friend read a book.
（2）My best friend read a grammar book.
（3）My best friend read an interesting grammar book.
（4）My best friend read an interesting grammar book yesterday.
（5）My best friend read an interesting grammar book in a bookstore yesterday.

（6）My best friend finished reading an interesting grammar book in a bookstore yesterday.

（7）My best friend finished reading an interesting grammar book smoothly in a bookstore yesterday.

最后一个句子汉语应该这么说：

The last sentence should be said in this way in Chinese：

<u>我最好的朋友</u> <u>昨天</u> <u>在一家书店</u> <u>顺利地</u> <u>读完了</u> <u>一本有趣的语法书</u>。
  S   time 在 + place adverbial V   O

这是汉语里结构最复杂的句子。它包括了所有的句子成分：

This is the most complex sentence in Chinese. It contains every single element of a sentence possible：

1. "我最好的朋友"是主语（subject）。

  "我最好的朋友" is the subject.

2. "一本有趣的语法书"是宾语（object）。

  "一本有趣的语法书" is the object.

3. 句子的主要动词是"读"。

  The main verb of the sentence is "读".

4. "昨天""在一家书店""顺利地"都是状语（adverbial），它们都是修饰"读"的。

  "昨天""在一家书店""顺利地" are all adverbials, and they all modify "读".

状语主要用来说明一个动作什么时候发生、在哪儿发生、怎么样发生、为什么发生等。状语的后面可以加"地"。再比如：

Adverbials are primarily used to express what time an action happen(s/ed), where it happen(s/ed), and how it happen(s/ed). "地" can be added after the adverbial. More examples:

（1）我<u>今天</u>学习语法。

（2）我<u>在教室里</u>学习语法。

（3）我<u>和他一起</u>学习语法。

（4）我<u>用这本书</u>学习语法。

（5）我<u>高高兴兴地</u>学习语法。

（6）<u>为了提高汉语水平</u>，我学习语法。

5. "我""最好的"修饰"朋友";"一本""有趣的""语法"修饰"书"。它们都是定语(attributive)。定语的后面可以加"的"。再比如:

"我""最好的" all modify "朋友". "一本""有趣的""语法" modify "书". They are all attributives. "的" can be added after the attributive. Another examples:

(1) 我有一个<u>中国</u>朋友。
(2) 他是一个<u>热情的</u>朋友。
(3) 他是<u>大家最喜欢的</u>朋友。
(4) <u>喜欢唱歌的</u>朋友来这边,<u>喜欢跳舞的</u>朋友去那边。

6. "完"是补语(complement),在动词"读"的后面,也是修饰说明动作的。

"完" is a complement placed after the verb "读" and also modifies the action.

汉语里的补语主要有四种:
Chinese has four types of complement:

(1) 这本书我学<u>完</u>了。(结果补语 resultative complement)
(2) 我们终于<u>爬上</u>了山顶。(趋向补语 directional complement)
(3) 他学得<u>很慢</u>,我学得<u>很快</u>。(状态补语 predicative complement)
(4) 这个很容易,我学得<u>好</u>,你放心。(可能补语 potential complement)

状态补语、可能补语和动词之间要加"得"。其他很多语言里没有"补语"这样的语法成分,而是用其他方法表达"补语"这样的概念。如:

In between the predicative complement or the potential complement, and the main verb is placed "得". Most other languages do not have this kind of grammatical element. Instead, other methods are used to express the concept of the complement. For example:

(1) Look, you will see it.(看,你会看见的。)
(2) I've been looking for a friend, but I haven't found one.(我一直在找朋友,可是还没找到。)
(3) It is easy, I can study well.(很简单,我能学得好。)

请一定要记住这个汉语句子!了解了汉语句子的基本结构,"的""地""得"的用法也就很简单了。

Please remember this Chinese sentence. If you understand the basic structure of the Chinese sentence, then correctly using "的", "地", and "得" becomes much easier.

我最好的朋友	昨天	在一家书店	顺利地	读完了	一本有趣的语法书。
subject	time	place	adverbial	verb + complement	object
的			地	（得）	的

一 翻译　Translate

1. The three-year-old boy is dancing joyfully on a large table.
2. We held a wonderful birthday party in the park last night.
3. He has walked too far and too tired to help his mother carry their bags.

二 选词填空　Choose the appropriate word to fill in the blank

的　　地　　得

1. 周末去农村（　　）旅行怎么样？
2. 他急急忙忙（　　）跑进了教室。
3. 他长（　　）又高又大，他的女朋友又聪明又漂亮。
4. 我飞一样（　　）跑进教室，因为我以为我到（　　）太晚了。

三 判断并改错　True or false

1. 我工作在一家大公司。
2. 我见面我的朋友今天晚上八点。
3. 我对他问美国的情况。
4. 他三个小时看电视了。

综合练习
Mixed practice

一、组词成句 Make a sentence with the given words

1. 我们 问题 班 同学 的 汉语 语法 在 讨论

2. 他 我 家 来 明天

3. 学生 的 跑 进 教室 急忙 迟到

4. 每天 我 晚上 录音 听 半个 小时

5. 我 书 借 图书馆 去 朋友 跟 一起

6. 人 在 走 我 同学 前面 的 是 的

7. 他 衣服 洗 干干净净 的 被 得

8. 她 地 把 杯子 扔 地上 生气 在

9. 我们 在 唱 歌 了 三个 小时 歌厅

10. 干净 我妹妹 衣服 洗 洗 得 不

二、选词填空 Choose the appropriate word to fill in the blank

的　　地　　得

1. 那是王老师（　　）书，不是他（　　）。
2. 妹妹送给我（　　）生日礼物很好。
3. 真是一个感人（　　）故事！
4. 他安安静静（　　）坐在那里看书。
5. 客人快到了，晚饭准备（　　）怎么样了？
6. 你做了些什么，大家都看（　　）见，不必解释了。
7. 唱歌唱（　　）很好（　　）同学都高高兴兴（　　）去参加比赛了。

三、判断并改错 True or false

1. 1947年10月我的爸爸结婚了我的妈妈。

2. 我见面了朋友两次。

3. 我以前睡觉，常常要看看书。

4. 我放书在桌子上。

5. 一我看见他，就我很生气。

6. 一共我和祖父见了五次面。

7. 我希望改善我的中文在这门课上。

8. 1999年9月，我旅行到巴黎。

9. 我也觉得它是一个小舒适的房间。

10. 我总去摘草莓（cǎoméi / strawberry）在一块田里。

11. 旅行是很好的办法了解其他文化。

12. 我的三个朋友们来看我。

13. 桌子们都很脏。

四、请说说下面的词语排列各是什么意思
Examine the phrase below and decide what each one means

1. 屡战屡败　vs.　屡败屡战
2. 说好话　　vs.　好说话　　vs.　话好说，事难做
3. 酒好喝　　vs.　喝好酒　　vs.　喝酒好
4. 不一样大　vs.　大不一样　vs.　一样不大

五、你能不能想出一些语序不同，意思也不同的例子
Can you think of a few sentences whose word order differs along with the meaning

六、趣味阅读 Amusing Reading

要求 Directions：

（1）注意语序。
  Pay attention to word order.

（2）找出带有"的、地、得"的句子。
  Pick out those sentences with "的, 地, 得".

辣为媒（méi / matchmaker）

来中国工作以前，我不吃辣椒（làjiāo / pepper）。1999年，我到广州工作，认识了一个江西辣妹子。她改变了我的口味（a person's taste），也改变了我的生活。

人们都说四川、贵州、湖南人爱吃辣椒。但是，在我看来，江西辣妹子吃辣椒更厉害。她不怕辣，她怕不辣。每顿饭如果没有辣椒，她就吃不下。我第一次和她一块儿吃辣椒的时候，我就觉得别有风味（have a distinctive flavour）。但是，那时候我吃辣椒的水平还不高。

正好，广州有一家饭馆叫"湘鄂情"。老板是湖南人，做的菜很辣。老板娘（boss's wife）是湖北人，做的菜不太辣。所以，我们各尽所能（from each according to his ability），她吃辣的，我吃不辣的，日子过得很有辣味。

后来，我们随公司搬到北京。我吃辣的水平在她的带动下突飞猛进（make a spurt of progress）。随着我吃辣水平的提高，我们的感情也在升温（rise in temperature）。我觉得离不开辣椒，更离不开辣妹子。但是，我一直找不到机会向她表白（confess, show one's love）。

终于有一天，机会来了。我们在北京一家川菜馆吃晚饭，当我看着她一双辣得水汪汪（shuǐ wāngwāng /〈of eyes〉bright and intelligent）的大眼睛的

时候，我鼓起勇气（yǒngqì / courage），问她："我可以跟你吃一辈子的辣椒吗？"我的辣妹子满脸通红，火辣辣地说："没问题。"

那是我终生难忘的一顿辣椒饭。我爱辣椒，我爱我的辣妹子。

（裴挚［美］，选自《文化灿烂的中国 第三届"汉语桥"世界大学生中文比赛》，有改动）

回答问题 Answer the questions：

1. 在吃饭方面，江西女孩子有什么特点？

2. 在广州时，他们常常一起吃饭吗？为什么？

3. "我"怎么向辣妹子表白的？

4. 请简单说一下"我"与辣妹子的爱情故事。

第二讲 时点词与时量词
Time Words

请朗读下面的文章，注意画线部分的时间表达，看看它们有什么不同。

Please read aloud the article below, paying attention to those underlined words that express time. Can you figure out what their differences are.

第一次来中国

我<u>第一次</u>来中国的情景（qíngjǐng / scene）还一直留在我的记忆里。

<u>2001年9月</u>我开始在一家公司的外贸（wàimào / foreign trade）部门工作。<u>一个月以后</u>，我的老板告诉我，我们要去香港（Xiānggǎng / Hong Kong）访问客户。我特别高兴。

离开巴塞罗那的<u>那一天</u>到了。<u>2001年10月18日</u>，这个时间，我绝对忘不了。

在飞行中，我跟我的老板聊了很多。我们<u>一分钟</u>也没浪费。

<u>到达香港以后</u>，我们坐出租车去了旅馆（lǚguǎn / hotel）。我注意观察（guānchá / observe）了周围的人、房子、汽车。到旅馆<u>三四个小时之后</u>，我们的客户来欢迎我们了。我们一起去吃了晚饭。在饭店里，<u>还没点菜的时候</u>，我注意到大家喝的饮料（yǐnliào / beverage）是热茶。<u>开始吃饭的时候</u>，我遇到了一个大问题：我不会用筷子！可是，我们的客户热心地教我。我<u>一会儿</u>用筷子，<u>一会儿</u>用刀叉（dāochā / knife and fork）。这让我觉得很不好意思。

这样，我在中国的<u>第一天</u>过去了。

以后的<u>几天</u>,我们很忙。<u>四天</u>里,我们一直没有空儿去游览(yóulǎn / go sightseeing)。真遗憾!可是,那次旅行对我产生了很大的影响,使我对中国产生了浓厚(nónghòu / dense, deep)的兴趣。

(范娜莎[西班牙])

这些表示时间的词,可以分成两类:

These words that express time can be divided into two types:

第一类 Type 1	第二类 Type 2
2001年9月	一个月
2001年10月18日	一分钟
那一天	三四个小时
第一天	一会儿
到达香港以后	几天
一个月以后	四天
三四个小时之后	
还没点菜的时候	
开始吃饭的时候	

第一类是时点词(time-when),第二类是时量词(time-duration)。它们在句子中的作用不一样,位置也不一样。

The first type is time-when words, and the second type is time-duration words. They have different functions and positions in the sentence.

2.1 时点词 Time-when Words

时点词表示时间轴上的一个时间点。主要有以下一些:

Time-when words indicate the time point on the time axis. The primary time-when words are listed below:

前年	去年	今年	明年	2012年
上个月	这个月	下个月	5月4日	
上个星期	这个星期	下个星期	星期一	星期天
前天	昨天	今天	明天	后天
早上	上午	中午	下午	晚上
八点	八点半	差两分八点	八点一刻	八点十分
第一天	那天			
……以前	现在	以后		
……的时候				

时点词的用法很简单，就是：

Using time-when words is very simple, as follows:

> S + 时点词 + VO　　或者　　时点词 + S + VO

如：For example:

（1）我明天上午8：00有考试。　或　明天上午8：00我有考试。
（2）他昨天上午九点才起床。　或　昨天上午九点他才起床。
（3）我们下个月去上海旅行。　或　下个月我们去上海旅行。
（4）我2001年9月开始在一家公司的外贸部门工作。
　　　2001年9月我开始在一家公司的外贸部门工作。

注意 NOTE

但是，在下面两个句子里，我们只能用"时点词 + S + VO"这样的语序。

However, in the sentences below we are only allowed to use the following word order "时点词 + S + VO".

（1）**还没点菜的时候**，我注意到大家喝的饮料是热茶。
（2）**开始吃饭的时候**，我遇到了一个大问题。

这是因为句子里有两个小句（clause），它们的主语不一样：前面的小句主语是"我们"，后面的小句主语是"我"。

This is because in this sentence there are two clauses, and the subjects are different: the subject of the first clause is "我们", the subject of the second clause is "我".

另外，如果时点表达式比较长，也一般用"时点词＋S＋VO"这样的语序。如：

In addition, if the expression of time is much longer, then the following word order is used: 时点词＋S＋VO. For example:

（1）来北京以前，我不会说汉语。
（2）到达香港以后，我们坐出租车去了旅馆。

一 **判断并改错** True or false

1. 我出生5号11月1980年。
2. 我要去中国下个学期。
3. 我毕业大学1996年。

二 **组词成句** Make a sentence with the given words

1. 上个　星期天　我　睡懒觉　在家　八点
2. 我　见面　朋友　跟　八点　晚上　今天

2.2 时量词 Time-duration words

时量词表示时间的长度，即一段时间。如：

Time-duration words indicate amount of time. For example:

一秒钟　　两分钟　一个小时　一个晚上　一天
一个星期　一个月　一年

时量词的用法比较复杂，我们在学习的时候，一方面要记住时量词的句型，一方面还要记住句型表达的意思。

Learning the time-duration words is more complicated. When we are studying, on the one hand we have to remember the sentence pattern, on the other hand we must remember the meaning of the sentence pattern.

2.2.1　S + 时量词 + 也 / 都 + 没 / 不 + V

这个句型的意思是：强调否定。如：

The meaning of this sentence pattern is emphasizing negation. For example:

（1）她病了，可是，他不想去陪她，**一天也没**去过。

（2）这个电影太无聊了，我**一分钟也不**想看。

（3）这里太脏了，我**一秒钟也不**想待在这里了。

（4）虽然很疼，但是，这个孩子没有哭，而且，**一会儿都没**忘了游戏的事儿。

注意 NOTE

能够用在这个句型里的时量词，表示的时间都很短，如"一天、一分钟、一秒钟、一会儿"等。

The amount of time indicated by time-duration words in this type of sentence pattern are all very short, such as "一天，一分钟，一秒钟，一会儿", etc..

练习二 Practice Two

一　**回答问题**　Answer the questions

1. 你来中国以后，是不是忘了你的好朋友？

   答：_____[一天也/一分钟/一秒也没 + V]

2. 那个 CD 你真的这么不喜欢吗？

   答：_____[一分钟也不想 + V]

3. 那天的晚会（party）怎么样？好玩吗？

   答：_____[一会儿也没 + V]

4. 你的同屋没那么糟糕吧，你真的要搬家吗？

   答：对，一定要搬。_____。[一天也不 + V]

5. 一定要现在就去吃饭吗？等我做完作业再去吧。

   答：我饿死了，_____，现在就去吧。
   [一会儿也不 + V]

二 翻译　Translate

1. I don't want to leave him even for one minute.

2. They worked hard every day and didn't rest even for one day.

2.2.2　S + V + 时量词 + O

这个句型的意思是：表示动作持续的时间。如：

The meaning of this sentence pattern is indicating the duration of an action. For example:

（1）你好好睡一会儿，睡醒后就会好一些。

（2）我学了一年语法了。

（3）飞机推迟（tuīchí / delay）了一个小时才起飞。

（4）我前后左右地看这幅画儿，看了半天，也没有发现好在哪儿。

（5）我每天学习六个小时，运动一个小时，看半个小时电视，睡八个小时觉。

注意　NOTE

1. 如果动词的宾语是代词，时量词语要放在代词后，即：S + V + Pron. + 时量词。如：

If the object of the verb is a pronoun, then the time-duration word follows the pronoun. Thus: S + V + Pron. + 时量词 . For example:

（1）我等了他三年。

（2）妈妈叫了你半天，你怎么还不去?

2. 如果表示动作结束后持续的时间，要说：S + V + O + 时量词。如：

If the time after an action is finished is indicated, it is spoken: S + V + O + 时量词 . For example:

（1）我来这里三个月了。

（2）他已经毕业两年了。

（3）我刚起来一会儿，还有点儿困（kùn / sleepy）。

3. 如果句子中又有宾语，又有时量词，也可以说：S + V + O + V + 时量词语。如：

If the sentence contains both an object and a time-duration word, it can also be spoken: S + V + O + V + 时量词. For example:

（1）我看电视看了**一个小时**。

（2）他吃这种药吃了**十年**。

4. 在"O + S +（花）+ 时量词 + VP"里,"花"可以省略不说。VP 通常是"V + 结果补语"。如：

In pattern O + S +（花）+ 时量词 + VP, "花" can be omitted. Please pay attention to VP. It is usually in the form of "V +resultative complement". For example:

（1）这本书他（花了）**两个小时**就看完了，我（花了）**八个小时**才看完。

（2）这个问题他**五分钟**就问清楚了。

仿照例子改写句子

Rewrite the sentence according to the example

例：整整一个上午，我父亲都在跟老师谈话。

→我父亲跟老师谈了一个上午话。（S+V+时量词+O）

我父亲跟老师谈话谈了一个上午。（S+V+O+V+时量词）

1. 两个小时里，我一直在想问题。
2. 我从8点开始做作业，10点做完。
3. 这一年多里，他一直照顾（zhàogù / take care of）我。
4. 他是一个多月前来这里的。
5. 他1993年来北京学习汉语，2005年才回去。
6. 从星期一到星期天他都在工作。
7. 他以前有两次去中国的经历。

2.2.3 S + 时量词（里/之内）+ VO/时量词（里/之内）+ SVO

表示在某段时间里发生了什么事情或有什么情况。主要有下面三种句型。

The meaning of this type of sentence patterns is expressing the occurrence of an event or state during a certain period of time. There are mainly three types of patterns.

A：S + 时量词（里/之内）+ VO

（1）他一定要见到你，一个小时（内）打了三个电话给你。
（2）我十年（里）写了五部小说，速度够快的吧？
（3）这两个小时里，我们一直在学语法。
（4）我今天在家里思考问题，一个小时里谁也不见。
（5）如果在三个星期之内没有人给她提供（tígòng / provide）支持（zhīchí / support）和帮助，她怎么办呢？

B：S +（有）+ 时量词 + 没/不 + VO + 了

（6）我们差不多（有）三天没有出去玩儿了，今天去看电影吧。
（7）我已经（有）两天没给他打电话了，不知道他现在怎么样。
（8）他有一个星期不抽烟了，你应该表扬（biǎoyáng / appraise）他一下。

C：S + 时量词$_1$ +（里/内）+ 有 + 时量词$_2$ + VO

（9）他一年（之内）有十个月不在国内，孩子都快不认识他了！
（10）你一个星期（里）有三天都迟到了，还是买个闹钟吧。
（11）我一个月里有三个星期都在加班（jiā bān / work overtime），真的太累了。

一 用"S + 时量词（里/之内）+ VO"完成句子
Use the sentence pattern "S + 时量词（里/之内）+ VO" to complete the sentence

1. 你怎么才回来？刚才你的朋友找你，他很着急，_____ _____。
2. 一个人如果_____，那一定会死。
3. 你应该坚持锻炼，_____的话，你的身体能慢慢好起来的。

4. 我要写论文，＿＿＿＿＿＿＿＿＿＿＿＿＿＿＿＿，你不要打扰（dǎrǎo / disturb）我，等我写完了，你再来玩儿吧。

5. 他很喜欢看电影，＿＿＿＿＿＿＿＿＿＿＿＿＿＿＿＿。

二 用"S + 时量词$_1$ + 有 + 时量词$_2$ + VO"或"S +（有）+ 时量词 + 没/不 + VO + 了"回答问题

Answer the questions with the sentence pattern "S + 时量词$_1$ + 有 + 时量词$_2$ + VO" or "S +（有）+ 时量词 + 没/不 + VO + 了"

1. A：那个学生不太努力，是吗？
   B：是啊，＿＿＿＿＿＿＿＿＿＿＿＿。

2. A：听说你老家最近几年天气比较奇怪，跟以往不太一样，是吗？
   B：是啊，以前一点儿也不干燥（gānzào / dry）＿＿＿＿＿＿＿＿；可是最近，雨太少了，＿＿＿＿＿＿＿＿＿＿。

3. A：过去的一年，你忙吗？
   B：很忙。＿＿＿＿＿＿＿＿＿＿＿＿＿＿。

4. A：你跟好朋友的联系多吗？
   B：不多，＿＿＿＿＿＿＿＿＿＿＿＿。

5. A：刚做妈妈，很辛苦吧？晚上睡得好吗？
   B：太辛苦了，睡不好啊。＿＿＿＿＿＿＿＿＿＿＿＿＿。

三 判断并改错　True or false

1. 他回来的时候，我看电视了四个小时。
2. 他回来的时候，我四个小时看电视了。
3. 他看电视看了四个小时，真够无聊的。
4. 我等了一个小时他，一个小时我什么也没做。

2.2.4 S + 时量词 + V，时量词 + V

这个句型表示：两种情况交替变化。如：

This sentence pattern indicates two situations are in occurring in alternation. For example:

（1）她常常变换家具（jiājù / furniture）的位置：沙发**一会儿**靠（kào / lean against）墙**一会儿**靠窗，书架**一会儿**朝南**一会儿**朝北。她的家像迷宫（mígōng / maze）一样，几天一个样儿。

（2）昨天我的朋友去书店买书。书店很大，书架上有很多书，售货员又不在。所以，我的朋友**一会儿**去这里看，**一会儿**去那里看，找了半天。

（3）你只要**一天**不结婚，我心里就会有**一天**的不平静。

练习五 Practice Five

一 用"S + 时量词 + V，时量词 + V"完成句子
Use the sentence pattern "S + 时量词 + V，时量词 + V" to complete the sentence

1. 这个孩子今天很奇怪，_____（哭），_____（笑），他怎么了？
2. 他很安静，他的女朋友很好动，_____，_____，他受不了了，所以，他们分手了。
3. 老师上课有很多办法，_____（让我们读课文），_____（让我们做练习），_____（让我们做对话）。
4. 我是在中国长大的，习惯了吃中餐，我觉得吃西餐太麻烦了，_____，_____。
5. 他一会儿从床上移到椅子上，_____，没有一刻安静过。

二 朗读 Read aloud

他一天不见你，你就得等一天；他十天不见你，你就得等十天；他一个月不见你，你就得等一个月。

2.2.5 其他

时量词还有其他一些句型，我们简单地了解一下。

In addition to the previous patterns, time-duration words can also be used in the following patterns.

A：S +（每）+ 时量词 + V + 数量词 + O

表示每间隔一段时间进行几次活动。如：

This pattern means every a period of time, certain event occurs. For example：

（1）我一个人在北京工作，（每）三年回一次家。
（2）他们的关系不太好，（每）两天就吵一架。怎么办？
（3）记住，（每）四个小时量一次体温，别忘了。

B：时量词 + 以后/后/之后 + SVO

（4）差不多**一个星期以后**，天空才恢复（huīfù / recover）一片蓝色。
（5）**三个星期后**，玛丽基本原谅（yuánliàng / forgive）他了。
（6）**一会儿之后**，她说："你自己决定吧。"

注意 NOTE

如果时量词是"一会儿、不久、好半天"等，"之后"可以省略。如：

If the time-duration word is "一会儿, 不久, 好半天", then "之后" can be omitted. For example:

（1）我不在乎这些，**一会儿**我还要去找那个人！
（2）孩子**一会儿**就睡着了。
（3）我们**不久**就会见面的，几天后我就离开这里去找你们。
（4）**好半天**，他才说出一句话："你会有麻烦的。"

一 判断并改错 True of false

1. 好好，你先等一等，我就来一会儿。
2. 我病了，在家休息，以后三个星期，我终于恢复了健康。

二 翻译　Translation

1. My daughter comes to visit me once every fortnight.
2. Over the past 30 years a crisis has occurred, on average, every three years.
3. You must submit comprehensive policy reports every two months, beginning this year.
4. The European Film Awards are presented in Berlin every second year and in other European cities in the alternate years.
5. Beginning in 1982, National Traditional Ethnic Minority Sports Meets have been held every four years.

2.3 几组时间词的用法
Usage of several groups of time words

2.3.1 "明天" vs. "第二天"

先做一下练习，看看"明天"和"第二天"有什么不同。

First complete the practice below, observing the differences between "明天" and "第二天".

选词填空　Choose the appropriate word to fill in the blank

明天　　第二天

1. 熬了一夜，你太辛苦了，（　　）不要来上班了，在家好好睡一觉吧。
2. （　　）就要考试了，你怎么还要去酒吧？
3. 我2月15号到了北京，（　　），我就参加了分班考试。

4. 我回到家里的（　　　），就给王老师打了一个电话。
5. 那天我们一起逛了一下午街，（　　　）早上她就回去了。
6. 到那儿以后，我们先休息一下，（　　　）再去调查吧。

明天 Tomorrow
昨天　今天　明天
第二天 Next day
过去的一个时间　将来的一个时间

2.3.2 "左右" vs. "前后"

看一看，想一想："左右"和"前后"的用法是什么？
Take a look, think about it: What's the difference between the usage of "左右" and "前后"?

五点左右　五天左右　　　　　　*春节左右 (*means wrong)
五点前后　*五天前后 (*means wrong)　春节前后
五斤左右　*五斤前后 (*means wrong)

前后： 时点词 + 前后
左右： 时量词 + 左右，时点词 + 左右，其他数量词 + 左右

但是，"左右"不能和"春节"等专名（proper noun）一起用。
However, "左右" cannot be used in conjunction with "春节" and other proper nouns.

选词填空 Choose the appropriate word to fill in the blank

> 左右　　前后

1. 我在中国学习了十个月（　　）。
2. 到圣诞节（　　），我就要回国了。
3. 我们约好六点（　　）见，可是现在已经七点了,他还没来。
4. 他个子一米八（　　），长得也很帅。
5. 你可以带20公斤（　　）重的行李。

2.3.3 "以后" vs. "后来" vs. "然后"

你能自己总结出"以后、后来、然后"的区别吗？
Can you describe the difference between "以后", "后来" and "然后"?

选词填空 Choose the appropriate word to fill in the blank

> 以后　后来　然后

1. 四年（　　），我们就毕业了。
2. 长大（　　），我要当一个画家。
3. 从那天（　　），我再也没见过他。
4. 听完我的话，他想了想，（　　）就告诉了我一个秘密。
5. 我们先去逛商店，（　　）再一起吃午饭，好吗？
6. 我小时候很喜欢吃巧克力，（　　）不喜欢了。
7. 刚结婚的时候，他们很幸福，可是，（　　）离婚了。

> 以后：时点词+以后，时量词+以后，VP+以后
>
> 后来：过去事件₁（past event₁），后来，过去事件₂（past event₂）
>
> 然后：先……然后……

2.3.4 以前 vs. 以后 vs. 以内 vs. 以来

看一看，想一想，这四个词的用法是什么？

Take a look, think about it: What's the proper usage for these four words?

（1）我是三天以前才知道这件事的。

（2）1993年以前我没离开过父母。

（3）半个月以后再去看通知吧。

（4）2003年以后她发生了很大的变化。

（5）这次的作业一周以内一定要交。

（6）三年以来，她一直不太开心。

（7）工作以来，他一直很努力。

> 以前/以后：时点词+以前/以后，时量词+以前/以后
> VP以前/以后，如：上课以前/下课以后
>
> 以内：时量词+以内
>
> 以来：时量词+以来，VP+以来

选词填空　Choose the appropriate word to fill in the blank

以前　以后　以内　以来

1. 他回国已经三年了。三年（　　）他一直在学习汉语。

2. 10年（　　）她还是个小姑娘，现在已经是两个孩子的妈妈了。

3. 我只给你们一个星期的时间，一个星期（　　　）一定要交作业。
4. 现在路上堵车（dǔ chē / traffic jam），我8点（　　　）大概回不去了。
5. 回国（　　　）我没有再和他联系。
6. 你的肺（fèi / lung）已经很不好了，（　　　）你不能再抽烟了。
7. 我也不了解她（　　　）的情况。
8. 现在只管现在，（　　　）怎么样谁知道呢？

2.3.5 "时候" vs. "时间"

看一看，想一想："时间"和"时候"有什么不同？
Take a look, think about it: What's the difference between "时间" and "时候"?

（1）一节课的时间是50分钟。
（2）上课的时候不能吃东西。
（3）从宿舍到教室要多长时间？
（4）我到教室的时候，已经是9:15了。
（5）上课的时间是9:00。
（6）A：现在是什么时间？
　　 B：现在是八点。
（7）A：你什么时候来的？
　　 B：我昨天来的。

> **时间：** 可以表示时量的意思，也可以表示时点的意思。
> "时间" can indicate duration, as well as indicating a point in time.
> **时候：** 只能表示时点的意思。
> "时候" can only indicate a point in time.

选词填空 Choose the appropriate word to fill in the blank

时间　　时候

1. 现在是北京（　　）六点整。
2. 通知大家两件事：一、考试的（　　）改了；二、考试的（　　）不要带任何书。
3. 不能浪费（　　），这么简单的道理你也不知道吗？
4. 你现在有（　　）吗？
5. 有（　　）我真想不学汉语了，太难了。
6. 我刚来北京的（　　），一句汉语也不会说。
7. 你什么（　　）有空儿？咱们该一起聊聊了。

综合练习
Mixed practice

一、判断并改错　True or false

1. 你别着急，十分钟他一定会来。

2. 你每天晚上多长时间睡觉？

3. 我不是舍不得花钱，但是，我不想把我的钱花完一天内。

4. 又花了十一个时间，我们回去了。

5. 我一趟去过西安1997年。

6. 在澳大利亚，我们每年四次一起出去。

7. 我们换车好几次了。

8. 到了宿舍，三十分钟休息以后，我们开始旅游。

9. 我们六个小时爬了山。

10. 到东京以后，我们一天在那里休息。

11. 我们应该八个小时坐飞机。

12. 我寒假去了一个星期云南旅游。

13. 我们开车了两个星期去访问有名的地方。

14. 从天津到西安要左右15个小时。

15. 我们过了五天在上海。

16. 每个晚上我们四五个小时吃晚饭。

17. 五天在上海以后，我们两天去宁波和周庄旅行了。

18. 北京大学有左右两千个留学生。

19. 2000年我在北京认识了他，以后，他离开了中国，我们就没有再见过面。

20. 我毕业大学1996年，明年我就结婚了，现在我的孩子已经六岁了。

二、趣味阅读 Amusing Reading

要求 Directions:

（1）注意语序。Pay attention to word order.

（2）注意时间词的用法。Pay attention to usage of time words.

（一）

我2006年开始打网球。

学习打网球不太容易。我每天要先跑一个小时步，然后打两个小时网球。我的网球老师有一点奇怪，他一会儿生我的气，一会儿开我的玩笑，一会儿给我忠告，一会儿让我自己一个人练习。他一会儿也没有让我感觉放松。

虽然打网球很难，可是，也很好玩儿。我每两天就要打一次网球。不过，最近我非常忙，有一个星期没打网球了。我希望明天可以和朋友一起去打。

回答问题 Answer the questions

1. "我"什么时候开始打网球？

2. "我"每天要跑多长时间步？

3. "我"每天打网球打多长时间？

4. 打网球的时候，"我"感觉怎么样？

5. 为什么说"我"的网球老师很奇怪？

6. "我"常常打网球吗？

（二）

两年以前，我们认识了小美。

那时候，她告诉我她特别喜欢看《Harry Potter》。

认识她的第二天，我们一起去了一家书店，她找到了第六本《Harry Potter》。在书店里，一个多小时里，她看了一百五十页。然后，我们回家了。

后来，她告诉我，那天晚上，她看了八个小时书，一分钟都没睡。

明天是小美的生日。我打算送给她一本《Harry Potter》。不过，我真的不希望她吃饭的时候看书，因为一会儿看书，一会儿吃饭，对身体健康不好。

回答问题 Answer the questions

你觉得小美怎么样？为什么？

三、作文 Essay writing

《我的朋友在书店》

要求 Directions：

（1）字数300—400字。Write 300-400 characters.

（2）注意句子的结构。Use appropriate sentence structures.

（3）用上表达时间的词语（见下页）。Use time words. (See next page.)

S + 时点词 + VO 时点词 + S + VO	an action occurs at certain time
S + V + 时量词 + （O） S + V + O + V + 时量词	an action lasts for a period of time
时量词（里/以内）+ SVO S + 时量词$_1$ + 有 + 时量词$_2$ + VO S + 有 + 时量词 + 没有 + VO + 了	during a period of time, some action occurs
S +（每）+ 时量词 + V + 数量 + O	every period of time, certain action occurs
时量词 + 以后/之后 + SVO	after a period of time, certain action occurs
S + 时量词 + 也 + 没/不 + V	emphasizing negation
S + 时量词 + V，时量词 + V	two actions occur in alternation

第三讲 方位词与处所表达
Nouns of Locality and Expressing Place

请朗读下面的文章,注意时间词的用法以及画线的部分。

Read aloud the article below, paying special attention to the usage of time words, as well as the underlined parts.

见 面

<u>从高中毕业的时候起</u>,他跟女性的关系就总是一个发展模式(móshì / pattern):第一、他们是好朋友;第二、他们是非常好的朋友;第三、他们是情人;第四,他们又成了好朋友。可是,<u>最近几年来</u>,他对这个情况越来越不满意。他交过很多女朋友,可是,每一个都达不到爱人的高度,不是没有爱,就是爱得不够。

<u>那年他28岁</u>,还没有未婚妻(wèihūnqī / fiancee),更不用说妻子了。他本来有一个已经有<u>11年</u>友谊(yǒuyì / friendship)的好朋友,<u>有时候</u>好像他们真的就要爬到第三层——成为情人了,可是,她说爬到第三层太危险了,可能失掉他们已经建立起来的友谊。

那是他硕士(shuòshì / master)研究生的<u>最后一年</u>,<u>第二年</u>他就要到中国去留学了,所以,<u>那年开始的时候</u>,他认为最好不要跟姑娘谈恋爱(tán liàn'ài / go out with sb.),他需要很多时间准备考试,而且他已经有几个好朋友了,为什么一定要找一个爱人不可呢?

可是,<u>在10月15号</u>,他在信箱(xìnxiāng / mail box)里发现了一张纸条(zhǐtiáo, a slip of paper),打开一看,上面写着:

你好:

  我姓范,叫丽丽,跟你一个系的,一年级研究生。根据汪老师的建议,我想跟你交个朋友。你看我们可不可以见个面?……

纸条上还写着她的地址和电话号码。信写得很客气，也很自然。

他想，这种交朋友的方式真是太奇特（qítè / unique）了。他以前认识朋友，不是在教室里，就是在酒吧里，或者是在舞会上，从来没有这样与一个姑娘相识过，而且是姑娘主动写信给他。他又激动又不安，到处打听这个姑娘是个什么样的人。大家都告诉他，范丽丽又漂亮又温柔（wēnróu / gentle）。可是她为什么选择（xuǎnzé / choose）了他呢？

无论怎么样，他一定要见她一面。第二天下午，他给她打了一个电话。

"喂，你是丽丽吗？"
"是的。哪位？"
"我是——，我收到了你的条子，谢谢你。"
"不客气。"
"那么……，所以……"
"啊，不浪费你的时间吧？"
……

对着话筒（huàtǒng / receiver）他不知道说什么好了。可是，她很热情，跟他约好了见面的时间和地点。只从这一次电话接触（jiēchù / contact），他就觉得她很亲切，很可爱。

见面后谈了四个小时话，他们上到了第一层，成为朋友；十二月他们上到了第二层，成了好朋友。第二年一月他们上到了第三层，成为恋人；四月，他们订婚了（dìng hūn / be engaged to）。

（马思凯[美]，选自吕文珍主编《五彩的世界》北京大学出版社，1991，有改动）

画线的部分除了时间词以外，都是表示处所的词语。

In addition to time expressions, the underlined phrases and words all indicate location.

我们再看一遍这些句子：

Let's look at these sentences once more:

（1）他在**信箱里**发现了一张纸条。
（2）**纸条上**还写着她的地址和电话号码。
（3）他以前认识朋友，不是在**教室里**，就是在**酒吧里**，或者是在**舞会上**。

"信箱里""纸条上""教室里""酒吧里""舞会上"，这些表示处所的短语里，都含有"上"和"里"这样的词，它们是方位词（nouns of locality）。学习汉语的处所表达，我们必须了解方位词这个语法知识点。

The phrases indicating location, including "信箱里" "纸条上" "教室里" "酒吧里" "舞会上" all contain words such as "上" and "里". These words are known as "nouns of locality". When learning to express location in Chinese, we are required to understand the "nouns of locality" grammar point.

3.1 方位词 Nouns of locality

汉语里的方位词主要有两类：
There are two kinds of nouns of locality in Chinese:
（1）单音节方位词　Monosyllabic nouns of locality

上　下　左　右　前　后　里　外　东　西　南　北

（2）双音节方位词　Disyllabic nouns of locality

A. 上　下　左　右　前　后　里　外　东　西　南　北
　　＋边/面
B. 中间　旁边　附近　周围　中央　这儿　那儿

方位词的语法作用是：附加在名词的后面，表示处所或方位。单音节方位词可以直接放在名词的后面。如：

Nouns of locality are placed after the noun in a sentence to express location or position. Monosyllabic nouns of locality can be placed directly after the noun. For example:

（1）**桌子上**有很多书。
（2）**门前　大桥下**，走来一群鸭（子）。　　NP＋单音节方位词

（3）一直走，**路左**就是。

（4）有一些陌（mò）生人（stranger）来到了**村里**。

双音节方位词可以直接放在名词的后面，也可以先加"的"再放在名词后面。如：

Disyllabic nouns of locality can be placed directly after the noun. It's also OK to put "的" in between the noun and the disyllabic noun of locality. For example:

（1）**桌子（的）上面**有很多书。　　　NP +（的）+ 双音节方位词

（2）我们去**学校（的）附近**看看吧。

双音节方位词还可以单独使用。如：

Disyllabic nouns of locality can also be used independently. For example:

下边没有人，我们去**上边**看看吧。

注意 NOTE

1. 如果一个词语自己就能明确地表示处所意义，就不需要加方位词了；如果不能明确表示处所意义，就需要加方位词才能表示处所。如：

If a word can independently and clearly indicate location, then it is not necessary to use a noun of locality. If it cannot clearly express location, then a noun of locality must be used to express location. For example:

处所名词 Place noun			⟵ ⟶		一般事物名词 General noun
A 组 Group A	B 组 Group B	C 组 Group C	D 组 Group D	E 组 Group E	F 组 Group F
旁边	办公室	黄山	屋子	电梯	家具
前面	警察局	长江	教室	桌子	思想
东边	外贸公司	故宫	阳台	椅子	河水
西部	火车站	长江大桥	走廊	甲板	大火

从 A 组词语到 F 组词语，处所性越来越低。E 组、F 组通常是必须加方位词，才能跟"在、到、去、来"等词一起用。D 组倾向于加方位词后才能跟"在、到、去、来"一起用。A、B 组自己就可以表示处所。C 组词有时

候需要加方位词才能表示处所。

Moving downwards from the group A of words to group F, the expression of locality gradually diminishes. In order to be used with "在,到,去,来", the nouns in Group E and Group F normally need to be paired with a noun of locality. The group D is also usually paired with a noun of locality in order to be used with "在,到,去,来". Groups A and B can independently indicate location, while a noun of locality sometimes needs to be paired with the nouns of Group C in order to express location.

2. 汉语里，动作发生的处所一般要放在动词的前面，即：S + 在 + [处所] + V。如：

In Chinese, the location where an action occurs usually needs to be placed in front of the verb, in the pattern $\boxed{S + 在 + [location] + V}$. For example:

（1）我**在北大**学习汉语。

（2）我**在中国**旅行了一个星期。

（3）我**在草地上**躺着听音乐。

3. 方位词除了可以表示处所或空间，还可以表示时间。如：

In addition to expressing location or space, nouns of locality can also express time. For example:

教室前/教室后 → 三年前/三年后
　　　　　　　 前三年/后三年
　　　　　　　 来中国以前，我不太了解中国。
　　　　　　　 继续努力吧，前面的路还很长。
　　　　　　　 前年 / 后年
桌子上/桌子下 → 上个月/下个月
我的左边/右边 → 三年左右　八点前后
教室里/教室外 → 三年里

表示空间的词语也可以表示时间，这是人类语言的一个普遍特点，也是人类认识世界的一种方式，哲学家把这种现象叫作"隐喻"。

Words that express space can also express time. This is a fact of all the world's languages, and also is a way for people to make sense of the world. In philosophy, this phenomenon is known as "metaphor".

一 判断并改错　True or false

1. 有一只小花猫在下边的桌子。
2. 我的家人住在西南的法国。
3. 我喜欢很贵的菜，可我也很喜欢很便宜的菜，可以在路买。
4. 他床上坐着看北京电视台的节目。
5. 这个问题我也不会，你去老师问问吧。
6. 大熊猫吃完了竹子以后，在一棵树睡着了。
7. 我看见一个牌子（páizi / plate），牌子有我们的酒店的名字。

二 翻译　Translate

1. The library is to the north of the dormitory building.
2. The northern building is teaching building.
3. I am drinking coffee at the bar by myself now.
4. Among the books, this book is my favorite one.

3.2 用不用方位词"里"或"上"
Can nouns of locality "里" or "上" be used

先做一些翻译的练习：

First complete a few translation exercises:

（1）I will begin to work in China next year.

> 我明年开始在中国工作。

（2）We are chatting in the sofa.

> 我们在沙发上（坐着）聊天。

（3）I study Chinese in school every day.

> 我天天在学校学中文。

（4）There is a new store opened in school.

> 学校里新开了一家商店。

在这四个英语句子里，都有一个介词"in"，可是翻译成汉语以后，有的句子里用"上"或"里"，有的句子里不用。那么，我们在说汉语的时候，应该怎么办呢？

All of these four sentences in English contain the proposition "in". However, after they are translated into Chinese, sometimes "上" or "里" is used, but some sentences do not contain either. In that case, when we are speaking Chinese, how do we know which preposition (noun of locality) to use or not to use?

这里大致有四种情况：

There are four situations：

1. "×+国/省/市/县/区/镇（zhèn, town）"以及"北京、上海、东京"等地名，它们本身就能明确地表示处所，所以不需要加方位词"里""上"。再如：

When "×+国(country)/省(province)/市(city)/县(county)/区(district)/镇(town)" and place names such as "北京(Beijing)、上海(Shanghai)、东京(Tokyo)" etc. are used, it is not necessary to add "里" or "上". For other examples:

（1）泰山在**山东（省）**。

（2）**北京**有很多大公司。

（3）我在**乌（wū）镇**玩儿了三天。

2. 一般的事物名词，一定要加方位词"里"或"上"。如：

Nouns that represent regular objects always use "里" or "上". For example:

（1）老师在**黑板上**写了很多字。

（2）上下班高峰的时候，**公共汽车上**非常挤。

（3）**杯子里**有一只苍蝇，你看见了吗？

3. "学校、公司、图书馆"等名词，既可以表示一个工作机构，也可以表示一个建筑物或处所。如果表示的是工作机构，不能加"里"。如果它们表示的是建筑物或活动场所，后面可以加方位词"里"。如：

There are nouns that represent both a place of work or an organization, and a building or place, such as school, company, library, etc. If it represents a place of work, "里" cannot be added. If it represents a building or a place where an activity is held, noun of locality "里" can be added. For example:

（1）**学校外边**有很多商店，**学校里边**没有。

（2）我们**学校**有很多学生。

（3）我爸爸在**图书馆**工作。

（4）**图书馆里**有很多人在看书。

4. 有时候，"里""上"可以加也可以不加，但是句子的意思不太一样。如：

Sometimes "里" or "上" can be added or can be omitted, but the meaning of the sentence will be altered. For example:

（1）只要你在**胡同**（hútong / lane）**口**出现，我就会感到激动、兴奋。

（2）他绝对不客气。说好了到哪里就到哪里，一步也不多走。说好了到胡同口，而要叫他拉到**胡同口里**，那是绝对不行的。

（3）离开的那一天，在**乌镇**等公共汽车的时候，我碰见了早上出来跑步的王眉。

（4）我在**乌镇上**碰见了一个卖冰激凌的，就买了两支。

注意 NOTE

1. 除了"里""上"，其他的方位词一般都是必须加的。如果不加的话，意思表达就不清楚了。如：

Aside from "里" and "上", other nouns of locality need to be included. If it is not added, the meaning will not be expressed clearly. For example:

（1）图书馆的前边有一群学生。

（2）上海在北京的南边。

2. 如果"NP + 方位词"是"1 + 1"的韵律模式（单音节词 + 单音节词），方位词也是不能省略的。如：

If the "NP + 方位词" is a "1 + 1" prosodic structure (monosyllabic word + monosyllabic word), nouns of locality also can not be omitted. For example:

身上　地上　空中　城里　村里　店里　海上　街上
嘴里　手上

3. 在主语位置上，"在 + 处所"结构通常会省略"在"。如：

When it is in the position of the subject of a sentence, "在" can usually be omitted. For example:

（1）**学校里**新开了一家商店。
（2）**宿舍的前边**有一棵苹果树。
（3）**食堂附近**没有商店，不太方便。

练习二 Practice Two

一 用所给的词语加上方位词后填空
Choose a noun from the list and add a noun of locality to fill in the blank

> 眼睛 路 楼 身 窗 学生 国

1. 上下班高峰的时候，（　　）车很多。
2. 我（　　）没带钱，你能不能先借给我一点？
3. （　　）洒满（sǎmǎn / shed）月光（moonlight），太漂亮了。
4. 他非常伤心，（　　）含满了泪水（lèishuǐ, tears）。
5. 书店就在（　　），很近。
6. （　　）有一些不满情绪（qíngxù / mood），要注意。
7. （　　）有很多人还不太了解中国。

二 判断并改错 True or false

1. 北京大学里有很多学生，是一个很大的大学。
2. 北京大学有一个银行和一个邮局。
3. 这里没有好饭店，我们到北京大学里边看看吧。
4. 我爸爸在图书馆工作。
5. 图书馆里有很多书。
6. 东京里有很多人。
7. 那个国家里有很多大城市。
8. 在剧场里，我遇见了一个老朋友。
9. 我们在剧场坐下听音乐会，他不停地给我讲贝多芬，我受不了了。

3.3 "在、是、有"与存在句
"在,是,有" and existential sentences

读一读,想一想:在什么情况下用"在、是、有"?
Read and consider: In what scenario are "在,是,有" used?

(1) 颐和园(the Summer Palace)**在**北京大学的西边。
(2) 我**在**老师的旁边。
(3) 汉语书的旁边**是**一个杯子。
(4) 北京大学的东北边**是**清华大学,北边**是**圆明园(the Old Summer Palace)。
(5) 学校外边**有**很多商店,学校里边没有。
(6) 桌子上**有**一本有意思的语法书。
(7) 宿舍的前边**有**一个人。

你发现"在、是、有"的使用规律了吗?很简单,主要看处所词在前面还是后面。
Have you figured out the proper rules for using "在,是,有" yet? It's actually very simple, just check whether the location is placed in the front or back of the sentence:

1. 如果处所词在后面,要用:sb. / sth. + 在 + 处所。 如:
If the location is in the back, sb. / sth. + 在 + 处所 must be used. For example:

(1) 银行在学校里。
(2) 自由女神像在哪儿?

2. 如果处所词在前面,要用:处所 + 有 + sb. / sth. 或者处所 + 是 + sb. / sth.。
If the location is placed in the front, 处所 + 有 + sb. / sth. or 处所 + 是 + sb. / sth. must be used.

A. 如果宾语名词是有定名词(definite noun),一般要用"是"。 如:
If the object is a definite noun, "是" must be used. For example:

(1) 邮局对面是<u>中国银行</u> [definite]。
(2) 天安门的南边是<u>天安门广场</u> [definite]。
(3) 图书馆的后面是<u>那个有名的湖</u> [definite],叫未名湖。

B. 如果宾语名词是无定名词（indefinite noun），用"是"和"有"都可以。但是，如果用"是"的话，就隐含着"全部"的意思。如：

If the object is an indefinite noun, "是" or "有" can both be used. However, if "是" is used, it implies a meaning of "everything". For example:

（1）邮局对面有一家银行 [indefinite]。（除了银行，可能还有其他的东西。Aside from "银行", there may be something else there.）

（2）前边是一排书架[indefinite]。（只有书架，没有别的东西。There is only a bookshelf, nothing else.）

选词填空 Choose the appropriate word to fill in the blank

在　　　是　　　有

1. 这儿（　　）一个书架。书架的上边（　　）书、杂志（zázhì / magazine）和画报（pictorial）。书（　　）书架的上边，画报（　　）书架的下边，杂志（　　）书架的中间。

2. 这（　　）我家的照片。照片上（　　）我的爸爸、妈妈、妹妹和我。中间的人（　　）我爸爸，我妈妈（　　）爸爸的左边。爸爸的右边（　　）我的妹妹。我（　　）他们的后边。

3.4　在……上、在……中、在……下

这三个方位结构有特别的含义，我们来了解一下它们的用法和意义。

These three location structures have unique meanings, which, along with their usage, will be explained in this section.

1. 在……上：表示"在……方面"。如：

"在……上" indicates in terms of..., or a particular aspect of something. For example:

（1）（**在**）**工作上**他是一个很能干的人，可是（**在**）**生活上**却几乎不能照顾自己。

（2）改革开放以来，中国（在）**经济上**的发展很快。
（3）刚来中国的时候，我（在）**学习上和生活上**都有很多困难。

2. 在……中：表示范围或过程。如：

"在……中" indicates scope or progression. For example:

（1）**在我的印象中**，他总是很沉默（chénmò / tacit），不太爱说话。
（2）**学习中**遇到问题，请尽管来问我。
（3）要多跟人交往，而且**在交往中**要注意礼貌。

3. 在……下：表示条件。如：

"在……下" indicates condition. For example:

（1）**在朋友的鼓励下**，他终于坚持跑完了3000米。
（2）**在爸爸的影响下**，我也喜欢上了中国书法。
（3）**在老师的启发**（qǐfā / enlighten）**下**，学生们终于明白了。

注意 NOTE

可以用在"在……下"结构中的词语主要有"教育、支持、鼓励、鼓舞、带动、启发、要求、帮助、影响"等双音节动词，而且这些词语前面往往要加上"sb.的"这样的修饰性词语。

In "在……下" structure, the following disyllabic verbs are primarily used: 教育, 支持, 鼓励, 鼓舞, 带动, 启发, 要求, 帮助, 影响. Also, in front of these words are usually placed modifying words such as "sb.的".

练习四 Practice Four

一 选词填空 Choose the appropriate word to fill in the blank

上　中　下

1. 在朋友的帮助（　　），她的口语有了很大的提高。
2. 在老师和家长的共同努力（　　），孩子终于回到了学校。
3. 他的身体已经恢复，但是在精神（　　）还不太稳定（wěndìng / stable），你要多注意观察。

4. 他在饮食（　　）非常讲究，是个美食家。

5. 大家在讨论（　　）发现了很多问题。

6. 在现代作家（　　），我最喜欢林语堂。

7. 从质量（　　）说，咱们这10路公共汽车的服务水平不能算低，可是在数量（　　），它还远远跟不上现实的需要。

二 翻译　Translate

1. We all need room to grow, physically, mentally, and spiritually.
2. I want to be a good girl in my life, a tender maiden in my appearance and a Transformer (变形金刚) in my heart.
3. Encouraged by his parents, he took part in the speech contest.
4. With the reporter's support, the sportsmen are transported to the airport.
5. He met many interesting people in his travels.
6. He makes a lot of mistakes in his work, but he means well.

三 说说一个月来你的生活、学习等情况

Discuss your studies and other important events of your life that occurred in the past month

要求：用"在……上、在……中、在……下"结构。

Directions: Use the structures "在……上, 在……中, 在……下".

综合练习
Mixed practice

一、判断并改错 True or false

1. 我的宿舍就是教室的前边。

2. 商店里在很多东西。

3. 北京大学的北边有圆明园。

4. 你的书是我这儿,不在你的房间里。

5. 南边有我家。

6. 圣母大学的图书馆是美国内最大的图书馆。

7. 澳大利亚国立大学是在堪培拉。

8. 我最想学在语法课里是怎么可以分开这些词的用法。

9. 我在飞机坐了三个小时。

10. 我喜欢的季节是春天。以前春天是冬天。

11. 火车里乘客太多,挤得要命。

12. 我现在住在的那家宾馆条件好极了。

13. 我过了三个星期在北京。

14. 我的房间是在稻香园小区的里面的。

15. 那一天在北大里,我们都很高兴。

16. 在电视节目,可以看到很多有意思的事情。

17. 在北京停留中,我想去很多地方了解中国。

18. 从去年十一月份以后,我一直住在这所房子。

二、作文 Essay Writing

介绍一下你的房间、你的大学,或者一个你喜欢的地方。
Introduce your room, your university, or a place that you like.

要求:用方位词和"在、是、有"。
Directions: Use nouns of locality and "在, 是, 有".

三、趣味阅读　Amusing Reading

注意 Note:

（1）方位词和含"在、是、有"的句子。

　　　Pay attention to nouns of locality and "在、是、有" sentences.

（2）一边读，一边把颐和园画出来吧。

　　　Read and draw a picture of the Summer Palace.

颐 和 园

颐和园在北京西北的海淀区。它是中国现存最大的皇家园林（yuánlín, garden）。

颐和园的中心有一个湖，叫昆明湖（Kūnmíng Hú, carp）。湖里有很多荷花（héhuā, lotus）。走近一些，你会发现，荷叶底下还有很多漂亮的红鲤鱼（lǐyú）呢。它们在湖水中自由自在地游来游去。昆明湖上有一座十七孔桥，桥头上有500多只石狮子（shīzi, lion），每一只狮子的样子都不同，非常生动。

昆明湖的北边是万寿山（Wànshòu Shān）。

佛香阁（Fóxiāng Gé, the Tower of Buddhist Incense）在万寿山上，是全园的中心。在佛香阁上，不但可以欣赏昆明湖上的风光，还能欣赏周围的美丽景色。

昆明湖北岸有一个长廊（chángláng, corridor），全长728米。长廊顶上有很多美丽的画儿，画儿里还包含着许多故事。画里的人物、花鸟都好像真的一样，蝴蝶（húdié, butterfly）在花草中跳舞，小鸟在树林中快乐地歌唱。

颐和园里还有很多亭子（tíngzi, pavilion），大约40多个。这些亭子，有的在湖边（lakeside），有的在林间，有的在水上，有的在山顶，有的在桥头……它们不仅让美丽的颐和园更加动人，而且还能为游人提供（tígōng, provide）休息、欣赏周围景色的地方。我们简单介绍几个亭子吧。

廓如亭（Kuòrú Tíng）在昆明湖东岸，是全园中最大的一个，面积有130多平方米，非常壮观（zhuàngguān, grand）。

从昆明湖东岸通过一座小桥,可以看到一个小岛,岛的中心是知春亭(Zhīchūn Tíng)。它的周围都是绿叶红花,景色很漂亮。

在佛香阁旁边有一个十分可爱的小小亭子,它的高和宽都只有一米多。

在小小亭的西边有一个非常珍贵的铜亭(tóngtíng),它全部用青铜(bronze)做成,非常漂亮。

在铜亭东边还有一个很奇特的敷华亭(Fūhuá Tíng)。它的样子并不奇特,但是在亭子里有一个山洞,而且它的里面还有一个小木亭。亭中有亭,太奇妙(qímiào, fantastic)了。

敷华亭东边有一个蝴亭(Hú Tíng)。它的样子与众不同——由两个亭子组成,非常美观(beautiful)。

颐和园的亭子千姿百态(qiānzī-bǎitài, various fascinating shapes),它们和昆明湖、万寿山、长廊以及许许多多的建筑(jiànzhù, architecture)一起,组成了一幅美丽动人的画面,吸引着国内外成千上万的游客。

离合词
Verb-Object Compounds

看一看，想一想：下面这两组动词有什么不同？

Take a look, think about it: What's the difference between the two groups of verbs below?

第一组 Group 1	学（汉语）　吃（面包）　看（书）　听（音乐） 讨论（问题）　参观（博物馆）
第二组 Group 2	走　死　活　醒　咳嗽　休息 见面　结婚　帮忙　感兴趣

第一组动词是及物动词，它们的后边可以直接加宾语。

The first group of verbs are transitive verbs (abbreviated as Vt). Objects can be placed directly after transitive verbs.

第二组动词是不及物动词，它们的后边不能加宾语。

The second group are intransitive verbs (abbreviated as Vi). Objects can not be placed directly after transitive verbs.

"见面、结婚、帮忙、感兴趣"也是不及物动词。但它们和"走、咳嗽"等不及物动词有一些不同。

"见面, 结婚, 帮忙, 感兴趣" are also intransitive verbs. However, they are a bit different from intransitive verbs such as "走, 咳嗽" etc..

第一，虽然它们的后面不能加宾语，但是，在意义上，它们是可以有"宾语"的。如：在英语里我们可以说 meet a friend；在汉语里，因为"见面"是不及物动词，所以，我们不可以说"见面一个朋友"。

First, while objects can not be placed after them, they can have "objects" semantically. For example, in English we can say "meet a friend". In Chinese, because "见面" is an intransitive verb, we can not say "见面一个朋友".

第二，它们可以拆开来说，如"见了两次面"。

Second, they can be broken apart and spoken separately, such as "见了两次面".

"见面、结婚、帮忙、感兴趣"这些不及物动词有一个专门的名字——离合词。

Intransitive verbs such as "见面, 结婚, 帮忙, 感兴趣" have a particular name: Separable Verbs or Verb-object compounds (abbv. V-O Compounds).

判断并改错 True or false

1. 1947年10月，我的爸爸结婚了我的妈妈。
2. 我很感兴趣汉语语法。
3. 他是我的好朋友，总是帮忙我。
4. 我要见面我的朋友。
5. 我们常常一起聊天，聊天很多话题。

4.1 离合词引进宾语的办法
V-O compounds and their "objects"

如果要把离合词意义上的那个宾语说出来，我们有三个办法：一是用虚词，如"和你见面"；二是只用前面的字，如"见你、帮你、聊中国历史"；三是用一个特别的结构，如"见你的面、帮他的忙"。

There are three ways of saying the object indicated in the verb-object compound. The first is using a function word, such as "和你见面". The second is just using the first character of the verb-object compound, such as "见你, 帮你, 聊中国历史". The third is using a special structure, such as "见你的面, 帮他的忙".

汉语里常用的离合词并不多，我们需要一个一个地记住它们和它们的用法。

There are not many verb-object compounds used in Chinese, therefore we need to memorize them and their usage one-by-one.

4.1.1 需要虚词帮忙的离合词
V-O compounds that require function words

和 + sb. + VO：见面　结婚　离婚　握手　聊天　吵架　打架
　　　　　　干杯　跳舞
向 + sb. + VO：道歉　鞠躬　问好　敬礼　发脾气
给 + sb. + VO：鞠躬　理发　鼓掌　打针　照相　看病　上课　洗澡
　　　　　　化妆　请假　挂号　把关　做主　打电话　发短信
为 + sb. + VO：鼓掌　干杯　叹气　操心　争气
对 + sb. / sth. + VO：发脾气　感兴趣　吃惊
从 + 学校 + VO：毕业

4.1.2 用特别的结构引出意义宾语
Using a special structure to include an object

V + sb. 的 + O：帮忙　请客　听话　生气　伤心　随便
　　　　　　当面（in sb.'s presence）　丢人　上当（be tricked）
　　　　　　劳驾　见面　放假　吃亏　沾光　告状　接班

 NOTE

如果离合词表示的动作行为是一个双方行为，我们只能用"和 + sb. + VO"的形式；如果是一个单方行为，一般用"V + sb.的 + O"形式。如：

If the verb-object compound expresses an action or behavior that is mutual, the "和+sb.+VO" form is only used. If it is a solo behavior, the "V+sb.的+O" form is usually used. For example:

（1）我要和他吵架。[双方行为 mutual actions]
（2）我要帮他的忙。[单方行为 solo actions]

所以，"帮忙"可以有两个办法引出意义宾语，"见面"有三个办法，"结婚"只有一个办法。

So, there are two methods for including the object of the verb "帮忙", there are three methods for "见面", and there is only one method for "结婚".

单方行为 Solo actions	单方或双方行为 Solo or mutual actions	双方行为 Mutual actions
我要帮朋友的忙。 我要帮朋友。	我要见你。 我要和你见面。 见他的面，真是太难了。	我要和你结婚。

注意 NOTE

"帮助"是一个一般及物动词，不是离合词，所以我们可以说：

"帮助" is a transitive verb and is not a verb-object compound, so, we can say:

（1）我帮助了朋友。

（2）我帮助了两次朋友。

（3）帮助帮助他吧。

4.1.3 其他离合词 Other verb-object compounds

还有一些离合词，一般没有意义上的宾语。如：

There are a few verb-object compounds whose meanings do not imply any objects. For example:

失业	住院	留学	唱歌	散步	睡觉	吃苦	出名
叹气	下台	倒霉	插嘴	出神	泄气	狠心	留神
站岗	搞鬼	发烧	下课	开课	下班	上班	

练习二 Practice Two

一 判断并改错 True or false

1. 你看，他不听我的话，结果上当骗子（piànzi / swindle）了。
2. 听说你已经结婚她了，祝贺你。
3. 他握手朋友。
4. 小时候，他的妈妈常常生气他。
5. 我要离婚你，你太糟糕了。
6. 我妈妈在院子里种了很多花，她喜欢照花儿的相。

二 翻译　Translate

1. One evening, John and I had a talk. We have understood each other better.
2. Oh, I bet she's really pissed off with me.
3. I hope I still have the opportunity to apologize to you in person.
4. Yes, he did say that I didn't listen to him.
5. Here come the Beatles. Let's give it up for them.

4.2 离合词的用法　Usage of verb-object compounds

离合词的主要特点就是可以分开来用，也可以合起来用。一般来说，分开来用的时候，有下面这样的一些情况。

The defining feature of verb-object compounds is that they can be separated and used, as well as used together. Generally, they can be broken apart and used in the following ways.

1. $\boxed{S + V 了 + O}$ ：

   我们一起聊了天，吃了饭，跳了舞，唱了歌，过得很开心。

2. $\boxed{S + V 过 + O}$ ：

   我们见过面，一起聊过天，吃过饭，跳过舞，都是过去的事了。

3. $\boxed{S + V 了/过 + 数量词 + O}$ ：

   （1）我们聊了一会儿天，跳了一场舞，然后就分手了。

   （2）我们只见过两次面，吃过一顿饭，然后就没有再联系。

4. $\boxed{S + V 了/过 + O + 数量词 + O}$ ：

   （1）他已经见了她两次面了，可是还是想见她，是不是爱上她了？

   （2）我帮过她两次忙，所以，她今天要请我的客。

5. $\boxed{S + VV + O}$ ：

   （1）大家一起见见面，聊聊天，唱唱歌，吃吃饭，都是好朋友。

（2）太累了，我简单地洗了洗澡就睡了。

6. S + V起 + O + 来 :

（1）大家一见面就聊起天来。

（2）跳起（舞）来吧，唱起（歌）来吧，让我们一起度过一个愉快的夜晚！

一 判断并改错　True or false

1. 我们聊天了一个小时。
2. 海明威（Hemingway）离婚过三次。
3. 考试完了，大家应该跳舞跳舞，放松一下。
4. 我帮忙了朋友两次。
5. 朋友应该常常见面见面，沟通（gōutōng / communicate）感情。
6. 这个月我请客了几次，花了不少钱。
7. 请帮忙帮忙我吧。
8. 周末的时候，我常常去跳舞西班牙舞。

二 翻译　Translate

1. We haven't had a chance to get together for many years. Let's take this opportunity to have a chat today.
2. There were no phone calls, no exchanges of greetings, nor a chance encounter since our graduation.
3. Woke up, couldn't get to sleep, so I went out for a walk.
4. One moment they were playing games and now they quarreled.
5. The boss was out of temper with him yesterday.

综合练习
Mixed practice

一、用离合词写一个对话，至少用五个离合词
Use verb-object compounds to write a conversation, using at least 5 verb-object compounds

二、请再一次阅读第三讲的文章《见面》（第40页），注意离合词的用法，然后复述故事
Read the third lesson's essay "见面" (p.40), paying attention to the usage of verb-object compounds. Then orally retell the story

三、作文　Essay Writing

话题：我的朋友在书店。
Topic: My friend's visit to the bookstore

要求：使用时间词、处所词和离合词。
Directions: Use time words and place words, as well as verb-object compounds

四、趣味阅读　Amusing Reading

（一）

大强：小明！你好！又见面了。
小明：是啊！这个月我们已经见了三次了。
大强：我得向你道歉，上个星期我跟女朋友吵架，心情不太好，不小心向你发了脾气。

小明：没关系，不要把这事放在心上。我们是好朋友，握一握手就算了吧。

大强：说真的，这个学期你帮了我很多忙。上次去市场买衣服，我差点儿上了小贩（xiǎofàn / vendor）的当，幸亏你劝我不要买。

小明：嗯，在小贩那儿买衣服，还要学会讨价还价。

大强：今天晚上一起吃饭吧？我请客，为我们的友谊干杯！

小明：好啊。我们好久没有好好聊天了。今天晚上我们好好聊聊吧。

大强：一言为定。晚上6点在学校西门见吧。

（二）

我最好的朋友去年结婚了。

前天他给我打电话，结结巴巴地告诉我说，他在生他妻子的气，因为他们吵架了，她伤了他的心。我决定帮他的忙，所以第二天和他见面以后，我们一起去了书店，我想他在书店里可能会开心一点儿。

我们原来打算先在书店外面的小花园里散一会儿步，可是他一看见花，就开始叹气。"她很喜欢花，看到花我就忍不住想她。"他说。所以，我们马上进了书店。

在书店里，我们只待了十分钟，因为他每看见一个书架就开始哭。我问他："你为什么不停地哭？"他说："我很想念我的妻子，她很喜欢看书。书店里全部都是书！"没办法，我们只好离开了书店，去了一家酒吧。

我请了他的客，我们为友谊干杯，可是他还是不太高兴。半个小时以后，我们忽然看见，我朋友的妻子也在这家酒吧里。我的朋友马上跑过去和她说话。她向我的朋友道歉，说不该向他发脾气。然后，他们一起跳起舞来，跳了三个小时！

今天上午，我的朋友给我发了一条短信，告诉我："我们决定下个星期去海边度假！"

对这个结果，我一点儿也不吃惊！他们谈了十年恋爱，每次吵完架都这样。

（石海神［西班牙］）

结果补语
Resultative Complements

看一看，想一想：第一组和第二组意义上有什么不同？
Take a look, think about it: What's the difference in meaning between the first group and the second group?

第一组 Group 1	第二组 Group 2
look for 找 look 看 advise 劝 go to bed / sleep 睡	find 找到 see 看到/看见 persuade 劝动 fall asleep 睡着

第一组里的动词或词组都只表示一个动作，第二组里的动词或词组强调的是动作的结果，即"动作+结果"。又如：
The first group of verbs or phrases all indicate an action. The second group of verbs or phrases emphasize the result of an action, in the form of "action + result". For other example:

（1）I have been looking for it in the past three days, but I didn't find it.
在过去的三天里，我一直在找，但是没有找到。
（2）Look, look, what do you see?
看，看，你看见了什么？

在英语里，动作和"动作+结果"的不同，也可以用句子来表示。如：
In English, we can also differentiate an action and "action+result" by different sentence structures. For example:

I was scared.（我很害怕。）
I was scared silly.（我吓傻了。）

汉语里的"动作＋结果"都是用结果补语来表达的。如：

In Chinese, resultative complements are always used to express "action + result". For example:

> 找到　看见　睡着　劝动　吓傻

有时候，我们必须用结果补语，强调"动作＋结果"，才能把意义表达清楚。

It is sometimes necessary to use resultative complements to emphasize "action + result" in order to express clearly the meaning of a statement.

想一想：下面三个句子为什么不对？

Consider: What is incorrect about the three sentences below?

（1）*别担心，做手术的那个医生很厉害，他一定能救你的妹妹。
（2）*白天发生的事情让他很烦恼，躺了两个小时也没睡。
（3）*我走了半个小时以后，才找了旅馆。

在这三个句子里，我们都需要强调结果：只有"救活"了，才能不担心；"躺"了两个小时，已经在做"睡"的动作了，这里要表达的意思应该是"睡着"；"走了半个小时找旅馆"以后，应该是"找到旅馆"，强调结果。

In all of these three sentences, it is necessary to emphasize the result. Only if "救活" (life is saved), can we put our worries to rest. He has "躺" (reclined) for two hours, in other words he has already performed the action of "睡" (sleep), but the meaning that is intended to be expressed here is "睡着" (fall a sleep). After "走了半个小时找旅馆" (walking for three hours looking for the hotel), it should be "找到旅馆" (found the hotel), emphasizing the result.

5.1 结果补语的形式
The form of resultative complements

结果补语主要有两类：

There are two types of resultative complements:

例子 Examples	类型 Types
（1）你把手洗干净，再来吃饭。 （2）我已经听明白了，你不用再讲了。 （3）你看错了，这个字是"已"，不是"己"。	动词 + 形容词
（4）我看见他去那边了，你去那边找找吧。 （5）他把车开走了，我只好去坐地铁了。	动词 + 动词

"动词 + 形容词"类结果补语的意义是：因为某个动作而进入了形容词表示的一种状态。如：

The "动词 + 形容词" type of resultative complement signifies that because of a certain action, a certain state (adjective) is produced. For example:

洗干净：因为"洗"这个动作，所以变得"干净"。

Because of the action "to wash" (洗), something becomes "clean" (干净).

听明白：因为"听"这个动作，所以"明白"。

Because the action "to listen" (听) occurs, something becomes "understood" (明白).

看错：因为"看"这个动作，所以"错"。

Because of the action "to look" (看), something is seen "incorrectly" (错).

只要意思合适，许多形容词都可以做结果补语。

As long as the meaning is appropriate, a lot of adjectives can act as resultative complements.

单音节形容词"早、晚、快、慢、多、少、深、浅、大、小"做结果补语的时候，句子可能有"偏离目标"的意义。如：

When monosyllabic adjectives such as "早, 晚, 快, 慢, 多, 少, 深, 浅, 大, 小" are used as resultative complements, the sentence may indicate a failure to achieve a purpose or goal. For example:

（1）我们来早了，别人都还没来呢。（意思是"比约定的时间早"。
We arrived "earlier than the agreed upon time".)

（2）我们跑快了，慢一点儿吧。（意思是"比应该的速度快"。We ran "faster than the speed we should be running".）

（3）他们给多了，实际上不需要这么多。（意思是"比实际需要的多"。They gave "more than they should have".）

（4）这个井挖浅了，还应该再深一点儿。（意思是"不到应该的深度"。The well "wasn't dug as deep as it should be".）

但是能做结果补语的动词不太多。主要有：

However, there are not many verbs that can serve as resultative complements. The main ones that can act as resultative complements are:

> 断　病　懂　完　倒　翻　通　穿　透　动　走　见　成　着

其中，"断、病、懂、完、倒、翻、通、穿、透"等动词做结果补语的时候，它们的意思不需要特别学习。如：

Of these, verbs such as "断, 病, 懂, 完, 倒（turn upside down），翻（turn over），通（through），穿（penetrate），透（penetrate, through）" do not require extra effort in learning. For example:

（1）他累病了。（因为"累"，所以"病"了。Because he's tired (累), he got sick (病).）

（2）我看懂了。（因为"看"所以"懂"了。Because I saw (看), I understand (懂).）

（3）我做完作业就去跑步。（finish doing）

（4）他很生气，把椅子踢倒了。（kick down）

> 跌倒　刮倒　滑倒　碰倒　摔倒　推倒　撞倒　醉倒

（5）小船被大浪打翻（overturn; bring down; strike down）了。

> 推翻　炸翻　撞翻　掀翻

（6）我们终于又打通（remove the block in a passage）了一条隧道（suìdào, tunnel）。

> 接通　挖通　说通　想通

（7）他在家里玩射箭（shè jiàn / shoot an arrow），把窗玻璃射穿（penetrate through; pierce）了。

> 打穿　扎穿　看穿

（8）我可以看透（see through）他的心思，实际上他一点儿也不烦恼。

> 钻透　吹透　理解透　说透　研究透　熟透

"到、走、见、成、着"等结果补语，用法比较复杂，我们需要一个一个专门学习。

The usage of resultative complements "到, 走, 见, 成, 着" etc. is much more complicated, so we need to study them one by one.

翻译　Translate

1. Children has grown up.
2. His face turned red.
3. The bus drove away.
4. The room was cleaned.
5. She became beautiful.
6. I have listened but got it wrong.
7. I finished my homework.
8. The newspaper is sold out.
9. He kicked the door down.
10. I have listened and understood it.

5.2 结果补语的意义
The meaning of resultative complements

一个动词的后边使用不同的结果补语，可以从不同的角度来说明动作的结果。

Since we can describe the result of an action from a few different angles, different resultative complements can be attached to the same verb.

看一看，想一想：结果补语是从什么角度来表示结果的？

Take a look, think about it: from what angle does a resultative complement express a result?

（1）他洗衣服洗累了。（他洗衣服，他累了。He washes the clothes, so he's tired.）

（2）他把衣服洗干净了。（他洗衣服，衣服干净了。He washes the clothes, so the clothes are clean.）

（3）他洗完衣服了。（他洗衣服，洗的动作结束了。He washed the clothes, and now the washing action is finished.）

所以，结果补语可以说明动作者怎么样了，也可以说明动作的对象怎么样了，还可以说明动作怎么样了。

As a result, the resultative complement can describe the actor, it can also describe the object of the action, in addition to describing the action itself.

一 下面的结果补语分别从什么角度说明动作产生的结果

From what angle does the resultative complement explain the result of the action

1. 那时候我每天吃汉堡包，吃了一个月就吃胖了。
2. 那一盘子菜，我都吃光了。
3. 我吃完了，你快点儿吃。

二 用结果补语完成句子

Use a resultative complement to complete the sentence

1. 他听了两个小时课，＿＿＿＿＿＿＿＿＿＿＿＿＿＿。
2. 我打扫房间＿＿＿＿＿＿＿＿＿＿＿＿＿＿＿＿＿。
3. 我吃＿＿＿＿＿＿＿＿＿＿＿＿＿＿＿＿＿＿＿。
4. 我＿＿＿＿＿＿＿＿＿＿＿＿＿＿＿＿＿累了。

5.3 专用结果补语 Special resultative complements

有一些结果补语,我们需要专门学习它们的意义,而且要记住它们常常和哪些动词一起用。

There are a few resultative complements that require us to take special care to learn their meaning. We must also remember which verbs they are most frequently attached to.

5.3.1 见:see; catch sight of

> 看见　瞧见　听见　闻见　遇见　碰见　梦见

（1）我好像听见有人在叫你。
（2）这种花的香气在很远的地方就能闻见。
（3）我在商店里碰见了一个小学同学。
（4）昨晚我做了一个梦,梦见我变成了一只小鸟。

一 翻译 Translate

1. He stopped and asked, "Do you see these people?"
2. Have people not seen or heard about these facts?
3. I smell perfume.

二 判断并改错 True or false

1. 我向外一看,看一个人在那儿。
2. 我在去上课的路上看一只狗。

5.3.2 好 [完成&好]:well; perfect; fulfill; complete

> 准备好　商量好　写好　听好　坐好　吃好　走好

（1）准备好了吗?我们马上开始。
（2）我们商量好了,周末一起去颐和园。

（3）请大家坐好，我们要开车了。
（4）再见，您走好。

练习四 Practice Four

一 翻译 Translate

1. No. Please do sit still.
2. I'm quite full already.
3. Can anybody listen up? let's be careful.
4. Take a good care of your daughter.
5. I make my report and I go.

二 判断并改错 True or false

再长的路，只要一步一步地走，总能走好。

5.3.3 成 [成果]：become; turn into

> 变成　摆成　布置成　剪成　写成　画成　翻译成
> 设计成　看成　听成　想成　读成　说成

（1）零度的时候，水会变成冰。
（2）喝酒以后，他的脸变成红色的了。
（side）她把原来的长发剪成短发了。
（4）你怎么把她画成这个样子了？太难看了。
（5）他把"你真棒"说成了"你真胖"。

🔔 NOTE

这个结果补语的后面一定要加一个 NP，即：V 成 + NP。
This resultative complement must be followed by a nominal phrase, taking the form V成 + NP.

一 翻译　Translate

1. Wishes can come true!
2. Mrs. Green let her son go when he was child, and now he became a thief.
3. He thought he heard, "how are you enjoying your steak?"
4. Can you help me translate this article into English?

二 判断并改错　True or false

1. 他病了，几天没有吃饭，脸都变成白了。
2. 如果"安乐死"是合法行为，那么社会会变什么样子？
3. 你已经变成你的想法了吗？现在决定去旅行了吗？

5.3.4　住 [固定]：holding on to; steady; firm

> 握住　抓住　抱住　夹住　咬住　记住
> 挡住　盖住　站住　停住　愣（lèng）住

（1）抓住这根绳子，千万别松手。
（2）一个小女孩儿跑起来抱住了她的腿。
（3）那只小狗咬住他的衣服不肯松口。
（4）你把路挡住了，请让一让。

一 翻译　Translate

1. Stand there! Stop! Get him!
2. I'll bear your suggestion in my mind.
3. The envelope was buried in some papers on my desk.
4. I slipped my hand in his and held on tight.

二 判断并改错　True or false

1. 我用一个小时一定能记这些生词。
2. 由于我那么小，忘了很多，可我记了袋鼠、树袋熊等。

5.3.5　走 [离开]：leave; go away

飞走　跑走　开走　跳走　拖走　推走　送走　借走　偷走

（1）我的青春像小鸟一样飞走了。
（2）那辆车被推走了。

翻译　Translate

1. — Oh, it flew away!
   — Let's go and get it.
2. You already stole my heart.
3. There goes the bus!
4. He was sent away.

5.3.6　掉 [去除]：become detached from; come off; fall

卖掉　丢掉　扔掉　忘掉　擦掉　摘掉　倒掉　吃掉
喝掉　刮掉　剪掉　咬掉　辞掉

（1）这些旧报纸，我们卖掉吧。
（2）请把我忘掉吧，不要找我，也不要恨我。

注意 NOTE

这个结果补语强调"某些东西不见了"。
This resultative complement emphasizes that "something has disappeared".

翻译 Translate

1. I almost threw away those letters.
2. It was either get married or sell the house.
3. Nothing matters if you forget this.
4. You have to rub it off well.

5.3.7 下 [分离]：be removed off; be detached from

脱下　拆下　放下　摘下　扔下　扯下　咬下

（1）他放下东西就走了。
（2）工人从汽车上拆下了一个轮胎。
（3）你是一个妈妈，不能扔下孩子不管。

这个结果补语强调"从一个大的整体上分离出来一个小部件"。
This resultative complement emphasizes that "a small part has been removed or comes out of a larger whole".

翻译 Translate

1. He whipped off his coat.
2. He took off his glasses and wiped them again, outside and inside.
3. She reached up and picked a pear off a branch.

5.3.8 着（zháo）[动作达到目的]：achieve a goal

睡着　猜着　借着　买着　找着　见着　闻着　抓着　租着

（1）我的钥匙不见了，你能帮我找着吗？
（2）那本书被借走了，我没借着。

> **注意 NOTE**
>
> 除了"睡"，其他与"着"一起用的动词也可以跟"到"一起用，意思差不多。
>
> Except "睡(sleep)", the other verbs used with "着" can also be used with "到" and the meanings are almost the same.

翻译 Translate

1. He's asleep from fatigue.
2. I think l found you one.
3. I can just imagine what you tell them.
4. Did you get the goodies?

5.3.9 到

A. [动作达到目的]：indicating achievement of the purpose of an action

> 看到　听到　见到　找到　借到　买到
> 得到　收到　吃到　捡到　闻到

（1）这本书太受欢迎了，很不容易借到。

（2）他在路上捡到了一个钱包。

一 **翻译** Translate

1. Do you know where I can find her?
2. There're two things I learned in life.
3. Now you can get any kind of vegetables that you can imagine.
4. You can always borrow these things from your hotel or your hostess.

二 **判断并改错** True or false

1. 我没买飞机票，只好坐火车去了。
2. 在电视节目里，可以看一场激烈的辩论正在进行着。

B. [动作结束的时间]: indicating an act lasts to certain time

学习到　谈到　吃到　打到　做到

（1）我们一直聊到十二点。
（2）我睡到十点半才起床。

 NOTE

结果补语"到"的这个用法，后面要加表示时间意义的词语。
A time word must be attached to the "到" resultative complement in this way.

Practice Twelve

翻译　Translate

1. He was there till the middle of the night.
2. Can I leave my baggage here till noon?
3. Man goes out to his work, till the evening.
4. It's never too old to learn.
5. You're not finished yet. You work until sundown.

C. [到达某个地方]: indicating a move from one place (one position) to another

走到　跑到　跳到　飞到　送到　运到
回到　谈到　说到　讲到

（1）你把这些东西送到教室里去。[具体 concrete]
（2）我们最后也谈到了那个问题。[抽象 abstract]

 NOTE

结果补语"到"的这个用法，后面可以加处所词，如"教室里"；也可以加抽象意义的名词，如"那个问题"。
When using the "到" resultative complement in this way, a place word or an abstract noun such as "那个问题" can be added to it.

翻译 Translate

1. On Thursday, about 400 watermelons were shipped to Tokyo and Osaka.
2. Where did you disappear to?
3. He once took an flight from London to India because he missed an e-mail.
4. How did we get onto that subject?
5. The average life expectancy of the Chinese rose to 71 years in 1999.
6. The GDP rose from 166 *yuan* in 1952 to 7913 *yuan* in 2001.

D. **[达到的程度]**：indicating being in a serious condition or state of affairs

发展到　恶化到　老到　胖到　脏到　贵到　饿到　冷到

（1）他们的关系已经发展到要结婚的程度了。
（2）那时候每天都很饿，饿到头昏眼花。

注意 NOTE

结果补语"到"的这个用法，后面可以加比较复杂的小句。而且，它的前面可以是动词，也可以是形容词，如"饿"。

A more complex clause can be placed after resultative complement "到". Besides a verb, "到" can also be attached to an adjective, such as "饿".

翻译 Translate

1. Whether it's good enough for the contest, Christ!
2. Couldn't be better!
3. Love them, enough to want to marry them, and not know?
4. Shop till you drop, girls.

5.3.10　在: indicating place

"在"做结果补语的时候，只能用于"V在 [place]"的句子里。常见的动词搭配有：

"在" can serve as a resultant only in V在 [place] sentences. The verbs are used in conjunction with "在" to form resultative complements as follows:

> 放在　写在　贴在　挂在　粘在　站在
> 坐在　躺在　跪在　站在　住在

（1）把书放在桌子上就可以了。
（2）他坐在椅子上睡着了。

 NOTE

这个结果补语，后面一定要加处所词。另外，这个结果补语常常用在把字句里，结构为：把 + O + V在 + place，把表示动作以后，目标位于某个处所。

A place noun must be placed after this resultative complement. Also, "在" as a resultative complement is frequently used in 把-sentences in the following form: 把 + O + V在 + place , to indicate that something (object) is located at some place after the action.

练习十五　Practice Fifteen

一　翻译　Translate

1. Throw them in the back.
2. Why did you put it there?
3. Can you please hang my coat in the wardrobe?
4. They have pasted up a notice on the wall.

二　判断并改错　True or false

1. 孩子说谢谢，然后把书在头上出去了。
2. 他放书在桌子上。
3. 他把书放下桌子上。
4. 不要把垃圾扔掉在路上。

5.4 结果补语的用法 Usage of resultative complements

"动词 + 结果补语"常常用在下面这些句型中：
"Verb + resultative complement" is commonly used in the following structure:

S + 把 + O + VC	如：我把作业做完了。/ 她把眼睛哭肿了。
O + (S) + VC	如：作业（我）做完了。
O + 被 + S + VC	如：我的书被朋友借走了。
S + VC	如：我听懂了。 我吃饱了。
S + VC + O	如：我做完作业了。/ 她哭红了眼睛。

注意 NOTE

如果句子里有宾语，结果补语一定是说明宾语的变化情况的。所以，不能说"我吃饱饺子了"，因为"饱"是说明主语"我"的，不是说明宾语"饺子"的。但是，"我吃光了一盘饺子"可以，因为"光"是说明宾语"饺子"没有了。

If the sentence contains an object, the object should be related to the resultative complement. So "我吃饱饺子了" is wrong, because the resultative complement "饱" indicates the subject's change, not the change of object "饺子". "我吃光了一盘饺子" is correct grammatically because the resultative complement "光" indicates that the object "饺子" is "eaten up".

结果补语的否定形式，是"没（有）VC"。如：
The negative form of resultative complements is 没(有)VC. For example:

（1）我还**没**做完作业。

（2）他**没**有把过去的一切都忘掉，一直生活在回忆里，很痛苦。

只有在表示假设的情况下，才能用"不VC"。如：
Only when referring to a hypothetical situation can 不VC be used. For example:

（1）如果**不**做完作业，你就不能看电视。

（2）你要尽快把这件事想清楚，再**不**想明白的话，就晚了。

一 把下列句子改写成带结果补语的句子
Rewrite the sentences below to include resultative complements

例：我学跳舞。 我会跳舞了。→ 我学会跳舞了。

1. 我做了一个梦。梦里有一个老同学。
2. 我猜他的意思。我知道了他的意思。
3. 我买飞机票。我没有得到飞机票。
4. 我学习，一直到十点。
5. 朋友借我的自行车。我的自行车不在我这儿了。
6. 我扔坏面包。坏面包没有了。
7. 我去了，但是，晚了。
8. 我吃饭。我饱了。
9. 老师讲那个问题。问题清楚了。
10. 我们听老师的话。我们懂了。
11. 我放杯子。杯子在桌子上。
12. 他哭了。枕头（zhěntou / pillow）湿了。

二 判断并改错 True or false

1. 他说奇怪的话完以后，做了奇怪的动作。
2. 我跳舞累了，我们先休息一下再跳吧。
3. 他不吃完饭就开始做作业了。
4. 我好久不看见你了。你在忙什么呢？

综合练习
Mixed practice

一、判断并改错 True or false

1. 我看这篇短文之后,我觉得在这篇短文里面有两种教训(jiàoxùn / lesson)。

2. 人们知道吸烟(xī yān / smoke)对健康特别不好,可是,一学吸烟,就不容易戒(jiè / give up)。

3. 从这个"三个和尚没水喝"的传说,我想了我在泰国一家银行工作时的事。

4. 他对我说"钱也买不到好朋友",我听那句话的时候非常感动。

5. 这个窟(kū / grotto; rock cave)不知道为什么用泥土被盖了,所以,到19世纪末才被一个人发现。

6. 我看她妹妹时,觉得她那么瘦,个子也不高,跟我的朋友差不多。

7. 那时候很穷,就连饭也很难吃。

8. 我在网上找到了好几个新朋友,如一个住美国的南亚人和一个住加拿大的中国人。

9. 他跟医生说他不想活下去了,反正迟早会死的,干脆把他杀好了。

10. 五天以后,我们再见面的时候,我发现他变成瘦了。

11. 大家都要上名牌大学,因为毕业以后的前途好,可以找收入高的工作。

12. 我觉得最重要的是怎么能够吃"绿色食品",并且吃饱。

13. 现在,世界上很多人还是不能吃饱东西,他们会饿到的。

14. 谈有效阅读这个题目,我又想起以前上中学的年代。

15. 我个人认为,阅读是很重要,可是我们不需要花全部的时间。

16. 最近,人们的物质生活越来越好,所以很多人关心生活质量的问题。特别是健康问题,每日在电视节目或广告里我们很容易看。

二、填上合适的结果补语(一)
Fill in the blank with the appropriate resultative complement

1. 对不起,我写错了,我把你的名字写(　　)"西瓜"了。
2. 他的声音很大,所以,我能听(　　)。

3. 快点儿，写（　　）了作业我们去打球。

4. 去旅行的人太多了，我们没买（　　）火车票。

5. 请你记（　　），一个星期之内你一定要把书还给我。

6. 哎，你睡（　　）了吗？跟我聊聊天吧。

7. 我不记得谁把我的书借（　　）了。

8. 你为什么要辞（　　）那么好的工作？

9. 你准备（　　）了吗？我们马上要开始了。

10. 你不能丢（　　）孩子一个人出去玩那么长时间。

11. 你走吧，把行李放（　　）这儿就可以了。

三、填上合适的结果补语（二）
Fill in the blank with the appropriate resultative complement

1. 起来！起来！吃饭，吃（　　）了去看电影。

2. 我把一只手伸给她。她抱着我那只手放（　　）胸前，像孩子一样满意地睡（　　）了。

3. 我们三人穿过小树林，来（　　）了游泳池边。

4. 我听（　　）那边传来一个很大的响声。

5. 第二天天亮，我才重新看（　　）他们。

6. 我们约（　　）了要去吃饭的地方，我就在医院门口等杜梅。

7. 我们到了那家饭店，楼上楼下找了一圈，没发现王军和他的女朋友。"怎么回事？难道地方说（　　）了？"她问。

8. 别人都认为我是个无耻（wúchǐ / shameless）的人，很多场合我也确实是那样。但和杜梅在一起，我很容易就变（　　）了一个君子（jūnzǐ / gentleman）。

9. "放（　　）我，放（　　）我，你把我的手弄（　　）了。"她大声喊。

10. 他已经困极了，但是，他还不能睡（　　），因为他害怕一睡（　　），他心里想的那些好事就没有了。

四、给动词"吃"加上结果补语并造句。你能想出多少来

Use the verb "吃" to make sentences using resultative complements. How many ones can you make

五、用结果补语写一个对话或段落

Use resultative complements to write a conversation or paragraph

要求：至少使用4个结果补语。

Directions: Use at least 4 resultative complements.

六、趣味阅读　Amusing Reading

注意：找出结果补语，并注意它们的意义和用法。

Note: Find the resultative complements, and pay attention to their meaning and usage.

　　来中国后不久，我的运动鞋不见了。我请我的朋友帮我找。我们花了五个小时找鞋，但是没有找到。在这五个小时里，我也去了几家商店，可是，商店里的鞋都卖光了！

　　一个月以后，我打扫了一下房间，把房间打扫好以后，我要去外面把垃圾扔掉。可是我没有拿住垃圾袋，垃圾袋掉在了地上。在垃圾里面，我竟然发现了我的鞋！我以前以为它是被别人偷走的！

　　虽然我找着了鞋，但是垃圾把它弄脏了，所以，我只好把鞋放在洗衣机里，好不容易才洗干净了。那天晚上睡觉以前，我摘下手表，小心地把它放在桌子上，我担心我的手表也被放进垃圾袋里，被我扔掉！

　　睡着以后，我做了一个梦，梦见我的东西都在垃圾袋里，我变成了一个垃圾工人！

（吴亚当［美国］）

第六讲

趋向补语
Directional Complements

朗读下面的文章，注意画线部分的词语。
Read aloud the article below, paying special attention to the underlined phrases.

要是滚下去怎么办？

你们在中国旅行的时候，坐过火车吗？坐过卧铺（wòpù / sleeper）吗？如果你第一次坐卧铺，而且你的铺位又在最上面的一层，我不知道你会怎么想！我想的是："天哪，要是滚下去怎么办？"

今年国庆节，我和同屋一起坐火车去上海旅行。这是我第一次坐卧铺，韩国的火车上没有卧铺。我的铺位是上铺，在最上面。走进车厢（chēxiāng / carriage）的时候，我觉得很好奇：上铺那么高，得从梯子（tīzi / ladder）上爬上去，可是上铺的空间又很小，在上面只能躺着，我怎么办？一直躺着吗？

就在我不知所措的时候，坐在下铺的中国人招呼我说："你可以坐在下面，想休息的时候再上去。"于是，我和下铺的一家三口认识了。我们愉快地聊起天来。他们是利用国庆节放长假的机会，回老家看看。他们的小女孩儿很可爱，很想跟我聊天，可是又很害羞（hàixiū / shy）。

第六讲　趋向补语

时间过得很快，一会儿几个小时就过去了，该熄灯（xī dēng / turn off the lights）睡觉了。我<u>爬到上铺</u>，可是，当我<u>躺下来</u>的时候，我突然<u>紧张起来</u>：睡在这摇摇晃晃（yáoyáohuànghuàng / rickety）的车厢里，要是<u>滚下去</u>怎么办？

（姜珉廷［韩］，选自北京大学2001年留学生汉语演讲比赛演讲稿汇编，有改动）

画线的这些词语里包含着"下去、进、上去、起来、下来"这样的一些词，它们叫做趋向补语。

The underlined phrases above include "下去, 进, 上去, 起来, 下来". They are all called directional complements.

这些趋向补语的作用有两种：

These kinds of directional complements have two kinds of uses:

1. 在"滚下去，走进，爬上去，躺下来"里，趋向补语"下去，进，上去，下来"指示了动作的方向。

In the phrases "滚下去, 走进, 爬上去, 躺下来", directional complements "下去, 进, 上去, 下来" indicate the direction of an action.

在其他语言里，也有对动作方向的表达。比如西班牙语，有一些动词的意思里就含有了动作的方向。如"entrar"（走进）、"salir"（走出）、"bajar"（走下）、"subir"（走上）、"pasar"（走过）、"volver"（走回）。

In other languages, there are also terms for expressing the direction of an action. In Spanish, for example, there are a few verbs whose meaning implies the direction of an action: entrar "to go in", salir "to go out", bajar "to go down", subir "to go up", pasar "to go by", volver "to go back".

英语里，"bring"和"take"也含有动作方向的不同：一个是朝向说话人，一个是远离说话人。"go down、go up、go into、go out"等的动作方向也是不同的。

In English, "bring" and "take" also imply differences in the direction of an action: one is in the direction of the speaker, the other is away from the speaker. The verbs "go down", "go up", "go into", and "go out" also imply different directions.

在汉语里，如果要强调动作的方向，就用"动词+趋向补语"。

In Chinese, if you want to emphasize the direction of an action, "动词(verb)+趋向补语(directional complement)" is used.

2. 在"聊起天来、紧张起来"里，趋向补语"起来"不指示动作的方向，它的意思是表示"开始某个动作"。这是趋向补语的引申用法。

In the phrases "聊起天来, 紧张起来", the directional complement "起来" doesn't indicate the direction of an action. It expresses "the start of a particular action". This is the extended usage of directional complements.

常用的趋向补语一般都有一些引申意义。如："动词+上"就可以表示下面这些意思：

Commonly used directional complements usually have a few extended uses. For example, "verb +上" can express the following meanings:

[闭合 close]　　关上门　拉上窗帘　闭上眼睛　挂上电话
[连接 connect]　联系上　搭上话　遇上阴天　赶上下雨　交上好运
[添加 add to]　 贴上邮票　穿上衣服　戴上帽子　种上树　点上灯
　　　　　　　 加上一点儿黄油　配上音乐
[填充 fill, 覆盖 cover]　写上名字　塞上纸　锁上门　盖上被子
　　　　　　　 签上名
[喜欢 like]　　爱上　看上　喜欢上　迷上　挑上　选上
[实现目的 fulfill a purpose, achieve a goal]　吃上饭　穿上新衣服
　　　　　　　 喝上好酒　住上新房　考上大学　买上车
[达到一定数目 reach a certain amount]　干上两年　喝上两杯
　　　　　　　 见上一面　睡上几天

趋向补语的引申意义非常复杂，使用频率非常高。我们主要学习趋向补语表示动作方向的用法。

The extended usage of directional complements is very complicated, and their frequency of usage is also very high. Here we will primarily discuss the direction function of directional complements.

6.1 趋向补语的类型 Types of directional complements

趋向补语主要有两类：一类是单音节的，叫简单趋向补语；一类是双音节的，叫复合趋向补语。

There are two kinds of directional complements: monosyllabic, called simple directional complements; and disyllabic, called compound directional complements.

简单趋向补语 simple directional complements	上	下	进	出	回	过	起	来	去
复合趋向补语 compound directional complements	上来	下来	进来	出来	回来	过来	起来		
	上去	下去	进去	出去	回去	过去			

6.1.1 简单趋向补语 Simple directional complements

简单趋向补语只能指示动作的方向。如：

Simple directional complements only indicate an action's direction. For example:

（1）他走进车厢。

意思是：他原来在车厢的外面，然后在车厢的里面，"走"的方向是从车厢外到车厢里。

This sentence means, "He started outside of the carriage, then he was inside". The direction of "walking" is from the outside of the carriage into the carriage.

（2）他走出车厢。

意思是：他原来在车厢的里面，然后在车厢的外面，"走"的方向是从车厢里到车厢外。

"He started inside the carriage, then he was outside". The direction of "walking" here is from the inside to the outside of the carriage.

"来"和"去"表示动作的方向与说话人之间的关系。"来"表示动作朝向说话人，"去"表示动作方向远离说话人。如：

"来" and "去" represent the direction of the action in relation to the speaker. "来" indicates the action is towards the speaker, while "去" indicates away from the speaker. For example:

（1）他向我跑来。
（2）他离开我，向操场方向跑去。

6.1.2 复合趋向补语 Compound directional complements

复合趋向补语，除了指示动作自身的方向以外，还能指示动作方向与说话人之间的关系。如：

In addition to indicating the direction of an action, compound directional complements can also indicate the direction of the action in relation to the speaker. For example:

（1）他走进车厢来。

意思是：他原来在车厢的外面，然后在车厢的里面，"走"的方向是从车厢外到车厢里。而且说话人一定在车厢里，"走"的方向是朝向说话人的。

The meaning of this sentence is "He started outside of the carriage, then he was inside". The direction of "walking" is from the outside of the carriage into the carriage. The speaker is definitely inside the carriage, the direction of "走" is towards the speaker.

（2）他走进车厢去。

意思是：他原来在车厢的外面，然后在车厢的里面，"走"的方向是从车厢外到车厢里。而且说话人一定在车厢外面，"走"的方向是远离说话人的。

He started from outside of the carriage, then he was inside the carriage. The direction of "走" is from outside to inside the carriage. The speaker is located outside of the carriage, and the direction of "走" is away from the speaker.

所以，在用汉语表示动作的方向时，一定要注意说话人的位置。

As you can see, when indicating the direction of an action in Chinese, maximum attention must be paid to the position of the speaker.

6.1.3 为什么要用"动词 + 趋向补语"
Why must we use "verb + directional complements"

做趋向补语的这些词，也是动词，都可以单独用。如：

These words that act as directional complements are also verbs and can be used independently. For example:

（1）上啊，上啊，别害怕，这个梯子不高，很安全。

（2）他出去了。

可是，如果我们既要表示动作的方向，又要明确表示动作的方式，我们就应该用"动词 + 趋向补语"。如：

However, if we both want to express the direction of the action as well as explicitly define the manner of the action, we should use the "verb+directional complement" structure. A few more examples:

（1）听了一会儿，他悄悄地走出去了。
（2）蜗牛（wōniú / snail）爬出去了。
（3）小鸟飞出去了。
（4）袋鼠（dàishǔ / kangaroo）跳出去了。
（5）滚出去！
（6）把这些东西扔出去！

练习一 Practice One

一 填上合适的趋向补语
Fill in the blanks with the appropriate directional complements

1. 你们太慢了吧？我们已经在山顶半个小时了。你们快跑（　　）吧。
2. 我累了，咱们坐（　　）休息一下吧。
3. 你站（　　），这是我的座位，不是你的。
4. 我要多拍一些照片寄（　　）家（　　）。
5. 你什么时候（　　）？爸爸妈妈都很想你。
6. 把手举起来，把钱都拿（　　），都给我！
7. 你别在外面站着，快（　　）吧。
8. 有一个人向我走（　　），可是我不知道他是谁。
9. 你家在哪儿？从这儿开（　　）得多长时间？

二 判断并改错　True or false

现在我在北京学习两个月汉语了，两个月以前，我决定去北京的时候，我妈妈很担心。

6.2 趋向补语的用法 Usage of directional complements

趋向补语主要用在下面的六种句型里。
Directional complements often occur in the following six sentence patterns.

6.2.1　S + V + 复合趋向补语

（1）他爬上来了。/他一定要爬上去。
（2）他走下去了。
（3）我们坐下来休息了十分钟。
（4）蜗牛会爬进来吗？ /蜗牛爬进去了。
（5）人们都跑出来了。/人们十分钟就能跑出去。
（6）一到春天，小鸟就飞回来了。/小鸟飞回去了。
（7）车开过来了。/那辆车开过来开过去，不知道在干什么。
（8）太阳每天都会升起来 (to rise up)。

 NOTE

还可以用介词结构来进一步表示动作的起点或者方向。如：

The structure of the preposition can be used to further indicate the starting point or direction of an action. For example:

（1）蜗牛从窗户爬进来了。
（2）人们都从房间（里）跑出去了。
（3）看3D电影的时候，感觉车朝我们开过来了，太恐怖了。

翻译　Translate

1. I jumped up and greeted him warmly.
2. I'm moving out and never coming back ever, ever, ever again!
3. She was a patient. She jumped off the roof.
4. Look, they're coming to you.

6.2.2　S + V + 简单趋向补语 + place +（来/去）

V上 + [终点 destination] +（来/去）：他爬上山（来）了。
V下 + [起点 departure point] +（来/去）：他走下楼（来）了。
V进 + [终点] +（来/去）：蜗牛爬进屋子里（来）了。
V出 + [起点] +（来/去）：人们都跑出楼（去）了。

V回 + [起点 & 终点] + （来/去）：小鸟飞回北方（来）了。
V过 + [路径 path] + （来/去）：车开过桥（去）了。

注意 NOTE

1. 在这个用法中，如果不需要强调动作方向和说话人之间的关系，"来/去"也可以不说。

In this pattern, if it is not necessary to emphasize the direction of an action relative to the speaker, then "来 / 去" can be omitted.

2. 如果只表示到达终点，不强调到达时动作的方向，用"到"就可以了。如：

If only indicating that the destination has been reached, and not emphasizing the direction of an action at the time of arrival, then it is only required to use "到". For example:

V到 [终点] + （来/去）

（1）我跑到楼上（去）。
（2）我跑到屋子里（来）。

3. 一定要特别注意"下"和"出"的后边，是动作的起点。

It's necessary to remember that only a place word which indicates the departure point of the action can be used after "下" and "出".

一 翻译 Translate

1. Two burglars have crept in my room.
2. I jumped out of bed and ran into the hallway.
3. He is a boy and he can climb to that tree.
4. Let's go back to the ship.
5. You passed us. You passed us in the woods.
6. He walked through the kitchen and out into the yard.

二 判断并改错 True or false

1. 下雨了，很多石头滚下山脚。
2. 屋子里着火了，人们跑出院子。

6.2.3　S + 把 + O + V + 复合趋向补语

在这个用法里,宾语一般是有定的名词短语。如:
In this pattern, the object is usually a definite noun or phrase. For example:

（1）你们把东西抬上来。
（2）他把行李拿下去了。
（3）我们把桌子搬进来了。
（4）你把这些书扔出去吧。
（5）我把妹妹送回去了。
（6）你把车开过来。
（7）把笔拿起来。

翻译　Translate

1. When I was leaving, I put them back.
2. My girlfriend's purse. But you need to help me get it back.
3. He poked his finger in.
4. Put me down!
5. I wonder if I can get the money back.
6. John, pull us up!

6.2.4　S + 把 + O + V + 简单趋向补语 + place（来/去）

在这个用法里,宾语一般是有定的名词短语。如:
In this pattern, the object is usually a definite noun or phrase. For example:

（1）你们把东西抬上二楼（来）。
（2）他把行李拿下楼（去）了。
（3）我们把桌子搬进房间里(来)。
（4）你把这些书扔出门(去)吧。
（5）我把妹妹送回老家(去)了。
（6）你把车开过桥(来)。

 **NOTE**

如果不强调动作的方向,只表示终点,用"在"或"到"就可以了。如:

If only indicating that the destination has been reached and not emphasizing the direction of an action, then "在" or "到" should be used. For example:

把 O + V 到 / 在 + place

(1)我把行李放在楼下。
(2)我把东西抬到二楼。

翻译 Translate

1. I got your bag back here.
2. You can drive it home.
3. A short while ago, my sister helped me to carry one of my old bookcases up the stairs.
4. If you carry the bag of garbage to the garage (车库), you'll get a gift.
5. We shipped our baggage across the river.

6.2.5　S + V + 简单趋向补语 + O +(来/去)
　　　　S + V + 复合趋向补语 + O

在这个用法里,趋向补语后面的名词短语是无定的。如:

In this pattern, an indefinite noun or phrase is placed after the directional complement. For example:

(1)他拿回一本杂志来,让我看。
(2)等了半天,服务员终于端(duān / carry)上一盘菜来。
(3)他给我带回来一些礼物,我很高兴。
(4)他自己搬进来一把椅子,坐下来听课。

翻译 Translate

1. He tossed over a cigarette.
2. The doorman showed in a round-faced man, announcing, "Mr. Ts'ao."
3. She ran into an adjoining room and returned with a small child.
4. You ordered a medium-rare (四分熟) beef steak, but the waitress brought you one that's well-done (全熟的). What would you say?

6.2.6　Place + V + 复合趋向补语 + sth. / sb.

在这个用法里，趋向补语后面的词都是无定的名词短语，动词是表示位移的动词。这个句型常常用来引进一个新话题。如：

In this pattern, the word following the directional complement is an indefinite noun or phrase. The verb is a movement verb. This sentence pattern is often used to introduce a new topic /subject into the discourse. For example:

（1）前面走过来一群学生。
（2）从山上滚下来一块大石头。
（3）厨房里飘（piāo / float）出来一阵香味。
（4）远处飞过来一只小鸟，落在窗台上。
（5）房间里爬进来一只蜗牛。
（6）那儿开过去一辆车。

翻译 Translate

1. Here comes a girl with the white skin.
2. I'll be a hero when cows fall from the sky.
3. Erroneous views may come up during the discussion, but that is nothing to be afraid of.
4. There're new residents just been put into Flat Three.
5. When it came to a stop, a middle-aged woman got on the bus.

综合练习
Mixed practice

一、填上合适的趋向补语
Fill in the blanks with the appropriate directional complements

1. 我妈妈敲门把我叫（　　），说有事跟我说。
2. 我们在走廊（zǒuláng / corridor）上坐着说话，这时，一个小护士领着一对青年男女走（　　），她站（　　）和那小护士很亲热地交谈（jiāotán / chat）。
3. 我们三个在诊室（zhěnshì / consulting room）门外等着，那个男大夫又把杜梅叫了（　　），很严肃（yánsù / serious）地和她说什么。一会儿她走（　　），王军忙问："怎么啦？"
4. 她看了一眼手表，立刻站（　　）："我得走了，谢谢你请我吃饭啊。"
5. 大多数房间的门都是开着的，有风从朝北的那排窗户吹（　　），很冷。
6. 我们来（　　）病房大楼后面的单身宿舍，一直上了三楼。

二、看图讲故事　Look at the pictures and tell a story

要求：使用趋向补语

Directions: Use directional complements.

1. S + V + 复合趋向补语
2. S + V + 简单趋向补语 + place +（来/去）
3. S + 把 + O + V + 复合趋向补语
4. S + 把 + O + V + 简单趋向补语 + place（来/去）
5. S + V + 简单趋向补语 + O +（来/去）
   S + V + 复合趋向补语 + O
6. Place + V + 复合趋向补语 + sth. / sb.

《小青蛙，你在哪里？》

1.

2.

3.

4.

5.

6.

7.

8.

9.

10.

三、翻译　Translate

When mother was reading books in the house, her child ran into the room and said "Mom, my bag is downstairs, it is too heavy. I couldn't carry it up to the room." So mother walked downstairs with her child and carried the bag back home.

四、翻译下面的对话，然后三人一组表演
Translate the following conversation, then act it out in groups of three

A：What is the matter? Why hasn't the waitress served us our hotpot?
B：Yeah, 30 minutes has passed. Let's call the waitress here and ask her hurry up.

A：Waitress, Can you come here for a minute?

C：What's up?

B：I think you should bring the dish here soon.

C：Oh, I'm sorry. I forgot your order. I will serve your dish soon.

A：Yes, please.

(The hotpot is served)

A：Oh, it looks very nice. But can you tell me how to eat the hotpot?

B：Sure. First, you pick (夹) up the meat and put it into the hot soup. Secondly, after the meat is well cooked (煮), you pick the meat out of the soup and dip it in the sauce (酱料). Thirdly, put it into your mouth and swallow it.

A：Thank you. It is so nice. My stomach will be completely full today, I think.

(Suddenly)

A：Look, over there there is a man coming in. He is so handsome. People nearby are all looking at him.

B：Where is he?

A：At the door. Come here and have a look. Have you seen him?

B：Oh, He is Jackie Chan (成龙). A famous actor (演员) in China. He is the owner of this restaurant.

A：Really? This is the biggest surprise you gave me today. Can I go there and take a photo with him?

B：Why not? Go. Remember, speak in Chinese!

五、判断并改错　True or false

1. 十年以内，我打算回去澳大利亚看老朋友们。

2. 我们高高兴兴回了去家。

3. 我进去他的房间的时候，他和他的女朋友很幸福地看着我的眼睛，说："我们要结婚了。"

4. 学习累了，出去外边看看风景，放松放松吧。

5. 我应该进去旁边的那座大楼找一个空房间。

6. 我从来没想起来外国人说中文能跟中国人一样。

7. 过了一会儿，全身就发痒（fāyǎng / itch）起来。

8. 我见到他就不知不觉流了眼泪，因为我以为他把我忘了。

9. 他们想，从哪里跌倒就从哪里爬。

10. 有一天，坐在前边的男士从包里拿一根烟开始抽烟了。

11. 在成长的过程中我从没感觉到，但现在回忆，还是觉得我的性格特点很像父母。

12. 有一天，在街上看到了一些垃圾，妈妈什么也没说，把垃圾捡起来放了垃圾箱。

13. 我父亲因为被公司派了外地，母亲几乎一个人教育我。

14. 我姥姥送我们过机场去。

_____

15. 我很害怕,所以我很快地逃走去了。

_____

16. 我坐下在他的旁边。

_____

六、填上合适的趋向补语,注意趋向补语的引申意义
Fill in the blanks with the appropriate directional complements. Pay attention to the extended meaning of the directional complements

1. 这是她给我留（　　）的深刻印象。
2. 她向我提（　　）结婚申请（shēnqǐng / application）时,我们已经做了半年朋友。
3. 三楼住的都是女生,这从每个房间门上挂着的不同花色的门帘（ménlián / door curtain）可以看（　　）。
4. 一个人在餐馆里说一道菜可口,那并不是说他想留（　　）当厨师。
5. 有时她值夜班（zhí yèbān / be on duty at night）,就给我打电话,我们就在电话里聊（　　）几个钟头。
6. 她穿着一身绿色的短裤背心,看（　　）十分凉爽（liángshuǎng / pleasantly cool）。

可能补语
Potential Complements

看一看,想一想:下面这些句子是什么意思?它们有什么特点?

Take a look, think about it: What do the sentences below mean? What's special about them?

(1)地图上的字太小了,我看不见。
(2)他的视力很好,他看得见。
(3)山太高了,我累死了,爬不上山顶了。
(4)她经常锻炼,身体好,她能爬得上山顶。

"看不见"的意思是:不能看见。

"看不见" means unable to see something.

"看得见"的意思是:能看见。

"看得见" means able to see something.

"爬不上"的意思是:不能爬上。

"爬不上" means unable to climb up.

"爬得上"的意思是:能爬上。

"爬得上" means able to climb up.

"看见"是"动词 + 结果补语","爬上"是"动词 + 趋向补语"。在动词和结果补语或趋向补语的中间加上"得"或"不",它们就变成了可能补语,表示一种可能性。

"看见" is "verb + resultative complement" structure. "爬上" is "verb + directional complement" structure. When "得" or "不" is added between the verb and the resultative complement or directional complement, they become potential complements, indicating potentiality, or a kind of possibility.

7.1 可能补语的形式 The form of potential complements

可能补语有肯定形式和否定形式两种，我们分别用"V 得 C"和"V 不 C"表示。

Potential complements can take either the affirmative or negative form. We use "V 得 C" and "V 不 C" to distinguish the two types of potential complements.

> 肯定式可能补语："V 得 C" = 能 VC
>
> Affirmative potential complement: "V 得 C" = 能 VC
>
> 否定式可能补语："V 不 C" = 不能 VC
>
> Negative potential complement: "V 不 C" = 不能 VC

如果要问问题的话，有两种办法：

There are two ways of asking questions in this form:

（1）你看得见吗？　　　　V 得 C 吗？
（2）你爬得上去吗？

（3）你看得见看不见？　　V 得 C + V 不 C？
（4）你爬得上去爬不上去？

一 用可能补语改写句子
Use potential complements to rewrite the sentences

例：我的眼睛花（dim-sighted from old age）了，不能看清楚。
→ 我的眼睛花了，看不清楚。

1. 你写的字太小了，我不能看清楚。
2. 虽然衣服很脏，但是，我能洗干净。
3. 你讲得太难了，我们听了以后不明白。
4. 你点的菜太多了，我们能吃完吗？

5. 我太累了，十层楼我不能走上去，我要坐电梯。
6. 爱情已经没了，还能找回来吗？
7. 一个星期不吃饭，能饿死吗？
8. 他的网球一直打得都很好。我不知道能不能打败他。

二 翻译　Translate

1. It is a learnable thing.
2. Andy, can you hear me?
3. Can you really understand me?
4. You'll never guess who I bumped into the other day.
5. What if we simply can't dig in?
6. A: Is the ship all right?
   B: Seems okay, if we can get to it.

7.2 专用可能补语　Special potential complements

有一些固定结构专门表达可能或不可能。

There are a few fixed structures dedicated to expressing possibility or impossibility.

1. "来得及" vs. "来不及"：时间够 vs. 时间不够。

having enough time vs. not enough time.

（1）时间还早呢，不要着急，来得及。
（2）来不及了，快点儿，要迟到了。
（3）你的过去，我来不及参与（cānyù / participate）；你的未来，我奉陪（fèngpéi / accompany）到底。
（4）生命中，有一些人与我们遇见了，却来不及相识；相识了，却来不及熟悉；熟悉了，却还是要说再见。

2. 舍不得：因为喜欢所以不愿意做某件事情。

Unwilling to perform some act because of preference.

（1）我舍不得离开家乡。

（2）这个玩具他很喜欢，舍不得给别的小朋友玩儿。

3. 怪不得：因为了解了真相所以不觉得某件事情奇怪。

Not thinking something is unusual because one understands the reason behind it.

（1）他病了，怪不得昨天没来上课。

（2）他们分手了啊？怪不得最近我没有看到他们在一起。

4. V 不得：因为含有某种后果，比如陷入危险、麻烦、受惩罚、受批评等，所以不能做某个动作。

Unable to do a certain action because of certarn consequences, such as getting into dangerous situation or trouble, being punished, being unacceptable, etc.

（1）老虎尾巴摸不得。

（2）这种蘑菇（mógu / mushroom）有毒，吃不得。

（3）这是纪律，违反（wéifǎn / violate）不得。

（4）这是关键时候（guānjiàn shíhòu / critical moment），出不得一点儿问题。

（5）这个女孩子，打不得，骂不得，可是她这么不听话，怎么办呢？

5. "V 得起" vs. " V 不起"：因为有钱而能做某件事情 vs. 因为没有钱而不能做某件事情。

Able to do something because one has enough money. vs. unable to do something because one doesn't have enough money.

（1）这个 LV 包太贵了，我买不起。

（2）现在人们的生活富裕（fùyù / well-off）了，都开得起车、吃得起烤鸭了。

这个结构也可以表示能够承受某种代价，或不能承受某种代价。

This form can also indicate the ability to take on a certain cost, or the inability to afford a certain cost.

（1）去医院看病要花这么多时间啊，真是看不起病啊，公司里还有很多工作没做呢。

（2）你的礼物太贵重了，我承受（chéngshòu / receive）不起。
（3）全家人都靠我养活，我病不起啊。

6. "V 得了" vs. "V 不了"：

A. "能 V 完" vs. "不能 V 完"

Able to finish something vs. unable to finish something

（1）我太饿了，买五个包子吧，我吃得了。[能吃完]
（2）太多了，我吃不了。[不能吃完]

B. "能 V" vs. "不能 V"

Able to do something vs. unable to do something

（1）我是四川人，很喜欢吃辣的，所以，我吃得了麻婆豆腐，没关系。[能吃]
（2）这个菜太辣了，我吃不了。[不能吃]
（3）他的右半身像死掉了一样。他走不了路，写不了字，说不了话，也不能用右手弹一下琴！[不能走路，不能写字，不能说话]

一　用专用可能补语改写句子

Use special potential complements to rewrite the following sentences

1. 现在才去，恐怕时间不够了。
2. 明天晚上我们有一个聚会，你能来吗？
3. 这么贵的房子，我可没有钱买。
4. 我爱妈妈，不想离开妈妈。
5. 激光（jīguāng / laser light）太厉害了，我们不能看。

二　判断并改错　True or false

1. 那本书卖光了，我们买不了了。
2. 比较穷的家庭会很难买粮食（liángshi / food），这样，有可能会出现饿死的人。

三 用专用可能补语翻译下面的句子

Use special potential complements to translate the sentences below

1. It is hard to let go of something you've treasured.
2. I know you can afford it.
3. He had been taken ill and was unable to do mental work.
4. Patience. All good things come to those who wait. (one thing at a time.)

7.3 可能补语与"(不)能"
Potential complements and "(不)能"

"能"表示的可能性,强调的是说话人做出的主观判断,"V 得 C"表示一种客观的可能性。

The possibility expressed in "能" emphasizes the speaker's subjective evaluation of possibility, while "V 得 C" indicates a kind of objective possibility.

比较 Compare：

（1）屋子里在开会，我们现在不能进去。
（说话人主观判断 speaker's subjective evaluation）

（2）屋子的门窗都被堵上了，我们进不去。
（客观的可能性 objective possibility）

（3）你现在身体不舒服，不能吃辣的吧？
（说话人主观判断 speaker's subjective evaluation）

（4）这个菜有点儿辣，你吃得了吗？
（客观的可能性 objective possibility）

（5）这些文件不但不能删（shān / delete），而且也是删不掉的，因为都是只读（zhǐdú / read-only）文件。

所以,"能"和"V 得 C"也可以一起用。如:

So, "能" and "V 得 C" can also be used together. For example:

(1)这些衣服虽然很脏,但是,我能洗得干净。

(2)这个菜有点儿辣,你能吃得了吗?

"不能"还可以表示禁止或劝阻某个动作或行为发生,可能补语不可以。如:

"不能" can also express that an action or behavior is forbidden or obstructed. While potential complement can not. For example:

你是男的,这是女厕所,你不能进去!

*你是男的,这是女厕所,你进不去。(*means wrong)

选择填空 Choose the appropriate expression to fill in the blank

1. 走不了　不能走

(1)你是负责人,出了这样的事情,你_____,必须留下!

(2)外面下雨了,我们_____了,留下来吧。

2. 不能毕业　毕不了业

(1)根据师兄师姐们的经验,你如果不努力的话,就_____。

(2)你的论文还不行,所以,今年你_____,必须再学习一年。

3. 不能想清楚　想不清楚

(1)有些事情,你_____,还是糊涂一点儿好。

(2)这件事情,如果你_____就去做的话,会有麻烦的。

综合练习
Mixed practice

一、填上合适的结果补语、趋向补语或可能补语
Please fill in the appropriate resultative complement, directional complement, or potential complement

> 到　在　完　见　住　上　下　来　起来　下来　不了
> 不明白　得及　不着　不到　不得　不住　不上　不起　过来

1. 几天后的一个晚上，我都睡了，小王打（　　）电话，说他热得睡（　　），邀请我一起去游泳。我穿（　　）衣服下了楼，看（　　）她和小王站在马路边等我，她在月光下格外（géwài / especially）动人（dòngrén / touching）。

2. 杜梅坐（　　）游泳池边看着我，她好像怎么也想（　　）我为什么要这么做。

3. 我再三喊，又喊杜梅，同样得（　　）回答。

4. 为什么呀？你为什么看（　　）她？我觉得她人挺好的。

5. 她有一个人办（　　）的事，比如接站（jiē zhàn / meet sb. at the station）、去交通不便的地方取东西，也会叫（　　）我一起去。

6. 你要是觉得后悔（hòuhuǐ / regret），现在改还来（　　）。

7. "走啊。"我一边拉她，一边说，"你看你这个人，还开（　　）玩笑了？别生气了。"

8. 一句话没说（　　），她流（　　）眼泪："我什么时候说过后悔了？"

9. 我坐（　　）看电视，看了两眼电视忍（　　）笑了，转脸对杜梅说："我不应该对你的朋友们热情点吗？"

10. 我往屋里走，一阵风吹（　　），门帘（ménlián / door curtain）忽然刮（　　），包（　　）了我的头，使我看（　　）像个蒙面大盗（méngmiàn dàdào / masked robber）。

二、辩论，讨论一下环境保护与经济发展的问题
Debate. Discuss environmental protection and economic development

要求：使用可能补语、结果补语、趋向补语
Directions: Use potential complements, resultative complements, and directional complements.

正方观点：应该优先发展经济
Group 1: Economic development in priority

反方观点：环境保护最重要
Group 2: Environmental protection in great importance

三、趣味阅读　Amusing Reading

要求：注意可能补语
Directions: Pay attention to potential complements.

（一）

不管你有多好，都有人比你更好。但虽然做不到最好，却做得到对某个人最好。每个男孩都可以说：虽然我不是世界上最好的人，但我是世界上对你最好的男人。女孩也一样，在这一点上，每个人都能做得到。

（二）

做人就应该：穿得起几千元的大衣，也不嫌弃（xiánqì / dislike and avoid）几十元的T恤；享受得了高档餐厅，也吃得下路边的烤红薯（hóngshǔ / sweet potato）；开得起豪华（háohuá / luxurious）车，也坐得了公共汽车；出席（chūxí / attend）得了高雅的宴会（yànhuì / banquet），也下得了厨房，做得出家常便饭。

（三）

说好永远的，不知怎么就散了。最后自己想来想去，竟然也搞不清楚当初（dāngchū / at the beginning）是因为什么原因分开的。然后，你忽然明白，感情原来这么脆弱（cuìruò / fragile）。经得起风雨，却经不起平凡（píngfán / ordinary）……

你同意这些观点吗？和你的朋友一起聊聊吧。
Do you agree with the points in the articles? Discuss with a friend.

状态补语
Predicative Complements

看一看，想一想：第一组例子与第二组例子有什么不同？
Take a look, think about it: What are the differences between the first and second group of examples?

第一组 Group 1

（1）老师讲了三遍，终于把那个问题讲清楚了。
（2）经过反复练习，他的字终于写漂亮了。
（3）太脏了，我洗了很多遍，才洗干净。
（4）你吃那么多的巧克力，都吃胖了，别吃了。

第二组 Group 2

（1）老师讲得很清楚，学生们一下子就明白了。
（2）看，他的字写得真漂亮。
（3）那家洗衣店洗衣服洗得很干净，我喜欢去那里洗衣服。
（4）你吃得太胖了，已经140斤了，必须减肥。

第一组的例子里，"讲清楚""写漂亮""洗干净""吃胖"都是结果补语。它们强调的是因为某个动作而产生了一个变化，这个变化是一种结果。如"吃胖"的意思是，原来不胖，因为"吃"，所以结果是"胖"了。

In Group 1, "讲清楚" "写漂亮" "洗干净" "吃胖" are all resultative complements. They emphasize that because of an action there transpires a change, and this change is a kind of result. For example, "吃胖" means at first not fat, but because of "吃"(eating), the result is that one becomes fat.

第二组的例子里，"讲得很清楚""写得真漂亮""洗得很干净""吃得太胖了"，是状态补语。它们强调的是一种状态，而不是一种变化。如"吃得太胖了"，虽然"太胖了"也是因为"吃"造成的，但是它只是描述强调现在的一种状态，而不强调现在与以前相比而发生的变化。

In the Group 2, "讲得很清楚""写得真漂亮""洗得很干净""吃得太胖了", are all predicative complements. They emphasize a state of being, not a change. For example "吃得太胖了": although "太胖了" (too fat) is caused by "吃" (eating), however it is just describing the current state of things, and is not describing a relative transition that occurred between now and before.

状态补语主要有三种：V 得 AP、V 得 VP、A 得 VP。

There are three primary types of predicative complements: V 得 AP, V 得 VP, A 得 VP.

8.1 状态补语 V 得 AP

当状态补语是形容词性短语（adjectival phrasal，简称AP）时，它主要表达三种功能或意义。

When a predicative complement is an adjectival phrase (AP), it primarily expresses three types of functions or meanings.

8.1.1 描写动作行为的状态
Describing the state of an action or behavior

AP 状态补语，主要用来对动作行为进行描写。大致来说，主要从以下几个方面进行描写：

AP predicative complements are used primarily to describe an action or behavior. As an approximation, the majority of them describe the following aspects:

描写的方面 Aspects of description	常用状态补语 Common predicative complements	例子 Examples
动作施事的伴随状态 The state associated with the agent of an action	老实　认真 着急　诚恳	他回答得很老实："我们永远不可能做真正的朋友。"
动作行为的力度 The degree of an action or behavior	厉害　狠　凶 激烈　重	孩子哭得很厉害，我们都不知道该怎么办了。

续表

动作的强度 The strength of an action	紧　严密	他用手抓住那个书包，抓得紧紧的。
动作的细致度 The detail of an action	全面　具体 周到　详细	妈妈对孩子照顾得很周到。
动作的速度 The speed of an action	快　慢　急	他跑得很快。
动作的量 The amount of an action	多　少　差不多	这几天他吃得很少，精神也不太好。
动作的时间特征 The temporal characteristics of an action	早　晚　久	你睡得太晚了，应该11点前睡觉。
动作的空间特征 The spatial characteristics of an action	高　低　长　短 深　浅　远　近	你跳得不高，可以再高一点儿吗？

8.1.2 做出评价　Making an evaluation

AP 状态补语，还可以对动作行为进行评价，或者对动作的对象、动作的发出者进行评价。

AP predicative complements can also be used to make an evaluation concerning an action or the agent/receiver of an action.

一般是从以下几个方面做评价：

They are normally used to make an evaluation related to the following aspects:

评价的角度 Perspective of evaluation	常用状态补语 Common predicative complements	例子 Examples
是否符合某种标准 Whether or not in accordance with a standard	不错　正常　准确 正确　实在　真实 生动　得体	回到家的头几天，我休息得不错，想吃就吃，想睡就睡。
是否让人满意 Satisfactory or not	好　舒服　精彩 幸福　满意　平安	她的话说得很难听，我都不好意思再说给你听。

续表

| 是否出人意料
Expected or not | 平常　奇怪　巧妙 | 齐白石的虾画得很有特色。 |

再如 For other examples：

（1）这个老师讲得非常清楚，以前那个老师讲得不太清楚。
（2）这个动作做得挺漂亮的。
（3）这个年轻人向我提出一个问题。问题提得好，非常好。
（4）他的字写得不太漂亮。
（5）他的汉语说得跟中国人一样好。

8.1.3　描写动作行为的结果
Describing the result of an action or behavior

AP状态补语，也可以用来描述说明动作以后的结果。可以从两个方面来说明动作的结果：一是描述动作以后动作者的状态。如：

AP predicative complements can also be used to discuss the result following an action. An action's result can be described in one of the following two ways. The first, describing the state of the agent after an action. For example:

（1）她以前从来没有这样称呼他的名字，第一次这么叫他，他听得又高兴又惊讶。
（2）她想啊想啊，想得有点糊涂了。

这种状态补语的意思可以理解为"因为V，所以AP"。例（1）的意思是"他因为听，所以又高兴又惊讶"；例（2）的意思是"她因为想，所以糊涂了"。

The meaning of this type of predicative complement can be understood as "because of V, so AP". The meaning of example (1) is "because he heard, he is happy and surprised". The meaning of example (2) is "because she thought, she is confused."

表示这种意义的状态补语，主要有两类形容词：
There are mainly two types of adjectives that express this meaning of predicative complements：

类型 Types	常用状态补语 Common predicative complements	例子 Examples
表示心理状态 Expressing a mental state	着急　紧张　高兴 舒服　开心　激动 愉快　兴奋　难受 厌烦　害怕	他听得很激动，忍不住跳了起来。
表示身体状态 Expressing a bodily state	糊涂　晕　出神　入迷 累　渴　热　哑　饱 醉　麻　肿	上课的时候，他看小说看得入迷，老师走过来，他都没有发现。

二是描述动作以后动作对象的状态。如：

The second way of describing the result of an action is describing the state of the receiver following an action. For example:

（1）地板擦得很干净。

（2）他的手被热水烫得红红的。

例（1）的意思是"地板因为擦，所以很干净"。例（2）的意思是"他的手因为烫，所以红红的"。

Example (1) means "because the floor was scrubbed, now it's very clean." Example (2) means "because his hand was burned, it turned red."

表示这种意义的 AP 状态补语，主要表示性状、颜色、形状等。常见的有如下一些：

The AP predicative complements that indicate this type of meaning are those that express character, shape, color, etc. Some of the most common examples are below:

表示性状 Indicating character	硬　亮　干净　乱　亮晶晶
表示颜色 Indicating color	红　蓝　黄　通红　碧绿　漆黑
表示形状 Indicating shape	圆　尖　直　弯　平　斜

一 翻译　Translate

1. Jane learns her lessons rapidly.
2. By then people clearly saw them for what they were.
3. People who eat too much die early.
4. You're going to fry your brain if you think so much.
5. We had worked hard all week, and I sensed that the students were growing frustrated with themselves.
6. A: How was your run?
   B: Great!
7. Young men climbed on buses and fences to get a better view.
8. She sings well.
9. The book is well-written.
10. She gave him a smile which seemed unnatural.

二 看图片，进行描述或评价
Look at the picture and describe/evaluate

三 谈谈这节语法课。谈谈你的昨天。
Talk about this grammar course. Talk about your yesterday.

8.2 状态补语 V 得 VP

这样的状态补语可以是很复杂的，甚至可以是一个小句，主要从动作行为产生的结果来描述动作行为的程度。

This type of predicative complement can be very complex, even forming a clause. It describes the degree of an action or behavior from the perspective of its consequences.

8.2.1　S + V 得 + VP

VP 状态补语可以描写动作以后动作者的状态。如：

VP predicative complement can describe the state of an actor after an action. For example:

（1）他吃荔枝（lìzhī / lichee）一次可以吃五十个，有一次吃得流鼻血（liú bíxuě / nosebleed）了，只好去买凉茶喝。
（2）老师说了很多遍了，说得不想再说了。
（3）他玩电脑玩得一个星期都没有出过门。
（4）他喜欢看诗歌和小说，常常看得忘了吃饭。
（5）每年新生来了，他都给他们讲这些故事，新生听得都鼓掌。

VP 状态补语也可以描写动作行为以后动作对象的状态。如：

VP predicative complements can also describe the state of a receiver after an action. For example:

（1）风很大，窗户被刮得"哐哐"响。
（2）他被人打了，打得下不了床。
（3）蚊子（wénzi / mosquito）太多了，他的眼睛、耳朵、鼻子都被咬得肿（zhǒng / swell）了起来。

注意 NOTE

结果补语可以表示动作后的结果，状态补语也可以表示动作的结果，但是，它们的用法是不同的。

Like resultative complements, predicative complements can also indicate the result of an action. However, their usage differs.

首先，结果补语只能是单个的动词或形容词，它能表示的动作的结果比较简单；状态补语可以是词，也可以是小句，它可以表达非常丰富的意义。如：

First of all, only a single verb or adjective can act as a resultative complement. Predicative complements can be phrases, even clause. For example:

我跑累了。　　vs.　　我跑得很累。
　　　　　　　　　　我跑得上气不接下气。
　　　　　　　　　　我跑得腿疼。
　　　　　　　　　　我跑得汗流满面。

另外，结果补语强调的是动态的动作及动作后的结果，一般用来陈述动作按照计划或要求实现／达到了；而状态补语强调的是静态的描写，一般用来做评价。如：

In addition, resultative complements emphasize a dynamic action and the following result, they are usually used to report that an action has been completed or must be completed according to a certain plan. Predicative complements emphasize a fixed description and are usually used to make an evaluation. For example:

（1）经过练习，他终于能跑快了。
（2）他现在跑得很快，恐怕你追不上他了。

8.2.2　S_1 + V 得 + S_2 + VP

还有一类 VP 状态补语，实际上是一个小句，表示某个动作以后，S_2 的状态。如：

There is another kind of VP predicative complement, which is in reality a clause. In this usage, predicative complement can describe the state of S_2 after an action. For example:

（1）他们两个人夜里常常吵架，吵得我们都没办法睡觉。
（2）她一直盯着我看，看得我话到了嘴边又收回去了。
（3）王老师问了一个问题又一个问题，问得我们目瞪口呆
　　　（mùdēngkǒudāi／stare openmouthed），答不出来。
（4）这个白酒很厉害，喝得他头疼。
（5）这些日子写论文，写得我头昏（hūn／faint）眼花。
（6）他刚要离开，小王又来了，气得他差点要哭出来。

汉语语法教程：从知识到能力

翻译 Translate

1. I miss you so much I'll die.
2. The girl appeared to be overcome with homesickness.
3. I'm exhausted from running.
4. She cried so much that everyone felt sad.
5. He carried on telling a joke, we laughed so hard, we had a stomach ache.
6. When Michael was born, I was on cloud nine.

8.3 状态补语 A 得 VP

A 代表形容词，VP 做状态补语。这种状态补语主要是说明形容词所表示的性状达到了很高的程度，这种程度也造成了补语表示的那种结果。如：

"A" represents adjective, VP serves as a predicative complement. This type of predicative complement expresses that the particular characteristic that an adjective represents has reached a very high degree. This kind of degree also produces the result that the complement indicates. For example:

（1）天气热得我不想吃饭。
（2）我饿得头晕。
（3）我饿得前胸贴后背了。
（4）那个菜太辣了，辣得他不停地喝水。

注意 NOTE

1. 因为这种状态补语已经表示某种性状的程度高，所以，形容词的前面不能再用程度副词。记住："我很累得不想说话"是错误的。

This type of predicative complement already expresses the high degree of a characteristic, thus there can not be another degree-adverb in front of the adjective. Remember: "我很累得不想说话" is wrong!

2. 一般也把 "Adj. 得厉害" "Adj. 得慌" "Adj. 得要命" 等也看作状态补语，它们的意思都是 "非常 Adj."。如：

The phrases such as "Adj.得厉害" "Adj.得慌" "Adj.得要命" etc. are also considered as predicative complement, but it's easy to understand and master their usage. they all mean "非常Adj.". For example:

（1）这里的东西贵得厉害。
（2）我饿得慌，给我找点儿吃的。
（3）这几天冷得要命，怎么还不来暖气？

一 用状态补语改写句子
Use predicative complements to rewrite the sentences

如：她很胖。她不能走路。→她胖得不能走路。

1. 他头疼。 他什么也不能做。
2. 他很担心。他饭也吃不下，觉也睡不着。
3. 他非常饿。 他头昏眼花。
4. 我很难过。我不能去上班了。
5. 他很生气。他说不出话来。

二 翻译 Translate

1. Beth did look, and turned white with delight.
2. He was so glad that he jumped up.
3. It is so incredibly expensive here.
4. He was very vain, homely as a monkey.
5. Her voice was shockingly loud. "Put the chair down." she shouted.
6. People were visiting the house every day, sometimes in unmanageable numbers.

8.4 状态补语的用法 Usage of predicative complements

用状态补语的时候，有几个问题需要注意。

When using predicative complements, there are a few issues that should be considered.

1. 状态补语常常出现在下面的一些句型里。
Predicative complements often occur in the following sentence patterns.

A. S + V 得 AP； S + V 得 VP； S + A 得 VP

（1）他长得很帅。
（2）他长得跟小时完全不一样了。
（3）他帅得每个姑娘都想和他交朋友。

B. S + O + V 得 AP； S + O + V 得 VP

（4）他不但钢琴弹得好，小提琴也拉得很不错。
（5）他是一个语言天才，不但汉语说得跟中国人一样，俄语也说得非常地道。

C. S + 把 O + V 得 AP； S + 把 O + V 得 VP

（6）他把房间打扫得干干净净的。
（7）他把房间打扫得一点儿灰尘都看不见了。

注意 NOTE

用句型C的时候，状态补语要与宾语（O）有语义关系，即状态补语是说明一个动作以后宾语怎么样。所以例（6）的意思是：在"打扫"这个动作以后，房间干干净净的。例（7）的意思是：在"打扫"这个动作以后，房间一点儿灰尘都看不见了。

When using sentence pattern C, the predicative complement must be related in meaning to the object, in other words the predicative complement should describe the condition of an object after an action. As a result, the meaning of example (6) is: after the action of sweeping the room, the room is clean. The meaning of example (7) is: after the action of sweeping, not even a little dust can be seen in the room.

D. S + V + O + V 得 AP； S + V + O + V 得 VP

（8）他唱歌唱得很好听，跳舞也跳得很漂亮。
（9）他看书看得一天都没有出门。

2. 状态补语里的主要动词应该是单个动词，不能重叠。如：

The main verb in a predicative complement should be a single verb, not a reduplicated verb. For example:

他跑得很快。

*他跑跑得很快。(*means wrong)

3. 状态补语常常用于说明和评价经常发生的动作、正在发生的动作或已经发生的动作的状态，但是它不能和"在、着、了₁"等一起用。

Predicative complements are commonly used to describe and evaluate the state of commonly-occurring actions, an action in progress, or an action that has already occurred. However, it cannot be used in conjunction with "在, 着, 了₁".

	正确的说法 Correct usage	错误的说法 Incorrect usage
经常发生的动作 Commonly occurring actions	我听说他跑得很快，让他去参加比赛吧。	
已经发生的动作 Actions that have already occurred	他拼命地跑，拼命地跑，跑得很快。	*他……，跑了得很快。 (*means wrong)
正在发生的动作 An action in progress	你看你看，他跑得多快啊！	*你看……，他在跑得多快啊！ *你看……，他跑着得多快啊！ (*means wrong)

一 改写句子 Rewrite the sentences

例：他打扫房间。房间干干净净的。
　　→他打扫房间打扫得干干净净的。
　　　他把房间打扫得干干净净的。

1. 他哭了。眼睛都肿了。
2. 老师讲课。嗓子都哑了。

3. 他跑步。他腿疼。
4. 他上网。他没有时间好好学习。
5. 他开车，车太快了。
6. 我看电视剧。我的眼睛疼。
7. 她很开心。她唱起歌来。
8. 他很忙。他没有时间睡觉。

二 判断并改错　True or false

1. 他跑了得很快。
2. 他吃完得很快。
3. 去年夏天我游泳得很多。
4. 他看看得很高兴。
5. 他说和唱得很高兴。
6. 他又喊又叫得很激动。
7. 他很高兴得跳起来。
8. 他正在说得高兴。
9. 我们聊天得很长时间。
10. 你买了得太多了，我们吃不完。
11. 我的朋友说上海变成得很快。
12. 我点了一杯咖啡，他们把我的咖啡做得很快。

8.5 状态补语与可能补语
Predicative complements and potential complements

看一看，想一想两组句子的意思有什么不一样？
Take a look and think about it: What's the difference in meaning between the two groups of sentences?

第一组 Group 1

A：你放心，经过练习，你一定能唱得好。
B：不行，不管怎么练习，我都唱不好。

第二组 Group 2

A：他唱得好，你找他教你吧。

B：我觉得他唱得不好，我想请你教我

这两组补语的样子差不多。但是，第一组是可能补语，第二组是状态补语。它们的区别用表格表示如下：

The complements in the two groups appear to be the same. However, the first group are potential complements, while the second are predicative complements. Their differences are displayed out below:

	肯定形式 Affirmative form	否定形式 Negative form
可能补语 Potential complements	V 得 Adj.	V 不 Adj.
状态补语 Predicative complements	V 得 +（很）Adj.	V 得 + 不 Adj.

也就是说，可能补语只能是单个的形容词，状态补语常常是形容词短语。另外，它们的否定形式是不一样的。

In other words, only single adjectives can act as potential complements, but predicative complements are often adjectival phrases. In addition, their negative form is different.

翻译 Translate

1. She spoke so clearly that we could hear every word.
2. Only when teachers teach well can students learn well.
3. I'm sorry, I didn't quite catch that.
4. I am sorry, I can't catch you.

8.6 补语总结 Summary of complements

学习四种补语，要注意它们的形式和意义，在合适的语境中，根据表达的意义进行选择使用。

It is important to understand both forms and functions of the four types of Chinese complements and use them in appropriate contexts in terms of what you want to express.

补语 Complements	形式 Forms	功能 Functions	例子 Examples
结果补语 RC	V + C [single word] (Action + result)	强调动态变化的结果 emphasize the dynamic result after an action	① V + Adj.（吃胖 / 吃累 / 吃腻） ② V + 好、见、到、成、走、住、下、掉、在
趋向补语 DC	V + C [single word] (Action + direction)	强调动作和动作的方向 emphasize both the action and its direction	① V + 上、下、进、出、回、过、起 ② V + 上来 / 上去、下来 / 下去
可能补语 PC	V + 得 + C [single word] V + 不 + C [single word]	可能性 possibility	① 吃得腻、吃得到、爬得上 ② 吃不腻、吃不到、爬不上
状态补语 Pr. C	V + 得 + C [phrase] Adj. 得 VP	描写或评价 description or evaluation	① 吃得很快 ② 吃得不满意 ③ 吃得满头大汗 ④ 累得走不动了

综合练习
Mixed practice

一、用状态补语完成句子，从"描写状态、评价、结果、程度"等方面对动作进行补充说明

Use predicative complements to complete the sentence. From the angles of "describing state, evaluation, result, degree", provide descriptions of the action in each sentence

> V 得 AP、V 得 VP、A 得 VP

1. 他吃得＿＿＿＿＿＿＿＿＿＿＿＿＿＿＿＿＿＿。
2. 他笑得＿＿＿＿＿＿＿＿＿＿＿＿＿＿＿＿＿＿。
3. 他上网上得＿＿＿＿＿＿＿＿＿＿＿＿＿＿＿。
4. 她减肥减得＿＿＿＿＿＿＿＿＿＿＿＿＿＿＿。
5. 他忙得＿＿＿＿＿＿＿＿＿＿＿＿＿＿＿＿＿＿。
6. 他疼得＿＿＿＿＿＿＿＿＿＿＿＿＿＿＿＿＿＿。
7. 天气冷得＿＿＿＿＿＿＿＿＿＿＿＿＿＿＿＿。
8. 东西贵得＿＿＿＿＿＿＿＿＿＿＿＿＿＿＿＿。

二、判断并改错 True or false

1. 我们晚上七点在美国式饭馆吃得很地道的牛排。

2. 这个地方很美丽，有宫和湖等等，他们做都非常棒。

3. 我的家离学校很远，每天早上，要比别人起很早。

4. 我是在妈妈的鼓励下开始学习中文的，开始的时候，我学了很不好。

5. 我和我的朋友聊得很长时间。

6. 我很喜欢得想把那本书送给我姐姐。

7. 我还记得你从小就总是写小说写漂亮。

8. 昨天晚上我梦见得很奇怪。

9. 他减肥减得两斤。

10. 他们吵架吵得很长时间。

11. 看见他来了，我高兴跳起来。

12. 我练习了很多次，我终于写得很漂亮。

13. 练习了很多次，他终于写得很漂亮。

三、两个人一组，谈谈《昨天的晚会》，描述一下晚会的场景
In groups of two, discuss "Yesterday Evening Party", describing the scene of the party

要求：使用状态补语
Directions: Use predicative complements.

形式 Form	例子 Examples	意义 Meaning
V 得 AP	他写字写得很快。 他跳舞跳得很漂亮。 他的字写得很漂亮。 他吃得很饱。	描写动作行为的状态 Describes the state of an action 评价动作行为 Evaluates an action 描写动作行为的结果 Describes the result of an action
V 得 VP	他吃得走不动了。 他被气得说不出话来。	说明或描写动作的结果 Describes the result of an action
A 得 VP	他困得上课时睡着了。	从结果的角度说明程度高 From the perspective of the result describes a high degree

如：For example:

A：听说，昨天晚上你去参加晚会了，是吗？
B：是啊，一直玩到12点才回家。
A：嚯，你玩得够晚的啊。那个晚会办得怎么样？
B：办得挺好的，大家都穿得很漂亮。
A：是吧？有没有长得很帅的帅哥？
B：当然有啊。有一个帅哥长得像电影明星一样，而且他唱歌唱得也很好听！
……

四、趣味阅读 Amusing Reading

要求：注意文章中的补语
Directions: Pay attention to the complements in the article.

小时候，家里挺穷的。母亲一直在家照顾我们五个兄弟姐妹，父亲在外边打工挣钱（zhèng qián / earn money），父亲是个建筑工人（builder）。

那一年，听说在广州能赚（zhuàn / earn）到比较多的钱，父亲就带上简单的行李，坐火车去了广州。可是，上天好像总喜欢给人带来一些想不到的挫折（cuòzhé / setback）。就在父亲去广州工作的第三天，传来了消息，说父亲从三楼上摔下来，摔断了腿。那时候，母亲听到这个消息，哭得眼睛都肿（zhǒng / swell）了，匆匆忙忙地收拾好行李，也去了父亲工作的地方。

一个星期后，放学回到家，我看见坐在门前、脚上缠（chán / wind）着绷带（bēngdài / bandage）的父亲，叫了一声爸，没听见回声，却看到父亲的眼泪流了下来。当时感觉好奇怪，很少流泪的父亲，为什么哭了呢？

有些事情，只有长大了，才能体会得到。有些事情，只有经历过了，才能理解得了。

五、用结果补语、趋向补语、可能补语、状态补语填空
Use resultative complements, directional complements, potential complements, or predicative complements to fill in the blank

（一）

有一天，我在家里观看世界杯足球比赛。正当比赛进入高潮（gāocháo / climax）的时候，忽然接（　　）老婆的电话："要下雨了，你去菜市场买点菜回来！"可是，一回（　　）电视机前，我就把买菜的事忘（　　）了。

比赛结束，都快六点了。我走（　　）厨房，发现什么菜都没有，这才想（　　）老婆交给我的任务。可这么晚了，菜市场早关门了，买（　　）菜了。怎么办？我赶忙从冰箱里拿（　　）昨天买的西瓜。切（　　）一看，还算不错，瓜皮儿（guāpír / watermelon rind）挺厚。我迅速地把瓜瓤（guāráng / melon pulp）和瓜皮儿分（　　），做（　　）了一大锅西瓜丸子汤。

开饭时，儿子问："爸爸，今晚怎么就一个汤啊？"我解释说："天冷，多喝点汤暖和。"老婆倒是对晚饭很满意。她说吃得（　　）。

饭后，我给他们端（　　）一盘西瓜。老婆夸（kuā / praise）道："今天你的服务很周到嘛！连瓜皮儿都帮我们剥（　　）了。对了，瓜皮儿在哪儿？我想用来擦擦脸美美容（měiměi róng / beautify the face）。"天哪！她还要找瓜皮儿啊！我无奈（wúnài / have no choice）地指了指空了的汤盆，说："你今天已经够美的了，因为它们早被你吃（　　）了。"

（二）

我小时候很喜欢放假。在假期里，我每天在家里待着，想做什么就做什么。吃（　　）早饭就看书，看（　　）书就跑（　　）跟小朋友们一起玩儿，玩（　　）了就回家看电视，看电视看（　　）了就去睡觉。时间过得（　　）。

长（　　）以后工作了，放假的时间少了很多。一年只有10天的年假，所以我就喜欢（　　）了病假。

现在是夏天，外面很热，家里如果不开空调的话，比外面还热。这个周一天气非常热——零上35度。一下班我就回家，心里只想着一件事：快点回家开空调，休息。在回家的路上我看（　　）了很多人，都跟我一样：累死了，热死了。我一回（　　）家就闻（　　）了一种味道，走（　　）厨房一看，原来我忘了关电饭锅（diànfànguō / electric rice cooker）。里面的粥都糊（hú / burnt）了。真糟糕！我很累，想："粥已经糊了，糊得电饭锅都洗（　　）了。算了吧，喝点儿凉的，打开空调，休息吧。"从冰箱里拿（　　）的果汁太凉了！我开始头疼、嗓子疼、流鼻涕——我感冒了，我得向老板请病假。

虽然这次感冒得（　　），但是我很高兴——最少一周可以睡懒觉了！想看书就看书，看（　　）书就可以玩游戏，玩（　　）了就可以看电视，看电视看（　　）了又可以去睡觉！我正在想这些事的时候，老板给我打（　　）电话，说："最近我们很忙。大家都要加班，不能放假，包括病假！应该注意身体，千万不要喝凉的，别感冒！"

"把"字句
把-Sentences

下面两个句子,语法上都可以。一个是SVO句,一个是"把"字句:S+把O+VP。

Both of the two sentences below are grammatically correct. One is SVO-sentence, the other is a 把-sentence, taking the form of S+把O+VP.

我(S)	吃了(V)	他的苹果。(O)
我(S)	把他的苹果(O)	吃了。(V)

我们知道,汉语句子的一般语序是SVO,可是,在"把"字句里,宾语却在动词的前面。汉语为什么要有这两种语序呢?它们的区别是什么?我们什么时候要用"把"字句呢?

We already know that in Chinese the word order of a sentence is usually SVO. However in 把-sentences, the object is located at the front of a verb. Why does Chinese have these two types of word order? What is the difference between them? And when do we use 把-sentences?

这要从句子的信息结构说起。

Let's start from the information structure of the sentence.

9.1 句子的信息安排与"把"字句
The ordering of information and 把-sentences

人们说话是为了交流信息。在用句子表达信息的时候,句子里有一部分内容应该是说话人和听话人都知道的,还有一部分内容是听话人不知道的,这样,交流才可以进行。如果句子里的内容对于听话人来说都是新的信息,他会听不懂;如果都是听话人已知的信息,那么交流就没有必要了。

第九讲 "把"字句

People talk to communicate information. When sentences are used to deliver information, a part of the sentence consists of content that the speaker and listener already know. The other part of the sentence is content that the listener doesn't know yet. Only in this arrangement can communication take place. If the content of the sentence consists entirely of new information for the listeners, they will not understand. If it consists entirely of given information, then there is no need for communication.

汉语里，一般是已知信息在前面，新信息在后面。如：

In Chinese, already-known information is generally in front, new information in the back. For example:

小王	吃了你的苹果。
已知信息 already-known information	新信息 new information

在这个句子里，"小王"一定是说话人和听话人都知道的一个人。否则，听话人一定会觉得莫名其妙，会问："小王是谁？"

In this sentence, the listener and the speaker both know the person "小王". Otherwise, the listener will definitely be baffled, asking "Who is 小王？"

"吃了你的苹果"却可能是听话人不知道的，或者说话人以为听话人不知道，因此，说话人要告诉他这件事情。

"吃了你的苹果" is something that perhaps the listener doesn't know, or the speaker believes the listener doesn't know. As a result, the speaker must inform the listener of this event.

所以，如果我们给这个句子加上一个语境的话，可以有这样的一个对话。如：

So, if we provide a context for this sentence, a conversation such as below will result. For example:

大卫：小王怎么了？他看见我的时候，他好像有点不好意思。

马里：他吃了你的苹果。

但是，如果"苹果"是交际双方都知道的信息，而听话人"大卫"更想知道的信息是"苹果怎么了"，说话人"马里"就需要用"把"字句来满足这个需要。

However, if "苹果" is already-known information for both participants of the conversation, and the information the speaker "大卫" really wants to know is "what about the apple", the listener "马里" must use a 把-sentence to express this information.

133

看下面的对话：

Take a look at the conversation below：

大卫：奇怪，我的苹果怎么不见了？
马里：小王把你的苹果吃了。

所以，"把"字句是说话人根据表达的需要，安排句子信息结构的一种办法。我们在用"把"字句时，"把"后边的宾语通常应该是在前面已经出现过的。如果在口语里，在交际的现场，也应该是交际双方都知道的信息。如：

So 把-sentences are a method used by the speaker for arranging the information structure of a sentence according to the requirements of the communication situation. When we use 把-sentences, the object that follows "把" usually should have already appeared previously. If it is an oral conversation, the object that follows "把" should also be information that is known by all participants in the conversation. For example:

你把这个盘子放到桌子上，好吗？（说话人指着一个盘子，听话人也看见了。The speaker points to a plate, the listener sees the plate）

"把"字句与SVO句的语法意义，我们可以这样来表述：

So, we can express the grammatical meanings of both 把-sentences and SVO sentences in the following manner:

> SVO 句：S 做了什么动作。
> SVO sentences expresses that the subject performs a certain action.
>
> S + 把 O + VP：O受到了S的处置后，具有什么样的状态或结果。
> "S + 把 O + VP" sentences express that after an object is manipulated by a subject, it displays a certain state or result.

 NOTE

有时候，我们也可以看到一些"把"字句，里面的O并没有在前文出现，不是旧信息。如：

Sometimes we encounter 把-sentences in which O is not previously given information nor contained in the previous contexts. For example:

（1）忽然，"哐当"一声，不知道谁把一只椅子碰倒了。

（2）这么一来，吵架就开始了。她突然把一只盘子朝马克扔过去……

这样的"把"字句，常常表示一种"让人惊讶、出乎意料"的情况。我们了解这个知识就好了，现在先不要这样用。

This kind of 把-sentence is usually used to indicate an unexpected or surprising situation. Please don't try to use 把-sentence in this way at present. Just understanding the usage is sufficient.

一 想一想，哪个句子合适
Think about it, which sentence is appropriate

1. 我昨天买了一本书，今天我就读完了这本书。
2. 我昨天买了一本书，今天我就把这本书读完了。

二 用"把"字句改写下面的句子
Use 把-sentence form to rewrite the sentences below

1. 我弟弟打碎了一个杯子。
2. 小偷偷走了他的自行车。
3. 小王找到了我丢失的铅笔。
4. 我放了一本书在桌子上。
5. 我寄给了她一封信。
6. 他带回家一只小猫。
7. 老师批评了他一个小时。

三 判断并改错　True or false

1. 有一天我想去旅行，所以我去火车站把一张票买了。
2. ——昨天下午去找你，你不在。干什么去了？
   ——我把朋友送去火车站了。

9.2 关于"把"字句的注意事项
Special considerations concerning 把-sentences

9.2.1 "把"字句的状语
Adverbial modifiers in 把-sentences

一般来说,如果"把"字句里还有状语,状语应该放在"把"的前面。如:
Generally speaking, if a 把-sentence contains a modifier that embellishes the verb, the modifier should be put in front of "把". For example:

> S + [状语] 把 + O + VP

(1) 他突然吐血了,我们急忙把他送到了医院。
(2) 我愿意现在把作业做完。
(3) 他笑着把门打开了。

只有当状语是描写动作的,才可以放在"把"后。如:
Only if the adverbial modifier is describing an action can it be put after "把". For example:

(4) 他乱七八糟(luànqībāzāo / be out of order)地把东西堆在那里。
(5) 他把东西乱七八糟地堆在那里。

9.2.2 "把"字句里的动词　The verb in 把-sentences

下面的动词不能用在"把"字句里:
The following verbs can not occur in 把-sentences:

☐ 不及物动词 Intransitive verbs

游泳、见面、休息、站、躺、跪、趴……

☐ 表判断、状态的动词 Verbs that indicate a state or express a judgment

是、有、在、像、姓、属于、存在、等于……

☐ 情态动词 Modal verbs

能、可能、应该、得、要、肯、愿意……

☐ 心理活动动词 Mental activity verbs

喜欢、生气、害怕、讨厌、担心、怀疑、相信……

□ 认知动词 Cognitive verbs

知道、同意、觉得、感到、明白、懂得、记得、希望、要求、看见、听见……

9.3 几种主要的"把"字句
Several primary types of 把-sentences

9.3.1 S + 把 + O + V 在 / 到 / 进 + place

（1）我把书放在桌子上。
（2）他把书寄到日本。
（3）你把这些垃圾扔进垃圾桶里。

一 看图说话　Talk about the pictures

1.

2.

3.

4.

5.
302室

二 翻译　Translate

1. My father must have been enraged, dashing the book down to the floor.
2. Look, I left the book on your ship.
3. She was often tempted to plop her kids in front of a video and go on-line.
4. He glued a stamp onto the envelope.

9.3.2　S + 把 + O + V成 / 作 + NP

（1）我把黄瓜切成块儿。
（2）我把他当作朋友。

练习三

一 看图说话　Talk about the pictures

1. 切

2.

二 翻译 Translate

1. Let's use it to make one phrase.
2. After its success, he then adapted the fiction for the stage.
3. I need to change my dollars into francs.
4. She tint each flower in her painting a different color.

9.3.3　S + 把 + O + V + 得 + 状态补语 (predicative complement)

（1）妈妈把衣服洗得很干净。
（2）孩子把妈妈气得说不出话来。

注意 NOTE

当我们用这种"把"字句的时候，状态补语只能在语义上跟宾语（O）发生关系，即只能说明宾语怎么样，不能说明主语（S）怎么样。

When we use this kind of 把-sentence, the predicative complement can only be semantically related to the object. It can only describe the state of the object, and it can not describe the state of the subject:

（1）*妈妈把衣服洗得很累。（因为"累"是说明主语"妈妈"的，所以，不能用"把"字句。Because "累" describes the state of the subject "妈妈", so 把-sentence cannot be used.）

（2）*他把书看得很高兴。（因为"高兴"是说明主语"他"的，所以不能用"把"字句。Because "高兴" describes the state of the subject "他", so a 把-sentence cannot be used.）

一 看图说话　Talk about the pictures

二 翻译　Translate

1. The desk, the bookcases, and the typewriter were deep in dust, but we finally managed to make the room spotless.
2. You've embraced me so tight I can hardly breathe!
3. He had polished the table-top until it gleamed.
4. He keeps his house spotless.

三 判断并改错　True or false

1. 我把书读得很有意思。
2. 他把饭吃得很饱。
3. 他把作业做得很慢。

9.3.4　S + 把 + O + V + 结果补语 (resultative complement)

（1）他把房间打扫干净了。
（2）你把我急死了。

一　看图说话　Talk about the pictures

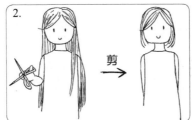

二　翻译　Translate

1. She washed her clothes clean.
2. So the better-off student went to Blackwell's bookshop in Oxford, bought a brand-new copy for 35 pounds, dirtied it up a bit and tore off the paper cover.
3. Please prepare the table for dinner.
4. Most Americans clean their plates, no matter how full those plates are, a survey has found.

9.3.5　S + 把 + O + V + 趋向补语（directional complement）

（1）地上有一个本子，我把它捡了起来。
（2）他把行李拿进宿舍来了。
（3）请把我的歌儿带回你的家，请把你的微笑留下。

一　看图说话　Talk about the pictures

消防员　抱

搬

举/抬

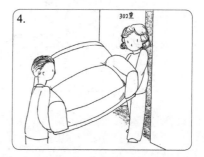

302室

二　翻译　Translate

1. Let him go to the library and bring back the book.
2. Put the table inside, placing all the things on it in order.
3. We can have the baby out in two minutes.
4. You peel an apple and toss the skin over your left shoulder.

9.3.6　S + 把 + O + V给 + sb. / place

（1）我把礼物送给他。
（2）我们下午把这些衣服寄给灾区（zāiqū / disaster area）。

练习七　Practice Seven

一　看图说话　Talk about the pictures

二　翻译　Translate

1. She was kind enough to lend me the book.
2. Could you pass the potatoes, please?
3. He holds the rope with one hand and stretches out the other to the boy in the water.
4. They have sent me the pictures of Guilin (桂林).

9.3.7　S + 把 + O + V了

（1）他把这件事忘了。
（2）你把那些垃圾扔了吧。

注意 NOTE

　　能用在这种把字句的动词很少，只有"扔、擦、删、忘、吃、喝、脱、摘"等几个，这些动词的特点是都可以和结果补语"掉"一起用。

　　There are only a small number of verbs that can be used in this type of 把-sentences, including "扔、擦、删、忘、吃、喝、脱、摘" etc.. The defining characteristic of these types of verbs is that they can all be used in conjunction with the resultative complement "掉".

练习八 Practice Eight

一　看图说话　Talk about the pictures

1.
2.
3.
4.

二 翻译 Translate

1. My dog ate my homework.
2. Take off your clothes. Forget about the pain.
3. Stop messing with the spoon and finish your breakfast.
4. Opening the memorandum (备忘录) stealthily, she had deleted all those three memorandums.

9.3.8　S + 把 + O + VV ＆ S + 把 + O + V + 数量

（1）我要把车修一修。
（2）你把车修一下吧。
（3）妈妈把他批评了一顿。

一 看图说话　Talk about the pictures

二 翻译 Translate

1. I hope you will carefully study these questions.
2. Let's have the house fixed up.
3. We should review our experience in this respect so as to improve our work.
4. This question, I said, could be set aside for the moment; probably the next generation would be cleverer than we and would find a practical solution.
5. Everyone should carefully examine himself, talk over with his close friends and the comrades around him whatever he has clarified and really get rid of his own defects.

9.3.9 其他 Others

除了前面的一些"把"字句，还有下面的几种：

In addition to the 把-sentences above, there are also the following types:

S + 把 + N_1 + V + N_2	（1）他把好消息告诉我了。 （2）我把这件事情通知其他同学了。
S + 把 + N + Adverbial + V	（1）他把东西乱扔。 （2）他把钱往衣袋里塞。
S + 把 + N + 一 V	（1）他把手一挥，站了起来。 （2）他把信一扔，就跑了出去。

不过，这些"把"字句不太常见，大家能看懂它们的意思就可以了。

However, these types of 把-sentences are not used frequently. Just understanding their meaning is sufficient for our purposes.

综合练习
Mixed practice

一、判断并改错　True or false

1. 孩子放了杯子在桌子上。

2. 爸爸把茶壶放下桌子上。

3. 我房子里的书比较多，所以把书收拾是最麻烦的。

4. 你把这五条裤子整齐地叠（dié / fold）。

5. 孩子把爸爸给他的热水高高兴兴地喝。

6. 爸爸终于发现小孩子把桌子、桌布、杯子和咖啡壶都坏了。

7. 孩子把帽子上去的时候，杯子不见了。

8. 咖啡壶掉到地上了，把地上满了咖啡。

9. 孩子一边说明一边一个杯子放在桌子上。

10. 这件事把他爸爸发脾气了。

11. 我把锯子（jùzi / saw）锯桌子。

12. 我决定把它扔掉垃圾桶。

13. 为了你们，我一定要把所有的事努力做。

12. 我觉得应该先把政治问题解决。

二、请用"把"字句回答问题
Use the 把–sentence forms to answer the questions

1. 你的练习做错了，老师可能对你说什么？（请你……）

2. 你的电视机坏了，你怎么办？（我得找人……）

3. 你有一封信想请 a 交给 b，你怎么对 a 说？（请你……）

4. 你在停车场，一楼没有车位了，管理员要你去二楼，他可能怎么说？（你可以……）

5. 你的留学生活结束了，你怎么处理你的东西？（我要……）

6. 你要去一个不太安全的地方，你的证件和钱怎么样才不会丢？（我应该……）

7. 你的房间进了水，地上有很多书，你怎么办？（我得……）

8. 你去银行换钱,怎么对银行的人说?(麻烦你帮我……)

9. 你朋友的房间比以前干净多了,他可能刚打扫完房间,你可能对他说什么?(你今天怎么……)

10. 上课时,老师发现你的桌子上没有书,他可能对你说什么?(请你……)

11. 如果你摸乌龟的头,他会怎么样?(它会……)

12. 你买东西的时候,想说"买",但是,说了"卖"。回来以后你怎么告诉朋友?(我今天……)

13. 如果你偷妈妈的钱包,妈妈可能会怎么样?(她可能……)

14. 第一次过海关,你不知道怎么做。海关人员可能对你说什么?(请你……)

15. 老板今天给你很多工作,你非常累,晚上回家,你可能对妻子说什么?(老板今天快……)

16. 如果你偷看姐姐的日记,姐姐可能会怎么样?(她可能……)

三、两人一组,一人扮演妈妈,一人扮演孩子

In groups of two, one person role-plays mother, the other role-plays child

任务:妈妈指导孩子如何打扫房间。

Task: Mom teaches child how to clean her/his room.

要求:使用"把"字句

Directions: Use the 把-sentence forms.

	句型 Sentence pattern	例子 Example
只能用"把"字句 Only the 把-sentence form can be used	S + 把 + O + V 到 / 在 / 进 + Place	他把书放在桌子上。
	S + 把 + O + V 成 / 作 + NP	我们把英文翻译成中文。
	S + 把 + O + V 得 + 状态补语	他把房间打扫得干干净净的。
也可以用 SVO 句 SVO sentence form can also be used	S + 把 + O + V + 结果补语	他把房间打扫干净了。 你把我急死了。
	S + 把 + O + V + 趋向补语	他把书拿进来了。
	S + 把 + O + V 给 + sb. / place	我把礼物送给他了。
	S + 把 + O + V 了	他把这件事忘了。
	S + 把 + O + VV S + 把 + O + V + 数量词	请你把情况谈一谈。 你把事情的经过说一下。 他把我关了一个小时。

四、作文　Essay writing

介绍一个菜的做法。

Explain how to cook your favorite dish.

要求：注意"把"字句的用法。

Pay attention to the usage of the 把-sentence form.

五、看图说故事　Tell a story about the picture

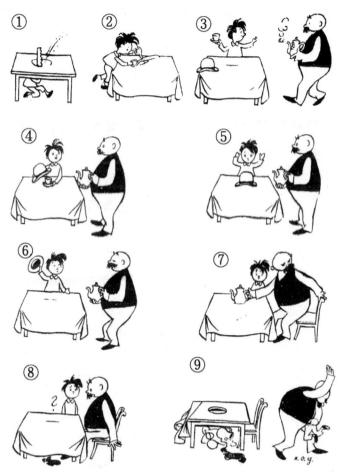

"看我变魔术"

（选自埃·奥·卜劳恩绘，杨莹译《父与子》，中国工人出版社）

范文 Model essay

　　有个小孩儿,他每天都觉得无聊得要命。有一天,他决定跟爸爸开个玩笑,让爸爸高兴高兴。为了达到这个目的,他想出了一个好办法。

　　他在桌子上弄出了一个洞,锯完以后,他把一块桌布蒙在桌子上。然后,他用剪刀把桌布剪出了一条缝。喝咖啡的时间到了,他爸爸拿着咖啡壶走来了。孩子高高兴兴地站在桌子旁边等着爸爸过来。他让爸爸看他变魔术。他一只手拿着咖啡杯,然后把它放在桌子上;另一只手拿着一顶帽子,然后把它扣在杯子上。过了一会儿,他把帽子拿起来。爸爸惊讶地发现那个咖啡杯不见了。爸爸觉得很有意思,他一边坐下,一边把咖啡壶放在桌子上。结果他吃惊地发现咖啡壶也不见了。

　　但是,很快爸爸就发现,杯子和咖啡壶都在桌子底下,都已经摔坏了。所以,爸爸很生气,把孩子打了一顿。

(阿龙西门[西班牙],有改动)

第十讲

被动句
Passive Sentences

看一看，想一想：下面的句子意思有什么不一样？

Take a look, think about it: What's the difference in meaning between the sentences below?

| 我（S） | 吃了（V） | 他的苹果。（O） |
| 他的苹果（O） | 被 我（S） | 吃了。（V） |

第一个句子是主动语态的句子，第二个句子是被动语态的句子。

The first sentence is in the active-voice form, the second sentence is in passive-voice.

如果说话人要把宾语（O）作为话题进行讨论的话，就需要用被动语态的句子。在"他的苹果被我吃了"这个句子里，"他的苹果"是讨论的话题。

If the speaker desires to make the object the topic of the conversation, then use of passive-voice is required. In the sentence "他的苹果被我吃了", "他的苹果" is the topic of the conversation.

下面我们来学习汉语的被动语态。

Now let's study the passive-voice sentences in Chinese.

10.1 "被"字句 被-sentences

10.1.1 "被"字句的结构 The structure of the 被-sentence

"被"字句的基本结构是：O + 被 S + VP。

The basic structure of the 被-sentence is $O + 被\ S + VP$. For example:

（1）那个学生被老师批评了一顿，哭了。

（2）我的帽子被一阵风刮跑了。

如果不确定主语（S）是谁，或者没有必要说清楚，可以用"人"来代替主语，即：O + 被人 + VP。

If the identity of the subject is not known, or there is no need to clarify who it is, "人" can be used in substitution, in the following form $\boxed{\text{O + 被人 + VP}}$. For example:

（3）自行车**被人**偷走了。
（4）我去找他的时候，发现他**被人**打了，已经在家里躺了三天了。
（5）他很厉害，从来没有**被人**欺负（qīfu / bully）过。
（6）**被人**需要，也是一种幸福。

也可以是：O + 被 + VP。如：
$\boxed{\text{O + 被 + VP}}$ can also be used. For example:

（7）新买的自行车又**被**偷走了。
（8）一阵风吹过来，我的帽子**被**刮跑了。
（9）真倒霉，今天又**被**批评了一顿。

在口语里，"被"也可以用"叫/让"，即：O + 叫/让 + S + VP。但在这个句型中，主语（S）一定不能省略。如：

In spoken, Chinese "叫/让" can be used instead of "被" in the following structure: $\boxed{\text{O + 叫/让 + S + VP}}$. But in this sentence structure, the subject must never be omitted. For example:

（10）这道数学题**叫**他做出来了。
（11）他昨天**叫**雨淋了，感冒了。
（12）他**让**自行车撞了，腿**被**撞断了。
（13）这个秋天来了一场台风，他们的房子**让**大水冲倒了。

练习一 / Practice One

一 用"被"字句改写下面的句子

Use the 被-sentence form to rewrite the sentences below

1. 我弟弟打碎了一个杯子。
2. 小偷偷走了他的自行车。
3. 小王找到了我丢失的铅笔。

4. 我放了一本书在桌子上。
5. 我寄给了她一封信。
6. 他带回家一只小猫。
7. 老师批评了他一个小时。

二 选择填空 Choose the appropriate expression to fill in the blank

1. 被鬼折磨（zhémó / torture） vs. 鬼折磨她

有一个女人，＿＿＿＿＿＿＿，病了十八年，腰弯得直不起来。

2. 被大学录取了 vs. 大学录取了他

他最近很顺利，不但＿＿＿＿＿＿，还得到了一笔奖学金。

3. 葡萄被虫子吃了 vs. 虫子吃了葡萄

他们种葡萄，修理葡萄，可是却不能收到葡萄，也不能喝到葡萄酒，因为＿＿＿＿＿＿＿！

三 下面的两个观点，你同意吗？和你的朋友一起讨论一下吧
Do you agree with the statements below? Discuss with a friend your opinion

（一）

我没有被谁知道，所以，也没有被谁忘记。
在别人的回忆中生活，并不是我的目的。（顾城）

（二）

恋爱的时候，往往是男人主动，女人被动（bèidòng / passive）。这种行为方式被大多数人接受。等女人被打动以后，就是女人主动，而男人比较被动了。为什么是这样？因为一般来说，女人和男人把感情放在不同的位置。男人攻（gōng / attack）下一座堡垒（bǎolěi / fort, fortress）以后，就认为战斗结束了，好好相处就可以了。而女人把感情当作一辈子的事业。

10.1.2 关于"被"字句的注意事项
Special considerations regarding the 被-sentence

（一）"被"字句与状语
The 被-sentence form and adverbial modifiers

如果"被"字句里还有状语，状语一般应当放在"被"的前面。如：
If the 被-sentence contains an adverbial, the adverbial usually occurs in front of "被". For example:

（1）这种技术还没有被广泛运用。
（2）一个曾经那么快乐的人，一下子被这场灾难（zāinàn / disaster）打倒了。
（3）在他终于被公司录用的时候，他已经得了肺癌，真是不幸啊！

只有状语是描写动作的，才能放在"被"字后面。如：
Only if the adverbial is describing an action can it be placed after "被". For example:

（4）他是一个中年人，戴着一副眼镜，下巴上的胡子被仔细地修理过。
（5）他被狠狠地摔倒在地上，半天都没有爬起来。

（二）"被"字句的语境　The context of 被-sentences

用"被"的句子大都表示说话人不希望发生的、不愉快的情况或受损害的情况。再如：
"被" is usually, though not always, used in sentences to indicate a situation that the speaker is not happy about, does not want to occur or experiences harm in. More examples:

（6）我被撞伤了。
（7）杯子被打碎了。

（三）"被"字句里的动词　The verb in a 被-sentence

下面的动词一般不能用在"被"字句里：
The verbs below usually cannot be used in 被-sentences:

- □ 不及物动词 Intransitive verbs：游泳、见面、休息、站、躺、跪、趴……
- □ 表判断、状态的动词 Verbs that indicate evaluation or state：是、有、在、像、姓、属于、存在、等于……
- □ 情态动词 Modal verbs：能、可能、应该、得、要、肯、愿意……
- □ 心理活动动词 Mental activity verbs：生气、害怕……
- □ 认知动词 Cognitive verbs：觉得、感到、感觉、懂得、明白、希望……

判断并改错 True or false

1. 他被生气得说不出话来。
2. 他是南非人，不过，中文能被他听得懂。
3. 我马上去跟他打招呼，被他看后，他很吃惊了。
4. 书被我还没看完。
5. 钱包被他拿出来钱。

10.2 主要的"被"字句句型
The primary sentence patterns of 被-sentences

"被"字句的句型，和"把"字句差不多。主要有下面的一些：
The sentence patterns of 被-sentences and 把-sentences are very similar. Below are the primary types:

句型 Sentence pattern	例子 Example
O＋被＋S＋V 到/在/进＋place	书被他放在桌子上。
O＋被＋S＋V 成/作＋NP	那本书被翻译成好几种语言。
O＋被＋S＋V 得＋状态补语	房间被他打扫得干干净净的。
O＋被＋S＋V＋结果补语	房间被他打扫干净了。 我被你急死了。

续表

O + 被 + S + V + 趋向补语	书被他拿进宿舍来了。
O + 被 + S + V 给 + sb. / place	礼物被我寄给他了。
O + 被 + S + V 了	这件事被他忘了。
O + 被 + S + V + 数量	他的头被人摸了一下。 我被他关了一个小时。

翻译 Translate

1. This issue should not be considered lightly.
2. The situation is described as a "chicken-and-egg thing".
3. All who went there to do the surveying were driven away and the peasants won out in the end.
4. It cannot be guessed ahead of time.
5. The day will come when the paper tigers will be wiped out.
6. That's the issue that tops Kilbane's list of concerns.
7. In providing network services for the banking, Java is being used in various aspects.
8. But passwords can be forgotten, stolen or lost.
9. He found that a road outside a village had been ruined by flooding. He immediately had it repaired.
10. Discipline in schools is very rigorous. If students there do not study hard, they are sent back.
11. At various times, Japan occupied (占领) many parts of our country; for 50 years it occupied Taiwan.
12. Yet our revolutionary comrades have been killed.
13. The international market has already been fully occupied (占领), and it will be very hard for us to get in.
14. People of all sorts in our society have been clearly revealed (揭示) for what they are.
15. He seemed half out of his mind with fear.

10.3 其他的被动句
Other passive sentence patterns

（一）O（+S）+ VP

看一看，想一想：下面的句子为什么可以没有"被"？
Take a look, think about it: Why can "被" be omitted in the sentences below?

（1）飞机票（我）买好了。
（2）行李（我）收拾完了。
（3）花放在桌子上。
（4）作业（我）做完了。

在这些句子里，虽然宾语（O）也在动词的前面，也是被动语态的句子，但是，没用"被"。这是因为宾语不可能做出动词的动作，不用"被"也不会发生误解。再如：

In these sentences, even though the object is in the front of the verb, and they are also passive voice sentences, they do not contain "被". This is because the object cannot perform the action of the verb, so although "被" is not used, a misunderstanding will still not occur. More examples:

（5）信写好了，我已经寄出去了。
（6）面包吃完了，你再去买一些吧。

如果宾语也有可能做出动词的动作，我们一定要用"被"。如果不用"被"的话，意思就完全不同了。如：

If it is possible that the object can perform the action of the verb, "被" must be used. If "被" is not used here, the meaning would be totally different. For example:

（7）他**被**打得哭起来。

（二）O + 得到/受到/遭到 + S的 + VP

在这种被动语态的句子里，一定不能用"被"。如：
In this type of passive voice sentence, "被" cannot be used. For example:

（1）妹妹**得到**老师的表扬。
（2）弟弟**遭到**爸爸的批评。
（3）他的建议**受到**大家的重视。

翻译 Translate

1. However, the distance problem is likely to be solved soon.
2. Although LDAP has been around for a while, it gained attention in recent years.
3. The key is protected and cannot be obtained by a hacker.
4. He likes to be praised by his teachers.
5. Experience has shown that in so doing our production has not been impaired (损害).
6. Even if the decisions are correct, we may still meet opposition if we do not have the consent of the people.
7. The play was taken off because of severe criticism.
8. Charles has said that he was miserable at school in Scotland, and was bullied (欺负) by classmates.

综合练习
Mixed practice

一、判断并改错 True or false

1. 小孩儿被爸爸批评。

2. 爸爸被孩子失望了。

3. 那个杯子被小孩儿没有了。

4. 小树被大风没刮倒。

5. 我被他几乎打死了。

6. 书被他忘了回到书架上。

二、看图回答问题 Look at the pictures and answer the questions

1. 这个警察怎么了？

2. 右边的那个人怎么了？

3. 孩子为什么哭了？

4. 这个男人为什么不高兴？

5. 盘子怎么了？

三、两人一组，谈谈环境污染的问题
In groups of two, discuss the problem of environmental pollution

要求：使用被动句
Directions: Use the passive sentence forms

四、趣味阅读　Amusing Reading

被偷走的一代

从1910年到1970年，澳大利亚有10万名左右的儿童被政府从家人身边带走，这些人后来被称为"被偷走的一代"。他们是澳大利亚政府实行的

"白澳政策（zhèngcè / policy）"的牺牲品（xīshēngpǐn / victim）。

澳大利亚在1910年通过了一项政策，规定政府可以从土著（tǔzhù / original inhabitants）家庭中带走混血（hùnxuě / hybrid）的土著儿童，让他们接受白人的文化教育。稍微大一点的孩子被送到训练营（xùnliànyíng / training camp）；肤色较浅的孩子被送到白人家里生活。

有人曾经在11个月的时间里，访问了500多位"被偷走的一代"的土著受害者。他们指出，土著儿童在训练营里的生活条件非常不好，而且经常受到性骚扰（sāorǎo / harass）。这项政策直到1970年才被废除（fèichú / abolish）。

1996年澳大利亚女作家 Doris Pilkington Garimara 出版了一本小说《防兔篱笆（Rabbit-Proof Fence）》，让人们开始重新注意到这段历史。

故事是这样的：

1931年，14岁的 Molly 和妹妹 Daisy、表妹 Gracie 一起，被白人警察从母亲身边带走，送到了遥远（yáoyuǎn / remote）的摩尔河（Moore River）土著儿童训练营。

在那里，她们被关在一间大屋子里，没有温暖，吃得非常差，还不能说土著语，只能说英语，并接受白人文化教育。

负责（fùzé / be in charge of）西澳大利亚土著事务（shìwù / affair）的官员（guānyuán / official）叫 Neville，被孩子们称作"恶魔（èmó / demon）"。他相信，只有让混血儿童接受白人教育才能保证（bǎozhèng / guarantee）澳大利亚的未来。

Molly 渴望（kěwàng / thirst for）回到母亲身旁，忍受（rénshòu / endure）不了训练营的生活。有一天晚上，在 Molly 的带领下，三个女孩子逃了出来。

一路上，她们经历了非常多的磨难（mónàn / suffering），曾经得到好心人的帮助，也曾经被欺骗（qīpiàn / cheat）。

1600公里的路，她们走了整整两个月。

最后，Molly 和 Gracie 回到了家里，但 Daisy 因为听了坏人的谎言（huǎngyán / lie），被带回训练营，从此没有了消息。

2008年的2月13日，在澳大利亚联邦政府成立一百多年后，在陆克文总理（Kevin Michael Rudd）的推动（tuīdòng / promote）下，澳大利亚政府向土著民族正式道歉。

回答问题 Answer the questions

1. 为什么这些土著儿童被叫做"被偷走的一代"？

2. 请简单介绍一下"白澳政策"。

3. Molly 为什么要逃走？

定语
Attributives

我们再来看一看这个复杂的句子：
Let's take a look at the complex sentence again:

我最好的朋友	昨天	在一家书店	顺利地	读完了	一本有趣的语法书。
S	时间	在+地方		V	O

在这个句子里，有三个名词性短语（NP）：我最好的朋友、一家书店、一本有趣的语法书。在这些NP里，"我最好的""一家""一本""有趣的""语法"都是定语，"朋友""书店""书"是中心语。

In this sentence there are three nominal phrases (NP): "我最好的朋友", "一家书店", "一本有趣的语法书". In these NPs, "我最好的", "一家", "一本", "有趣的" and "语法" are attributives. "朋友", "书店", and "书" are head-words.

在汉语中，所有的定语都放在中心语的前面。
In Chinese, attributives are all placed in front of the head-words.

学习定语，我们要回答两个问题：
Learners of Chinese must answer the two following questions：

1. 有的定语的后面有"的"。如：最好的朋友、有趣的书。
Following some attributives is "的". For example: "最好的朋友", "有趣的书".

有的定语的后面没有"的"。如：一家书店、一本书、语法书。
There is no "的" following other attributives. For example: "一家书店", "一本书", "语法书".

那么，在汉语里，什么时候定语的后面要加"的"，什么时候不加"的"？
In that case, in Chinese when is a "的" placed after an attributive, and when is "的" omitted?

2. 有的只有一个定语，如：一家书店。
Some NPs have just one attributive, such as "一家书店".

有的有多个定语，如："一本有趣的语法书"有三个定语。

Some NPs have multiple attributives. For example: "一本有趣的语法书" has three attributives.

那么，有多个定语的时候，这些定语的顺序应该怎么安排呢？

In that case, when we have multiple attributives, what is the word order of these attributives?

11.1 领属关系NP中，名词性定语与"的"
Attributive noun and "的" in relative nominal phrases

看一看，想一想：在这些 NP 中，定语和中心语是什么语义关系？"的"的使用条件是什么？

Take a look, think about it: What is the relationship between the attributives and head-words in these nominal phrases? What are the conditions for using "的"?

妈妈的朋友	名词+的+名词 noun+的+noun
我的书	代词+的+名词 pronoun+的+noun
我的朋友　我的妈妈	代词+的+名词[亲属] pronoun+的+noun [relative]
我朋友　　我妈妈	代词+名词[亲属] pronoun+noun [relative]

在这些NP中，定语和中心语的关系都是领属关系。定语是名词或者代词，一般都要加"的"。

In these nominal phrases, the attributive and head are in a possessive relationship. When the attributive is a noun or pronoun, "的" usually should be added.

但是，如果定语是代词，中心语是亲属称谓、朋友、同学、机构等，可以不加"的"。再如：

However, if the attributive is a pronoun and the head is a title of a relative (such as "mom", "aunty", "dad", etc.), friend, classmate, or organization, "的" can be omitted. For example:

（1）我们学校在一座山上。

（2）今天去你们公司看看，行吗？

（3）那个女孩子是他同学，不是他女朋友。

11.2 属性关系NP中,名词性定语与"的"
Attributive noun and "的" in NP of attribution relations

看一看,想一想:在这些NP中,定语和中心语是什么语义关系?"的"的使用条件是什么?

Take a look, think about it: Among these nominal phrases, what is the relationship between the attributive and the head? What are the conditions for using "的"?

第一组 Group 1	第二组 Group 2
韩国是<u>中国</u>的朋友。	他有很多<u>中国</u>朋友。
<u>孩子</u>的脾气不太好。	他有一点儿<u>孩子</u>脾气。

这两组 NP 中,定语都是名词,即"中国""孩子"。

In these two groups of NPs, the attributives are all nouns, such as "中国" and "孩子".

第一组中,定语与中心语是领属关系,要加"的";第二组中,定语与中心语是属性关系,即定语是修饰说明中心语的属性或者特点的,不用"的"。再如:

In Group 1, the head-noun is in a possessive relationship with the attributive (the head is subordinate to the attributive noun), so "的" must be added. In Group 2, the attributive and the head are in an attributive relationship, or the attributive is embellishing the attributes or features of the subject, and "的" can be omitted. For example:

(1)这本<u>语法</u>书很有趣。
(2)我想买一张<u>木头</u>桌子。

一 翻译(一) Translate

 1. every work of literature
 2. history major
 3. International relationship
 4. You played computer games all night, right?

二 翻译(二) Translate

 1. So Samson went and got three hundreds foxes, and put the foxes tail to tail.
 2. Each of these people has a tail like a fox (sly as a fox), that's plain to all.

三 判断并改错 True or false

1. 我们先打扫房间，然后看王刚电视节目。
2. 不久她碰到一个美国的女人。
3. 电脑的桌子也是我的做作业的地方。

11.3 时间词、处所词、方位词与"的"
Time words, place words, nouns of locality and "的"

当定语是表示时间、处所和方位的词语时，要加"的"。如：

When the attributive is expressing time, place, or position, "的" must be used. For example:

（1）<u>最近的</u>情况有<u>一些</u>变化，你要注要观察。
（2）这是<u>去年的</u>流行色，今年流行红色了。
（3）以前，<u>北京的</u>冬天很冷，现在不那么冷了。
（4）<u>苏州的</u>园林是非常有名的，你一定要去看看。
（5）怎么了？<u>山上的</u>树木都没有了！
（6）你把<u>下面的</u>书给我。

翻译　Translate

1. Anything that's cheap this year will be even cheaper next year.
2. Didn't I see you at the party last week?
3. They will fall in love with the French countryside.
4. Like working women anywhere, Asian women are buying convenience foods.
5. The things on the table were all in a jumble.
6. He carefully pull out the center pages.

11.4 形容词性定语与"的"
Adjectival attributives and "的"

看一看,想一想:"的"的使用条件跟什么有关系?
Take a look, think about it: What are the conditions for using "的" related to?

第一组 Group 1	第二组 Group 2
好人 高楼	很好的人 高高的楼 有意思的书

在这些 NP 中,定语都是形容词。第一组里的定语都是单音节形容词,没有"的",第二组里的定语都是多音节形容词或形容词性短语,要加"的"。

The attributive is an adjective in all of these nominal phrases. The attributives in the first group are all monosyllabic adjectives without a "的". The attributives in the second group are all disyllabic adjectives or adjectival phrases containing "的".

所以,形容词做定语的时候,要不要加"的",主要看形容词的音节。

Thus the determining factor in deciding whether or not to add "的" when adjectives act as attributives is the amount of syllables the adjectives has.

注意 NOTE

1. 单音节形容词做定语,一般不加"的";双音节形容词做定语一般要加"的"。特别是双音节形容词修饰单音节名词时,"的"通常要有。如"漂亮的花、聪明的人"这是最常见的情况。不过,加不加"的"实际上,有时候不是语法的问题,而是语义问题。如:

"的" is usually not added to monosyllabic adjectives acting as attributives. "的" should be added to disyllabic adjectives acting as attributives. Especially when a disyllabic adjective is used to modfy a monosyllabic noun, "的" must be used. For example: "漂亮的花, 聪明的人" etc. This is the most common condition. In reality, whether or not to add a "的" is not actually a grammar question, but a question of word meaning (semantics). For example:

(1) 她是一个漂亮的姑娘。("漂亮"的描写性很强,主要传达的信息是"她怎么样?" The descriptiveness of "漂亮" is very strong here, containing information answering the question "how is she?")

（2）她是一个<u>漂亮</u>姑娘。("漂亮"是一个分类的标准，主要传达的信息是：她属于"漂亮姑娘"这一类的人，不属于"丑姑娘"那一类。"漂亮" is a classifying standard, transmitting the following information: she belongs to the "beautiful girl" type of person and does not belong to the "ugly girl" type of person.)

也就是说，形容词做定语的时候，"的"的主要作用是突出描写性。再如：
In other words, when adjectives act as attributives, the primary function of "的" is to bring out descriptiveness. Some more examples：

（3）你要用<u>好的</u>护肤品，<u>不好的</u>护肤品对皮肤不好。
（4）我喜欢吃<u>甜的</u>橘子，不喜欢吃<u>酸的</u>橘子。

2. 形容词重叠做定语的时候，描写的作用更强，而且常带有喜爱的感情。如：

When reduplicated adjectives act as attributives, their descriptiveness is even stronger and often carry a lovable tone. For example:

（1）看见她<u>大大的</u>眼睛，<u>弯弯的</u>眉毛，他一下子就爱上了她。
（2）她拿了一条<u>干干净净的</u>毛巾给我。

不过，大概只有不到20%的形容词可以重叠，而且其中90%是口语词。以下形容词不能重叠。

However, only about 20% of adjectives can be reduplicated, and 90% of reduplicated adjectives are colloquial/oral Chinese. The adjectives below cannot be reduplicated：

耳背、年轻、心细、性急、胆大、心虚、开心、吃亏、吃香……
刺耳、丢人、动人、可口、省事、听话、有名、知足……
好看、难看、愉快、正直、不安、不幸、能干、好听、无耻……
美丽、整洁、精彩、严肃、肮脏、方便……

另外，形容词重叠有三种形式：
Also, reduplicated adjectives are divided into three kinds：

☐ AA 的：白白的、大大的、胖胖的
☐ AABB 的：白白胖胖的、漂漂亮亮的
☐ ABAB 的：雪白雪白的、碧绿碧绿的、笔直笔直的、
　　　　　　冰凉冰凉的、漆黑漆黑的

3. 如果不明确把属性说出来，而用代词"这样／那样"，要加"的"。如：

If the characteristic is not clearly indicated and the pronouns "这样／那样" are used instead, "的" must be added. For example:

（1）我不喜欢看这样的书。

这样／那样 + 的 + N

（2）我希望那样的事不再发生。

4. 有些形容词只能做定语修饰名词，而且无论音节是多少，一般都不加"的"。这些形容词有"男、女、正、副、大型、慢性、急性、彩色、初级、主要、新式、天然、基本"等。如：

Some adjectives can only act as attributive modifying nouns, and regardless of how many syllables there are, "的" is usually dropped. These adjectives are "男, 女, 正, 副, 大型, 慢性, 急性, 彩色, 初级, 主要, 新式, 天然, 基本" etc. For example:

男厕所、正教授、大型机器、慢性病、彩色电视机、初级班、主要问题……

5. 形容词"很多"，一般不用"的"。如：

When the adjective is "很多", usually "的" is not used. For example:

来中国以后，我认识了很多朋友。

6. "真、太、有点儿、有一些、怪、分外、尤其+形容词"，不能做定语。

"真, 太, 有点儿, 有一些, 怪, 分外, 尤其 + 形容词" cannot act as attributives.

7. 不要过多使用形容词做定语。如：

Do not overuse adjectives as attributives. For example:

*老师问不难的问题，我们都会回答。（*means wrong）

最好改为：The best way to express this is:

老师问的问题不难，我们都会回答。

因为在"老师问不难的问题"中，"问题"是一个新的信息（参看第9讲"把"字句），"不难"只是修饰"问题"的，可是说话人的本意是强调问题"不难"，因此，最好把"不难"放在后面。

In the sentence "老师问不难的问题", "问题" is new information (please see: Lesson Nine "把-sentence"). "不难" only modifies "问题", but the speaker's original meaning is placing emphasis on the problem not being difficult ("不难"), not on the problem itself. As a result, it is best to place "不难" at the end of the sentence.

一 翻译　Translate

1. Oh, not only is she pretty, she's a smart mommy!
2. And you want to be nice, right? A nice, nice man.
3. They put up many tall buildings last year.
4. How are these nations making such progress?

二 判断并改错　True or false

1. 坐火车要花非常长时间。
2. 我以为我和这样事没关系。
3. 他有多书。
4. 他得了一种很慢性的病，得慢慢地治。
5. 她是一位真好的老师。
6. 这真是一个聪聪明明的办法。
7. 中国人结婚的时候，父母送很多礼物。美国人有不同的结婚风俗，在结婚典礼上，朋友们给很多有用的东西。

11.5 动词性定语与"的"　Verbal attributives and "的"

看一看，想一想：定语是什么词？
Take a look, think about it: What part of speech is the attributive?

（1）<u>我买</u>的书很有意思。
（2）他不喜欢<u>我给他</u>的礼物。
（3）你去那个<u>修理</u>部看看，他们也许能修。
（4）有<u>敲门</u>声，你听到了吗？
（5）爷爷的<u>退休</u>生活挺丰富多彩的。

这些 NP 中，定语都是动词或动词性短语（VP），一般要加"的"。只有定语是双音节动词，而且 NP 是"2 + 1"或"2 + 2"韵律模式时，才可以不加"的"，如例（3）（4）（5）。

In these NPs, the attributives are all verbs or verbal phrases (VP). Usually a "的" must be added. Only when the attributives are disyllabic verbs, and the prosodic structure of NP is "2+1" (disyllabic word + monosyllabic word) or "2+2" (disyllabic word + disyllabic word), can "的" be omitted, as in examples (3) (4) (5).

再如 More examples：

"2+2" 韵律模式 "2+2" prosodic pattern	研究状况、发展模式、研究方法、研究课题、考察对象、使用情况、调查结果、比赛规则、创作时间、解决方案、演出地点、表演技巧、睡眠姿势、运行状态、工作条件、演讲提纲、就餐环境、休闲场所、运动款式、推销策略、遗留问题、应用次序、进攻路线……
"2+1" 韵律模式 "2+1" prosodic pattern	治疗费、取款机、登记处、寄宿制

练习四 Practice Four

一 翻译 Translate

1. The woman holding a baby in her arms was waiting to see the doctor.
2. I took personal things which my girl friends had given to me.
3. The college library is a favorite haunt.
4. Speakers who know how to excite a crowd will win this competition.
5. Noise is unpleasant, especially when you are trying to sleep.

二 判断并改错 True or false

1. 我最喜欢地方是我的房间。
2. 我欣赏一种在我旁边芳香的花。
3. 我从小去过很多地方，但是我的最喜欢的地方是泰国。

11.6 介词短语定语与"的"
Prepositional phrase attributives and "的"

看一看，想一想：定语是什么词？
Take a look, think about it: What part of speech is the attributive?

（1）我<u>对语法</u>的兴趣很大。

（2）妈妈<u>对孩子</u>的爱最深。

（3）他们<u>在学习问题上</u>的态度和我们不一样。

在这些 NP 中，定语都是介词短语，后面要加"的"。
In these NPs, the attributive is a prepositional phrase followed by a "的".

翻译 Translate

1. He may have loved life, but a love of alcohol didn't kill him.
2. You tell me that you wrote a book about us, and that you want us....
3. Her facility in languages is surprising.
4. His view on the question does not square with mine.

11.7 数量词定语与"的"
Numeral-classifier attributives and "的"

11.7.1 数量词定语加不加"的"？
Is "的" added to numeral-classifier attributives?

量词做定语，主要包括三种情况：
There are three situations in which classifier act as attributives:

1. 数词+量词+名词（numeral + classifier + noun）：

一本书　一辆车　一件衣服

2. 这 / 那 / 哪 / 几 / 每 + 量词 + 名词（这 / 那 / 哪 / 几 / 每 + classifier + noun）：

这张桌子　那种东西　哪首诗　几瓶水　每个星期

3.（数词）+ 量词重叠 + 名词（numeral + reduplicated classifier + noun）：

（1）看到爸爸在公园给我照的一张张精美的照片，我高兴极了。
（2）条条大路通罗马。

注意 NOTE

"数词 + 量词重叠 + 名词"，表示"很多、逐一"的意思，带有很强的描写性。如：

"数词+量词重叠+名词 (numeral + reduplicated classifier + noun)" expresses a meaning of "many, one by one", carrying a very strong descriptivism. For example:

一座座青山紧相连（xiānglián / be joined），
一朵朵白云绕山间，
一片片梯田（tītián / terrace）一层层绿，
一阵阵歌声随风传（chuán / spread）。
哎……谁不说俺家乡好？（山西民歌《谁不说俺家乡好》）

如果不需要强调这种描写性的话，就最好不要用"（数词）+ 量词重叠 + 名词"的语法。如：

If it is not necessary to emphasize this kind of descriptivism, it is best not to use the "（数词）+ 量词重叠 + 名词 [(numeral) + reduplicated classifier + noun]" grammar pattern. For example:

*他很喜欢日本漫画，书架上有一本一本的漫画书。(*means wrong)

因为这个句子只是要强调"漫画书多"，不需要描写"书很多的样子"，所以，用"一本一本的漫画书"就不太好了。

Using "一本一本的漫画书" (book after book of comics) is not appropriate in this case because this sentence is only emphasizing "漫画书多" (a lot of comic books), so it is not necessary to describe "书很多的样子" (state that there are a lot of books).

那么，数量词做定语的时候，要不要加"的"呢？

In that case, when numeral-classifiers act as attributives, is it necessary to use "的"?

（一）看一看，想一想：两组NP里的量词有什么不同？

Take a look, think about it: What is the difference between the classifiers in these two groups of NPs?

第一组 Group 1	第二组 Group 2
给你一张纸，够不够？ 那边跑过来一群人。 我要买一些苹果。	我买了五斤（的）苹果，一斤（的）草莓。 我用了一年（的）时间弄明白，他才花了一会儿（的）工夫！

第一组里的量词分别是个体量词、集合量词、不定量词。所以，在数量词定语里，如果量词是这三类量词时，不要加"的"。

The first group of classifiers can be divided into individual classifiers, collective classifiers, and infinitive classifiers. "的" is not attached to these three types of numeral-classifiers attributives.

☐ 个体量词 individual classifiers：个、本、条、座、张、片、件、幅、篇、首

☐ 集合量词 collective classifiers：双、群、对、副、排、打、束、串、种、类

☐ 不定量词 infinitive classifiers：（一）些、（一）点儿

第二组里的量词表示度量或时量。所以，"数词+度量词/时量词"做定语的时候，虽然一般也不加"的"，但是，如果要强调数量的话，也可以加"的"。

The second group of classifiers indicates a measurement unit or duration of time. Although normally "的" is omitted when "数词 + 度量词/时量词 (numeral + unit classifier / time classifier)" acts as an attributive, if emphasizing an specific amount, "的" can be used.

☐ 度量词 Unit classifiers：米（公尺）、尺、寸、吨、千克（公斤）、斤、两、升、亩、里

☐ 时量词 Time classifiers：年、天、夜、分钟、秒

（二）看一看，想一想：下面这两个句子意思有什么不同？

Take a look, think about it: What's the difference between the two sentences below?

（1）我已经订了一桌子菜了，够了，不用再订了，两桌菜的话，我们吃不完。

（2）妈妈准备了一桌子（的）菜，满满的。

"桌子"本来是一个普通的名词,它有自己的量词"张",如"一张桌子、这张桌子"等。可是,在这两个句子里,"桌子"借用为量词了。

"桌子" is normally an ordinary noun. It has its own classifier, "张", such as "一张桌子, 这张桌子". However, in these two sentences, "桌子" is borrowed to become a "temporary classifier".

第一个句子里的"一桌子",意思是"一张桌子",第二个句子里的"一桌子"意思是"满桌"。所以,如果"一 + 借用量词 + NP"表示"满"的意思,也可以加"的"。再如:

"一桌子" in the first sentence means "one table". In the second sentence, "一桌子" means "a full table". So, if "一 + 借用量词 + NP" (一 + temporary classifier + NP) indicates "full", it is also possible to add a "的". More examples:

(3) 他出差两个月,昨天回到家的时候,发现<u>一屋子(的)土</u>,没法住了。

(4) 你看你,出了<u>一脸(的)汗</u>,快擦擦吧。

借用量词有两种:
There are two types of temporary classifiers:

1. 借表容器的名词 Temporary container nouns:一碗米饭、一盆水、一车人、一船货物(huòwù / goods)、一桌子书

2. 借人体器官名词 Temporary body part nouns:一脸汗水、一手泥、一头白发、一口北京话、一肚子不高兴、一鼻子灰、一身(儿)新衣服

注意 NOTE

除了上面说的个体量词、集合量词、不定量词、度量词、时量词、借用量词以外,汉语里还有动量词,主要表示动作的量。

Aside from the above-mentioned individual classifiers, collective classifiers, infinitive classifiers, unit classifiers, time classifiers, and temporary classifiers, Chinese also contains "verbal classifiers". Verbal classifiers primarily indicate the amount of an action:

1. 专用动量词 Dedicated verbal classifiers:次、趟、遍、下、阵、场、番、回

2. 借用动量词 Temporary verbal classifiers:扎一针、砍一刀、放一枪;看一眼、吃一口、踢一脚、打一巴掌

借用动量词，主要有两种：一种是表示动作行为所用的工具的名词；二是人体器官。

There are two types of temporary verbal classifiers: the first type are nouns that indicate the tools used in an action, the second are body parts.

有时候，动量词的后面还可以继续加动词的宾语。如：

Occasionally, after a verbal classifier it is possible to add an object of a verb. For example:

（1）假期里，我去了一**趟上海**。
（2）他讲了一**番大道理**，可是，孩子根本没听懂。
（3）她轻轻地拍了一**下我的肩膀**。

根据句子的意思，用"一+量词（的）+名词"的形式改写句子
Based on the meaning of the sentence use the "一 + 量词（的）+ 名词" form to rewrite the sentence

例：鱼缸里装满了水。→装了一鱼缸（的）水。

1. 他的房间里，地上堆满了书。
2. 他喝了很多啤酒，肚子满满的。
3. 整个假期，他都在看书。
4. 打扫完房间后，我手上沾满了土。
5. 春节那天，她从头到脚穿的都是新衣服。
6. 他书包里装满了书，去上学了。
7. 家里来了很多客人，屋子里都坐满了。
8. 生日那天，他收到了很多礼物，桌子上都摆满了。

11.7.2 使用量词时的注意事项
Special considerations regarding the use of classifiers

在用量词的时候，我们还要注意下面几个问题：

When using classifiers, we also need to pay attention to the following issues:

1. 集合名词 Collective nouns：车辆、花朵、船只、人口、书本、纸张；父母、夫妻、师生、书报、饭菜、树木、城乡；文具、亲友、财产……

集合名词不能与个体量词一起用，只能与集合量词、不定量词或借用量词一起用。如：

Collective nouns cannot be used together with individual classifiers. They can only be used with collective classifiers, infinitive classifiers, or temporary classifiers. For example:

一对夫妻（集合量词 + 集合名词，collective classifier + Collective noun）

一批车辆（不定量词 + 集合名词，infinitive classifier + Collective noun）

一些文具（不定量词 + 集合名词，infinitive classifier + Collective noun）

一桌饭菜（借用量词 + 集合名词，temporary classifiers + Collective noun）

2. 表示自然现象、社会事物或人类品质的词，大部分都不能加数量词定语。如：

Numeral-classifier attributives cannot be added to the majority of those words that express natural or social phenomena, or human qualities. For example:

大自然、天空、海洋、金融、商业、政治、人类、外表、心灵、眼界……

3. 很多量词可以反映名词所表示的事物的形状。如：

Many classifiers can reflect the shape of the things that the nouns represent. For example:

a. 表示根状、秆状的　Indicating root or stem shaped objects：

一根黄瓜、一支钢笔、一棵树、一杆枪

b. 表示条状的　Rod-shaped objects：

一股清泉、一队人马、一排房子、一串糖葫芦、一条小河、一列火车、一行树

c. 表示点状的　Pointed-shaped objects：

一点墨、一粒米、一颗珍珠、一滴水、一星儿油

d. 表示平面的　Flat-surfaced objects：

一张地图、一面镜子、一片面包、一层皮

e. 表示圆形、环状的　Circular or ring shaped：

一轮圆月、一面鼓、一丸药、一卷纸、一团儿毛线、一圈儿红印儿

f. 表示形状相似的　Representing objects that are similar to certain shapes：

一头蒜、一口井、两撇胡子

4. 有的量词有褒贬色彩、语体色彩等的不同。

Some classifiers represent differences in value appraisal (good or bad) and writing style.

a. 常表示厌恶、轻视义的 Indicate distaste, bias：

一窝贼、一伙流氓、一帮傻瓜、一撮野心家

b. 常表示郑重、珍惜义的 Indicate respect, appreciation：

一尊塑像、一幢高楼、一位老人、一束小诗、一捧家乡土、一颗心

c. 常用于书面语的 Formal writing：

一幅古画、一弯新月、一盏灯、一丝希望、一页书、一株白杨

d. 常用于口语的 Oral / colloquial：

一个人、一摞报纸、一嘟噜葡萄、一绺头发、一把香菜、一块草地

5. 我们要根据语境的需要，选择合适的量词和名词搭配。如：

We must evaluate the context to select the appropriate classifier and noun pair. For example:

（1）她的眼角还挂着一滴泪珠，看起来很可怜。
（2）一串泪珠儿从她的眼里滚落下来。
（3）司机一滴酒，亲人两行泪。
（4）她一把眼泪一把鼻涕的，哭得非常伤心。
（5）她一脸泪水地跑出去了。

练习七 Practice Seven

一 根据上下文，写出合适的量词

Fill in the appropriate classifier according to the context

1. 我昨天看了一（　　）电影，一共看了两（　　）。我更喜欢第一（　　）。
2. 我买了一（　　）书，这（　　）书一共有十（　　）。
3. 昨天下了一（　　）雨，但是，只下了一（　　）就停了。
4. 我家有一（　　）树，树上的花开得特别好，一共开了十四（　　）呢。
5. 我过生日的时候，你送我一（　　）花吧。要九百九十九（　　）玫瑰。

6. 瓶子里插（chā / insert, stick）着几（　　）花，挺漂亮的。
7. 父亲很少骂我，从小到大，他一共只骂了我三（　　）。
8. 昨天，父亲非常生气，狠狠地骂了我一（　　）。
9. 你把那（　　）报纸递给我，好吗?
10. 你总是天天买报纸看，今年我们干脆（gāncuì / simply）就订一（　　）吧。
11. 报纸有很多（　　）呢。你喜欢看哪一（　　）的?
12. 太冷了，窗户上都结了一（　　）冰。
13. 在啤酒里放上几（　　）冰吧。
14. 你买这么一大（　　）冰干嘛?
15. 桌子上还剩下几（　　）米。你把它们捡起来吧。
16. 家里没米了，你去买一（　　）吧。
17. 你只吃了一小（　　）米，够了吗?
18. 他抓了一（　　）米，出去喂小鸡了。
19. 这些菜不够，我们再来一（　　）豆腐吧。
20. 这（　　）豆腐太小了，给我换一（　　）大的。
21. 从下午5点起，我们吃了一（　　）好饭，看了一（　　）好电影，又在这（　　）冷饮店里坐了几个小时，吃遍了这（　　）店所有品种的冰激凌，花光了我们俩身上的所有钱，再要一（　　）汽水也要不起了。
22. 我站在山顶，看见一（　　）新月，挂在蓝蓝的天上，月亮旁边还有几（　　）星星，太漂亮了。
23. 她戴着一（　　）红色的围巾，穿着一（　　）白色的毛衣。
24. 她的脸上还挂着两（　　）泪珠呢。
25. 宿舍里有两（　　）椅子，一（　　）床和一（　　）桌子。
26. 你带一（　　）香皂、一（　　）毛巾就可以了。
27. 那一（　　）老夫妻，你认识吗?
28. 我要买一（　　）眼镜，去哪儿买好呢?
29. 那（　　）裤子挺好看的，你穿一定帅。
30. 你送我一（　　）筷子干什么?
31. 一（　　）青蛙一（　　）嘴，两（　　）眼睛四（　　）腿，"扑通"一（　　）跳下水。
32. 一（　　）飞机天上飞，两（　　）汽车路上跑，三（　　）小鱼水中游，四（　　）鸭子嘎嘎叫。

二 判断并改错 True or false

1. 我一出车站，钱包就被一位小偷偷走了。
2. 在北大校园里，我遇到了一个老教授。
3. 一帮可爱的小孩儿向我们跑来。
4. 学校周围有许多个饭店，吃饭很方便。
5. 在香山有很多棵树，很多朵花儿，很多块石头，很多只松鼠。
6. 公园里，有的个人在散步，有的个人在打太极拳。
7. 她喜欢买东西。每周末她带回几双鞋、几件衣服。
8. 一个院子的花儿都开了，漂亮极了。
9. 1997年我和家人一起在日本住了两月。

11.8 多项定语 Multiple attributives

11.8.1 多项定语的排序原则
Principles of multiple attributive word order

有时候我们需要用多个定语来修饰说明一个事物或人。如：

Sometimes we must use many attributives when describing a person or thing. For example:

我	那本	在书店买的	有意思的	小说	集	在哪儿？
我的	一本	朋友送的	新	语法	书	丢了。
领属代词或名词 possessive pronoun or noun	数量 amount	动词 V	形容词 Adj.	名词 N		

如果有多个定语，它们的排列要按照一定的顺序。大概说来，有几个办法可以帮助我们做决定。

If there are multiple attributives, they should be arranged in a rather fixed order. There are a few methods that can help us to decide the order of the attributives in a sentence.

1. 看定语的词类

Consider the part of speech of attributives

排序原则：代词 > 数量词 > 动词性 > 形容词 > 名词

Word order principle one: pronoun > numeral-classifier > verb > adjective > noun

不过，数量词定语的语法位置是比较自由的，也可以在动词定语、形容词定语的后面。如：

However, the word order of numeral-classifier attributives is much more flexible. They can also be placed after the verbal attributive or adjective attributives. For example:

（1）我朋友送的一本新语法书丢了。

（2）我朋友送的有意思的一本语法书丢了。

2. 看定语的功能类别

Consider the function of attributives

排序原则：时间、处所定语 > 领属定语 > 数量 > 限定性定语 > 国别定语 > 描绘定语 > 性质定语，如：

Word order principle two: time, location > possessor > amount > restrictive attributive > national attributive > illustrative attribute > characteristic attributives. For example:

Both the first two nice big old round red French wooden card
 1   2   3   4   5   6   7   8   9   10   11   12
TABLES in the room that were bought yesterday belong to my father.
         13   14

时间、处所定语（13，14）time, location > 数量 amount +（1，4）> 限定性定语 restrictive attributive（2，3）> 国别定语 national attributive（10）> 描绘定语 illustrative attributive（5，6，7，8，9）> 性质定语 character attributive（11，12）

翻译：昨天买的（14）、放在房间前面的（3、13）、那两张（1、2、4）法国的（10）、漂亮的（5）、大大的（6）、古老的（7）、圆的（8）、红色的（9）、打牌用的（12）木头（11）桌子，都是我父亲的。

3. 看定语与中心语的语义关系

Consider the relationship in meaning between the attributive and head-word

排序原则：定语越是 NP 的固有性质（innate property），离 NP 越近。

Word order principle three: The more the attributive represents the NP's innate property, the closer it is to the NP.

实际上，看过前面两个排序原则，我们可以发现，名词定语是限定中心语的属性的，当然与中心语的语义关系最近，所以，名词定语也离中心语最近；时间、地点以及数量等定语，与中心语的关系最远，所以，它们也离中心语最远。

In reality, when we examine the two above-mentioned ordering principles, we discover that noun attributives limit the head-noun's attributes. Of course, when noun attributives and the head-noun's meaning is very close, the noun attributive is placed closer to the head-word. On the other hand, time, location and amount attributives' relationship to the head-word is the furthest, accordingly they are the furthest in distance from the head-word.

4. 看定语有没有"的"

Consider the presence of "的"

排序原则：有"的"的定语在前面，没"的"的定语在后面。但是，数量词定语比较自由。如：

Word order principle four: attributives that contain "的" are placed in front, those without "的" are placed after. Numeral-classifier attributives are much more flexible. For example:

（1）我买了一张漂亮的木头桌子。（"漂亮的"有"的"，"木头"没有"的"）

（2）她拿圆圆的大眼睛看着我。（"圆圆的"有"的"，"大"没有"的"）

（3）那是一间明亮的大教室。（"一间"是数量词，"明亮的"有"的"，"大"没有"的"）

11.8.2　常见的多项定语序列
Common multiple attributive ordering

虽然我们可以发现一个 NP 中有三个以及三个以上的定语，但实际上，最常见的情况是有两个定语。

Although we can see that many NPs have three or more attributives, in reality the most common situation is having two attributives.

使用最多的两个定语的情况如下。

The phrases that most commonly use two attributives are in following types:

多项定语序列 Multiple attributive ordering	例子 Example
数量词 + 单音节形容词 + N numeral-classifier + monosyllable adjective + N	一个小教室、那个老东西 这两个小女孩
数量词 + 双音节形容词 + 的 + N numeral-classifier + disyllable adjective + 的 + N	一个有趣的故事 这个晴朗的日子
数量词 + 形容词短语 + 的 + N numeral-classifier + adjectival phrase + 的 + N	一个十分可爱的世界 一段很长的时间 一位聪明漂亮的姑娘
数量词 + 名词 + N numeral-classifier + noun + N	一个作家朋友、这个电话号码
数量词 + 名词 + 的 + N numeral-classifier + noun + 的 + N	一件蓝色的衬衫
数量词 + VP + 的 + N numeral-classifier + VP + 的 + N	几个抽烟的老人 一个有经验的律师 一块没有感觉没有绿色的沙漠 一只她新买来的船
数量词 + 双音节动词 + N numeral-classifier + disyllabic verb + N	一箱修理工具
这/那 + 单音节形容词 + N 这/那 + monosyllabic adjective + N	这小东西
这/那 + 双音节形容词 + 的 + N 这/那 + disyllabic adjective + 的 + N	这漂亮的姑娘
人称代词 + 这/那 + 量词 + N personal pronoun + 这/那 + classifier + N	我这个书包
人称代词 + 介词短语 + 的 + N personal pronoun + prepositional phrase + 的 + N	我对这个问题的看法
人称代词 + 的 + 数量词 + N personal pronoun + 的 + numeral-classifier + N	你的一个朋友

续表

人称代词+的+单音节形容词+N personal pronoun + 的 + monosyllabic adjective + N	我的旧相册
人称代词+的+名词+N personal pronoun + 的 + noun + N	他们的历史背景
人称代词+的+双音节动词+N personal pronoun + 的 + disyllabic verb + N	自己的研究对象
领属名词+的+名词+N possessive noun + 的 + noun + N	人的精神状态、 社会生活的本质方面
领属名词+的+双音节动词+N possessive noun + 的 + disyllabic verb + N	激光的应用范围 人类的生存问题
领属名词+的+双音节形容词+N possessive noun + 的 + disyllabic adjective + N	主人公的悲惨命运 日常生活的麻烦问题
领属名词+的+数量词+N possessive noun + 的 + numeral-classifier + N	儿童的三种爱好
领属名词+介词短语+的+N possessive noun + prepositional phrase + 的 + N	照相机在这个方面的优点
名词+名词+N noun + noun + N	中国诗歌朗诵
VP+的+数量+N VP + 的 + amount + N	我借给你的那些书 阿Q最讨厌的一个人 踢足球的那些男孩
VP+的+单音节形容词+N VP + 的 + monosyllabic adjective + N	我父亲留下的老办法
VP+的+名词+N VP + 的 + noun + N	北大出版社出版的历史书 反对自由主义的政治活动
双音节形容词+的+名词+N disyllabic adjective + 的 + noun + N	优秀的文人作家

一 翻译 Translate

1. the three Japanese cities
2. two different aspects of science
3. a small wonderful room
4. another important factor to be considered in choosing the place
5. this eye-catching large Chinese bronze picture frame
6. some pretty red brick houses
7. the advanced foreign experience
8. some beautiful little red flowers
9. a beautiful green American jeep
10. The bride usually wears a beautiful, long white wedding dress.

二 把句子扩展成含多项定语的句子
Expand the sentence to become multiple attributive sentences

1. 你还记得（　　　　）女孩吗？
　　　　　　（那个　那年到过咱们家的　小）
2. 你会碰见（　　　　）小伙。
　　　　　（帅　很多　晒得黑黑的　歪戴着帽子的）
3. 我想你做（　　　　）姑娘，不多嘴多舌。
　　　　　　（温柔可爱的　听话的　一个　好）
4. 村里盖了（　　　　）楼房。　　（许多　新　俗气的）
5. 巴尔沃亚（Vasco Núñez de Balboa）看着那片大海。他的眼睛是（　　　　）眼睛。
　　　　　（看见这片蓝色海洋的　第一双　欧洲人的）

三 判断并改错 True or false

1. 今天很好玩儿，我认识了几个美丽新的朋友。
2. 你的旅行东西都准备好了吗？
3. 最后的城市我们去过是旧金山。
4. 去年五月，我跟我的大学五个朋友一起去旅行了。

11.8.3 多项定语里"的"的隐现
The use or ellipsis of "的" in multiple attributive

在多项定语里,"的"的用法比较复杂。有两种情况:一是按照句法条件本来应该用"的",可是却省略了。二是按照句法条件本来不应该用"的",可是却用了。如:

The use of "的" in the case of multiple attributives is very complicated. There are two situations where this issue is most prominent. The first is according to grammar convention, "的" should be used, but is in fact not used. The second is when grammar convention holds that "的" should not be used, but is used. For example:

(1) 你永远也看不够的美丽风景
(2) 在园中最寂寞的时间

> "美丽"是双音节形容词,"在园中"是 VP,它们应该用"的",可是没用。
> "美丽" is a disyllabic adjective, "在园中" is a VP. They should have a "的", but it's omitted.

(3) 新的艺术形式
(4) 那红的丝巾(sījīn / scarf)
(5) 一个美妙的绿的背景

> "新、红、绿"都是单音节形容词,不应该用"的",可是用了。
> "新,红,绿" are all monosyllabic adjectives, so "的" should not be used, but is used.

"的"的隐现,有的是因为韵律的制约(如1、2),有的是因为语义表达的需要,即突出强调某个性状(如3、4、5)。

The use or omission of "的" in sentences with multiple attributives can be governed by prosody, for examples (1), (2). Sometimes the use of "的" is a result of the requirements for expressing meaning, as when a certain trait is emphasized in examples (3), (4), (5).

有时候,句子的长度也会影响"的"的使用。如:
At other times the length of the sentence influences the use of "的". For example:

(6)"的"仍然是对外汉语教学中的一个教学难题。("对外汉语教学中"带"的"。Here "对外汉语教学中" contains "的".)

(7)"的"仍然是对外汉语教学中一个没有解决的教学难题。("对外汉语教学中"不带"的"。Here "对外汉语教学中" doesn't carry "的")

现在，我们还不能完全说清楚"的"的隐现规律，但是在下面的三种情况下，表示领属关系的"的"一般都是要省略的。

Up to now, we are still not certain of the rules for using "的". However, in the three circumstances detailed below, the "的" expressing possessive relations is generally omitted.

人称代词 + 双音节形容词 + 的 + N personal pronoun + disyllabic adjective + 的 + N	她是我最好的姐姐。
人称代词 + 这/那 + 量词 + N personal pronoun + 这/那 + classifier + N	我这条小狗送给你了。 她那个女友很可爱。 你这话不对。
人称代词 + 介词短语 + 的 + N personal pronoun + prepositional phrase + 的 + N	我对这个问题的看法

翻译 Translate

1. His pretty girl friend went abroad yesterday.
2. His wise father knows how to handle him.
3. That red cup of mine is made in China.
4. At last I am back at my dear little desk.
5. Her father's large house near New York is beautiful.

综合练习
Mixed practice

一、找出下列句子里的定语，并翻译
Locate the attributive in the sentences below and translate

1. There are something important that I have to tell you.
2. This is a question too difficult to answer.
3. Here comes into a girl five years old.
4. A girl in red coat came to visit you just now.
5. I have something to deal with, you can go first.
6. Table is a piece of furniture with a flat top supported by legs, used for putting things on.

二、把名词扩展成复杂词组
Change the single noun into a complex phrase

1. 学生
2. 书

三、下面这个儿歌你知道吗？用汉语应该怎么说？
Do you know this nursery rhyme? How do you sing it in Chinese?

This is the house that Jack built.

This is the malt (麦芽) that lay in the house that Jack built.

This is the rat that ate the malt that lay in the house that Jack built.

This is the cat that chased the rat that ate the malt that lay in the house that Jack built.

This is the dog that worried (惊扰) the cat that chased the rat that ate the malt that lay in the house that Jack built.

四、根据"的"的使用条件，看看在下面的短文中，什么地方可以加"的"？什么地方不加"的"？

According to the conditions for using "的", take a look at the paragraphs below and decide where "的" should be added to? Where can "的" be omitted?

单音节形容词（monosyllabic adjective）+ NP	双音节形容词（disyllabic adjective）+ 的 + NP
	介词结构（prepositional structure）+ 的 + NP
	时间词（time word）+ 的 + NP 处所词（place word）+ 的 + NP
	VP 的 + NP
NP + NP（属性 attributive）	NP + 的 + NP（领属 possessive）
代词（pronoun）+（的）+ NP （亲属关系等 family relation）	代词（pronoun）+ 的 + NP（领属 possessive）
数量词（numeral-classifier）+ NP	

1. 我始终（shǐzhōng / all along）找不到和王眉个别谈话（　　）机会。白天她飞往祖国各地，把那些（　　）大腹便便（dàfù piánpián / big-bellied）（　　）外国人和神态（shéntài / manner）庄重（zhuāngzhòng / solemn）（　　）同胞（tóngbāo / fellow countryman）们运来运去。晚上，她就往我住（　　）地方带人，有时一两个，有时三五个。我曾问过她，是不是这一路上不安全，需要人作伴（zuò bàn / keep company）？她说不是。

那我就不懂了。她（　　）同事都是很可爱（　　）女孩，我愿意认识她们，可是，难道她不知道我希望（　　）是和她个别谈谈吗？也可能是成心（chéngxīn / intentionally）装糊涂（zhuāng hútu / pretend not to know）。她看来有点内疚（nèijiù / guilty），每次来都带很多（　　）各地（　　）水果：海南（　　）菠萝蜜，成都（　　）橘子，新疆（　　）哈密瓜，大连（　　）苹果。吃归吃，我还是心怀不满。

2. 我在候机室（hòujīshì / airport lounge）往乘务队打电话，她（　　）同事告诉我，她飞北京，下午三点回来。并问我是她（　　）爸爸还是她（　　）姐夫，我说都不是。放下电话，我在二楼找了个好（　　）座位，一边吸烟，一边看楼下候机室里（　　）人群和外面停机场上（　　）飞机；看那些银光闪闪（yínguāng-shǎnshǎn / silver）（　　）飞机，像一支支（　　）有力（　　）投枪（qiāng / spear），刺（cì / prick）向蔚蓝色（wèilánsè / blue）（　　）天空。当一位（　　）身材苗条（miáotiáo / slim）（　　）空中（　　）小姐穿过人群，带着晴朗（qínglǎng / sunny）（　　）高空（　　）气息（qìxī / breath; flavor）向我走来时，除了看到道道（　　）阳光在她（　　）美丽（　　）脸上流溢（liúyì / spill over）；看到她全身漂亮（　　）天蓝色（　　）制服（zhìfú / uniform），我几乎什么也没看到。

五、把句子扩展成含多项定语的句子
Expand the sentences to include multiple attributives

1. 叫我深深感动的是（　　　　）爱。(那种　她　深深的　对我的)
2. 我去（　　　　）商场买了一大堆东西。(自选　古城的　食品)
3. 你心里一定充满着（　　　　）东西。
   （一些　遥远的　我不知道的　美好的）
4. 我写信安慰她，告诉她（　　　　）危险。(我　一些　经历过的)
5. 那天我们一起去（　　　　）餐厅吃饭。(一家　城南　法国　高级)
6. 他的嘴里吐出（　　　　）烟雾。(漂亮的　一小圈一小圈　蓝色)
7. 他送给我（　　　　）刀。(日本　很漂亮的　一对)
8. 这些都是（　　　　）问题。
   （难以解决的　今天　社会上存在的　老）
9. 我看见了（　　　　）女孩。(穿红色裙子的　一个　漂亮)
10.（　　　　）话，你都忘了吗？(那些　你　对我说的　当年)

六、趣味阅读　Amusing Reading

要求：注意文章中的定语

Directions: Pay attention to the attributives in the article

那些快乐飘（piāo / float）在我的头顶

"妈妈，等等我。"我迈（mài / stride）着小腿摆着双手走在母亲身后。母亲走路总是那么快，像一匹小马。

母亲终于停下了脚步（jiǎobù / foot step），转过头来看我。我跑到母亲身边，用瘦瘦的小手紧紧地抓住母亲的衣角（yījiǎo / a corner of a garment），我怕母亲把我丢了。今天母亲去镇（zhèn / town）上赶集（gǎn jí / go to a fair; go to market），我要紧紧地跟着她。我要看看小镇到底是什么样子。我的梦想就要实现了。我很高兴。

鼻子下有两条长长的鼻涕（bíti / snot），快要流到嘴里了，我闻到了鼻涕那股淡淡的腥味（xīngwèi / fishy smell），像河里鱼的味道一样。母亲转过头看我，笑着说："擦干净，脏死了。"

"妈妈，等一下我想吃包子，那种白白的包子。"我仰（yǎng / raise one's head）着头对母亲说，"我很喜欢吃这种包子，上次胡军他妈妈到镇上就买了好几个给他吃，他还给了我一个，很好吃，甜甜的，香香的。"我兴奋（xīngfèn / excited）地对母亲说，好像有好几个白包子堆在我的眼前。

"好，你喜欢就给你买，不过以后可不许调皮（tiáopí / naughty）了。如果你再调皮，下次我就不带你去镇上了，知道了吗？"母亲低下头对我说道。

"是，一定不调皮，不惹（rě / make）妈妈生气了。"我信誓旦旦（xìn shì dàn dàn / pledge in all sincerity and seriousness）地说。

我抓着母亲的衣角一蹦（bèng / hop）一跳往前走。天上有好几只小鸟飞过，它们唧唧喳喳地叫着，好像是在庆祝我能去镇上玩儿。我一边走一边唱歌，我对着小鸟唱，我大声地唱。我想让小鸟和我一起分享（fēnxiǎng / share）我的快乐。

离小镇越来越近了。我看到了很多人围在一起。他们的头凑（còu / gather）在一块，好像在讨论什么大秘密。我想他们在讨价还价。我听到一个人的声音很粗（cū / coarse），很响亮（xiǎngliàng / resounding），他说："一块钱一斤。"

另一个人却说："一块三，少一点也不卖。"

"就不能少点吗？"

"不能的，这已经是最少的了。"

"那就一块二吧，总可以了吧！"

"好好，算了算了，懒得跟你争（zhēng / dispute）了。下次再这么少可不卖给你了。"

他们最后成交（chéng jiāo / close the deal）了。

"人真多呀！"我跟母亲说。

"是的，等以后你到大城市里生活，人会更多的呢。"

"不可能吧，还有比这儿人更多的地方呀。"

"当然了，只要你好好读书，考到北京、上海那些地方去，什么人都有呢，还能看到乌龟车呢。"

"哦。"我长长地哦了一声。

镇上的东西特别多，零食（língshí / snack）最多了，花花绿绿，五彩缤纷（bīnfēn / colorful），我的眼睛都看花了。我看到几个小孩蹲在一棵树下吃零食，他们吃得那么香。

在商店里，我看到了很多好看的鞋，有的里面还有浓浓的毛呢。我再低下头看看自己的鞋，脚趾（zhǐ / toe）都露（lòu / expose）在外面。我想母亲给我买一双新鞋。穿新鞋的感觉一定很舒服的。可转念一想，买了鞋就没钱买包子了。我立刻放弃（fàngqì / give up）了这个想法。

远处传来好听的音乐。我跑过去一看，原来是从音箱里传出来的。一个女人的声音最好听，甜甜的，像水一样柔软（róuruǎn / soft），像春天的风一样温和。我问母亲那是谁唱的，母亲也不知道。直到后来长大了走进城市，我才知道那个女人是鼎鼎有名（dǐngdǐng-yǒumíng / prestigious）的邓丽君。她的歌真好听。现在我还这样认为。

这时，我闻到了包子的味道，就是那种味道，甜甜的，香香的。我拉住母亲的衣角。包子真多呀，白白的，堆在一起像一座小山，那真是一座让人直流口水（liú kǒushuǐ / dribble）的小山呀！我的眼睛直直地盯着雪白的包子。

那天，我总共吃了三个雪白的包子，我的肚子都圆了，摸上去，肉乎乎的。

到了中午十二点多了，我和母亲要回家了。我真高兴呀，一蹦一跳的。这次我没抓住母亲的衣角，我已经吃到包子了。

天上的小鸟还在飞，它们好像一直在头顶上跟着我。我又唱起了歌，我唱得真响，一声比一声高。路上好多赶完集回家的人，都转过头来朝我笑。我还在回味（huíwèi / aftertaste）包子那又甜又香的味道。

每当回忆起第一次跟母亲去镇上买包子吃的情景，我的内心都会感动。我会想起那个鼻子下有两条长长鼻涕的小孩儿。

（隐雨，有改动）

回答问题 Answer the questions

1. "我"是一个什么样子的小孩儿？

2. "我"要吃什么样的包子？

3. 看到很多包子堆在一起，"我"有什么想象？

状语
Adverbials

我们再看一下这个复杂的句子:
Let's take another look at the following complex sentence.

<u>我最好的朋友</u> <u>昨天</u> <u>在一家书店</u> <u>顺利地</u> <u>读完了</u><u>一本有趣的语法书</u>。
　　　S　　　　　　　　　　　　　　　　　　　　　　 V　　　 O

在这个句子里，主要的动词是"读"，在"读"的前面，有"昨天""在一家书店"和"顺利地"三个部分，它们都是进一步说明或描写"读"这个动作的，它们是状语。

In this sentence the primary verb is "读". Preceding "读" (to read) is "昨天" (yesterday), "在一家书店" (at a book store) and "顺利地" (smoothly). These three parts are all adverbials, explaining or describing the action "读".

在汉语里，状语都在动词的前面。

In Chinese, adverbials are all in front of verbs.

学习状语，我们也主要回答两个问题：

When studying adverbials, we need to answer the following two questions:

1. 什么时候状语的后面要加"地"，什么时候不加"地"？

When is "地" added after an adverbial, and when is it omitted?

2. 如果有多个状语，这些状语的顺序应该怎么安排？

If there are a number of adverbials, in what word order are they arranged in a sentence?

12.1 状语的类型 Types of adverbials

看一看，想一想：第一组和第二组的状语有什么不同？

Take a look, think about it: What are the differences between the adverbials in group one and group two?

第十二讲 状语

第一组 Group 1

（1）我<u>1993年</u>来北京了。［时间 Time-when：时间名词 time noun］
（2）我<u>在北京</u>学习汉语。［地点 place：在 + place］
（3）我<u>坐飞机</u>来北京。［方式 manner：动词 + 名词 verb + noun］
（4）我们<u>用汉语</u>聊天。［工具 tool：介词 + 名词 preposition + noun］
（5）我<u>对汉语</u>感兴趣。［对象 object：介词 + 名词 preposition + noun］
（6）我<u>给妈妈</u>打电话。［关系对象 relative object：介词 + 名词 preposition + noun］
（7）他<u>比我</u>学得好。［比较对象 comparative object：介词 + 名词 preposition + noun］
（8）我<u>从明天</u>开始学习汉语。［时间 time：介词 + 名词 preposition + noun］
（9）我<u>刚</u>学了一年汉语。［时间方式 time manner：副词 adverb］
（10）我<u>突然</u>想学习汉语。［时间方式 time manner：副词 adverb］
（11）他<u>急忙</u>跑回了家。［时间方式 time manner：副词 adverb］
（12）我们<u>悄悄（地）</u>进去。［状态 state：副词 adverb］
（13）我<u>努力（地）</u>学习汉语。［状态 state：形容词 adjective］
（14）我们<u>一天一天地</u>互相理解了。［状态 state：数量词重叠 numeral-classifier reduplication］

第二组 Group 2

（15）<u>至于时间和地点问题</u>，我们再找时间讨论吧。
（16）<u>关于西湖</u>，有一个美丽的传说。
（17）<u>对于他的意见</u>，你们最好好好考虑一下。
（18）<u>随着时间的流逝（liúshì / pass）</u>，人们渐渐淡忘了这件事情。
（19）<u>我去的时候</u>，大家都已经到齐了。

第一组里，状语都在句子主要动词的前面，主语（S）的后面。可以做这些状语的词主要是时间名词、"在+处所"、介词短语、副词和数量词。它们可以说明动作发生的时间、地点、方式、对象等。

In group one, the adverbial is in front of the main verb of the sentence, following the subject. The parts of speech that can make up this adverbial are time nouns, "在+处所(place)", prepositional phrases, adverbs and numeral-classifiers. They can explain the time, place, manner and object of the action.

第二组里，状语都在句子的前面。可以做这些状语的主要是一些介词短语、时间短语（如："……的时候"）。

In group two, the adverbial is in the front of the sentence. These adverbials can be made up of a few prepositional phrases and time phrases (such as "……的时候").

Practice One

一 给下面的句子添加状语
Provide adverbials for the sentences below

1. 我（　　　）研究了一个星期。
2. 他（　　　）去了。

二 找出句子里的状语，并翻译成汉语
Locate the adverbials in the sentences below, and translate them into Chinese

1. "I never did, either." said Carrie merrily, her face flushed with delight.
2. She came towards me so quickly that she knocked a chair over.
3. Mark looked at him in anguish.
4. He expounded his views on the subject to me at great length.
5. The government is divided on this issue.

12.2 介词短语状语与"地"
Prepositional phrase adverbials and "地"

看一看，想一想：下面这些句子里的状语是什么词？
Take a look, think about it: What part of speech are the adverbials in the sentences below?

（1）他<u>对我</u>笑了。
（2）你<u>向东</u>走。
（3）我<u>给妈妈</u>打电话。
（4）我们<u>用汉语</u>聊天。

（5）我们为健康友谊干杯！
（6）他们在工作中互相帮助。
（7）孩子们按照老师的要求做作业。
（8）他沿着河边散步。

状语是介词短语时，不加"地"。
When the adverbial is a prepositional phrase, "地" is not used.

翻译　Translate

1. My mom said I should send you a thank-you letter for the picture you sent me.
2. He is an intelligent boy, but he is very unsure of himself.
3. Lisa waved to a visitor.
4. According to the best available information, the facts are these.
5. Don't worry. We'll have you out of here double-quick.

12.3 形容词状语与"地" Adjectival adverbials and "地"

看一看，想一想：下面两组句子里的状语是什么词？它们有什么不同？
Take a look, think about it: What part of speech are the adverbials in the sentences below? What's different about them?

第一组 Group 1

（1）快跑，快跑！老虎来了。
（2）你傻笑什么？
（3）您慢走。
（4）他大哭起来。

第二组 Group 2

（5）他开心地看着我，说："真的？你想好啦？"
（6）他客客气气地点了点头。

（7）他慢慢地站起来，一句话也没说就走了。

（8）我津津有味（jīnjīn-yǒuwèi / eat with appetite）地吃着，感到很满足。

（9）他莫名其妙（mò míng qí miào / be in a fog）地看着我，样子很好笑。

两组里的状语都是形容词。第一组是单音节形容词做状语，不加"地"。第二组是双音节形容词或形容词短语做状语，一般要加"地"。例（8）、例（9）里的"津津有味""莫名其妙"是成语，这些成语像形容词一样，做状语时一般也要带"地"。

The adverbials in the two groups are all composed of adjectives. The first group are monosyllabic adjectives acting as adverbials and "地" is omitted. "地" is generally added to the second group of disyllabic adjectives or adjective phrases acting as adverbials. In examples (8) and (9), "津津有味" and "莫名其妙" are idioms. Like adjectives, idioms acting as adverbials usually carry "地".

注意 NOTE

1. 单音节形容词大都不能自由地做状语，只有很少几个词语可以。如：

Monosyllabic adjectives usually cannot freely act as adverbials. There are only a few words that can, as follows：

多　少　早　晚　快　慢　难　真　全

2. 常常做状语的双音节形容词，后面可以不带"地"做状语，它们大多是书面语词汇。如：

Among those disyllabic adjectives that frequently act as adverbials and "地" is not added to them, the majority are written (formal) Chinese terms. For example：

经常、特别、正式、一致、普遍、积极、公开、直接、完全、充分、彻底、努力、刻苦、认真、仔细、细心……

口语里经常做状语的双音节形容词比较少。如：

In oral Chinese, disyllabic adjectives that serve as adverbials are much rarer. They include：

一般、勉强、老实、大胆、大声、小声……

不带"地"做状语的形容词，绝大多数是表示时间、数量、频度、程度、范围或方式的词。

Most adjectives that act as adverbials and are not followed by 地 indicate the time, amount, frequency, degree, scope or manner of the actions which they modify.

3. 形容词做状语多用重叠形式，特别是"热闹、普通、凉快、平坦、稳当"一类形容词，只有重叠后才能做状语。如：

Many of the adjectives that act as adverbials use the reduplication forms, especially "热闹，普通，凉快，平坦，稳当". Only after they are reduplicated can they act as adverbials. For example：

（1）孩子们安安静静地坐着看书。
（2）我们痛痛快快地玩儿了一天。
（3）他圆圆地画了一个圈儿。
（4）我们热热闹闹儿地玩儿了一个晚上。

4. 形容词做状语时，前面常常加程度副词。如：

When adjectives act as adverbials, there is often added to the front an adverb of degree. For example：

（5）他们很开心地聊了一会儿天儿。
（6）他非常痛快地答应了。

汉语里常见的程度副词有以下一些：

Some of the more commonly-seen adverbs of degree in Chinese are below:

口语 Colloquial	通用语 Interchangeable	书面语 Formal
好	多 \ 多么 \ 太 \ 真	何等
挺 \ 怪	很 \ 非常	颇 \ 十分 \ 万分 \ 极度 \ 分外
顶	最	
有点儿 \ 有一些	不大 \ 比较 \ 还 \ 稍微 \ 略微	较 \ 稍
极		极其
	更	更加 \ 格外
	太	过 \ 过于
	尤其	

我们使用形容词与程度副词的时候，要注意语体的问题，不能把口语形容词和书面语程度副词一起使用。如："*颇棒！*万分牛！"

When using adjectives and degree adverbs, special attention must be paid to style. Using colloquial adjectives and formal degree adverbs together in the same sentence must be avoided. For example: "*颇棒！*万分牛！(*means wrong)"

另外，下面这样的形容词不能受程度副词修饰。

Additionally, the adjectives listed below cannot receive the modification of adverbs of degree.

AB式：雪白　碧绿　天蓝　笔直　血红　冰凉　漆黑
　　　(它们的意思是"像A一样B"。Their meanings are "as B as A".)
ACC式：绿油油　傻乎乎　香喷喷　亮晶晶　暖洋洋　乱哄哄
　　　红通通　孤零零　软绵绵　甜丝丝　静悄悄

一　翻译　Translate

1. Quickly! They are everywhere!
2. I quickly ran back to the nurse's office.
3. What caused us to rethink this so quickly?
4. They will courageously and happily take up their tasks.
5. Her eyes twinkled (眨) with joy.
6. Lisa waved happily to a visitor.

二　判断并改错　True or false

1. 妈妈很轻轻地给孩子盖好被子。
2. 从那里你可以遥遥远远地看一棵树、一棵草。
3. 他一个人很孤零零（gūlínglíng / lonely）地坐着。
4. 他高兴高兴地跑进来。
5. 孩子们聚精会神听老师讲故事。
6. 蜘蛛（zhīzhū / spider）掉到地上快跑走了。

12.4 数量词状语与"地"
Numeral-classifier adverbials and "地"

看一看，想一想：下面这些句子里的状语有什么特点？
Take a look, think about it: What's special about the adverbials in the sentences below?

(1) 他<u>一步（一）步</u>地走上来。
(2) 她<u>一件（一）件</u>地试穿，足足试了半个小时。
(3) 孩子把肥皂泡（féizàopào / soap bubble）<u>一个（一）个</u>地吹破了，开心地笑着。
(4) 他疯狂地写作，<u>一部（一）部</u>地写。可是，没有剧院愿意演出他的歌剧。
(5) 他<u>一个字一个字</u>地说："就是这样，不能改变。"
(6) 时间<u>一个小时一个小时</u>地过去了，还是没有她的消息。

这些句子里的状语都是数量词的重叠形式。一共有三种。
The adverbials in these sentences are all numeral-classifiers in reduplicated forms. In total there are three types of reduplicated numeral-classifiers acting as adverbials. They are:

一＋量词＋一＋量词＋地＋VP	她把信一封一封地撕掉了。
一＋量词＋量词＋地＋VP	她把信一封封地撕掉了。
一＋量词＋名词＋一＋量词＋名词＋地＋VP	她一封信一封信地撕着，眼泪止不住地流下来。

这三种状语都带有很强的描写性，后面一般要加"地"。
These three kinds of adverbials all have a very strong descriptivism and are usually followed by a "地".

 NOTE

有一部分量词重叠后，可以不加"地"做状语。如：
For some reduplicated classifiers, it is not necessary to add "地" to act as adverbials. For example:

203

（1）祝你年年有今朝，岁岁有今日。
（2）我试了很多次，可是次次都失败了。
（3）祝你步步高升！
（4）他回回下决心，又回回撒谎（sā huǎng / lie），站在妈妈面前，他不敢转过脸来。

一 翻译 Translate

1. They first try to get a clear understanding of the problems and then solve them one by one.
2. If we deal with it step by step and in earnest, we will certainly succeed in the end.
3. It has become better off year by year.
4. we drove from house to house, knocking on doors, ready to begin our missions.

二 根据句子的意思，用"一+量词+（一）量词+地+动词"的形式改写句子

Based on the meaning of the sentence, use the form "一 + classifier + (一) classifier + 地 + verb" to rewrite the sentence

例：他今天心情不好，不停地喝酒，喝完一杯又喝一杯。
→ 他今天心情不好，一杯一杯地喝酒。

1. 他太喜欢这本书了，看完一遍又看一遍。
2. 他很喜欢看小说，看完一本又一本。
3. 人们的生活水平好起来了，一天比一天好。
4. 他很细心地照顾她，给她喂饭。喂完一勺接着再喂一勺，直到她吃饱了。
5. 走路就是要这样，走完一步再走一步。

12.5 副词状语与"地" Adverb as adverbial and "地"

汉语里的副词都可以做状语,而且一般不加"地"。

In Chinese, adverbs can all act as adverbials. It is also usually not necessary to add "地" to adverbs when they act as adverbials.

副词,根据它们的意思,主要可以分成下面几类。

Adverbs, based on their meanings, can be divided into the following types:

- 关联副词 Conjunctive adverb:才、就、也
- 语气副词 Modal adverb:却、倒、毕竟、偏偏、竟然、也许、幸亏、到底
- 时间副词 Time adverb:常常、已经、从来、终于、马上、忽然、永远、刚
- 总括副词 Inclusive adverb:都、一共、统统
- 限定副词 Exclusive adverb:就、光、仅仅、只、才
- 程度副词 Adverb of degree:很、非常、太、最、稍微
- 否定副词 Negative adverb:不、没(有)、别
- 协同副词 Cooperative adverb:一起、一块儿、一齐、一同
- 重复副词 Frequency adverbs:又、再、重新、还、反复
- 方式副词 Manner adverbs:渐渐、逐个、偷偷、暗暗、悄悄、特意、白白、分别、白、亲自

方式副词做状语的时候,有的可以加"地",有的不能加"地"。如:

When manner adverbs act as adverbials, sometimes "地" is added, sometimes "地" is not added. For example:

(1)雨<u>渐渐(地)</u>小了。
(2)他<u>偷偷(地)</u>溜走了。
(3)父亲今天<u>亲自</u>下厨房做菜给我吃。

我们在学习方式副词的时候,可以一个一个地记住它们的用法。如:

When we learn manner adverbs, we can study their usage one by one. For example:

渐渐、逐个、偷偷、暗暗、悄悄、特意、白白+(地)+V、
分别、白、亲自+V

12.6 多项状语的顺序 Word order of multiple adverbials

如果句子中有多个状语,状语的排列顺序一般遵循以下几个原则。

If a sentence has multiple adverbials, the ordering of adverbials is usually performed according to the principles below.

1. 看状语的功能类 Consider the function type of the adverbial

排序原则:原因/目的/语气>时间>处所>协同者>描写动作者状态>工具/对象/方式>描写动作,如:

Ordering principle: reason/purpose/mood > time > location > co-participants > describing the state of the actor > tool/object/manner > description of action. For example:

(1)

因工作关系	我	1998年	在那个公司	和他一起	努力地	用英语	工作了一年。
原因 reason		时点 time	处所 location	协同 co-participant	动作者状态 actor's state	工具 tool	

(2)

我	高兴地		给他	打了一个电话。
	动作者状态 actor's state		对象 object	

(3)

他	一个人	慢慢地	走了进来。
		方式 manner	描写动作 description of action

2. 看状语与动词的语义关系

Consider the semantic relationship between the adverbial and the verb

排序原则:状语与动词的语义关系越近,离动词越近。

Ordering principle: The closer the semantic relationship between the adverbial and the verb, the closer to the verb.

实际上,我们看前面的排序原则,也可以发现,原因、时间、处所等,与动作的语义关系最远,所以,它们离动词最远;描写动作的状语与动作的关系最近,所以,它们也离动词最近。

In reality, when we look at the ordering principles above, we can see that the semantic relationship is the furthest between the action and its reason, time, and location, so their distance in the sentence from the verb is the furthest apart. The semantic relationship between the action and the adverbial that describes the action is the closest, thus the adverbial describing the action is closest to the verb in the sentence.

注意 NOTE

1. 如果句子里有两个或两个以上的表示时间的状语，一般是比较具体的状语在前，比较概括的状语在后。如：

If the sentence has two or more adverbials that indicate the time of the action, usually the more specific adverbial is in front, and the more general adverbial follows. For example：

（1）我<u>昨天上午</u> <u>一直</u>在睡懒觉。

（2）<u>小时候</u>她<u>经常</u>去那个公园里玩儿。

2. 如果句子里有两个描写动作者或者动作的状语，一般是比较具体的在前面，比较概括的在后面。如：

If the sentence has two adverbials that describe the actor or the action, the more specific comes first, and the more general later. For example：

（1）他<u>一步一步地</u><u>小心地</u>走着。

（2）他<u>满脸通红地</u><u>紧张地</u>说："我可以跟你一起吃一辈子的饭吗？"

3. 以上这些状语的顺序只是最常见的顺序。实际上，状语在句子里的排序还是比较灵活的，与状语在句子里的作用有关系。如：

The adverbial orders discussed above are only the most common orderings. In reality, the order of adverbials in a sentence is quite flexible, and is related to the function of the adverbial in the sentence. For example：

（1）我<u>在中国</u><u>经常</u>骑自行车。（"在中国"限定一个大的活动范围。"在中国" limits a large activity range.）

（2）我<u>经常</u><u>在操场上</u>骑自行车。（"在操场上"是动作发生的具体处所。"在操场上" is the specific location of the action.）

再如 more examples：

（3）他<u>嗷嗷</u>（áoáo / an onomatopoetic word）<u>地</u><u>在操场上</u>叫着喊着，像疯了一样。

在这个句子里,"嗷嗷地"是最先引起我们关注的特征,所以,可以放在处所状语"在操场上"前面。

In this sentence, "嗷嗷地" is the first feature that invites our attention, so it can be put in front of the adverbial of location "在操场上".

练习五 Practice Five

一 把句子扩展成含多项状语的句子
Expand the sentences to include multiple adverbials

1. 我们（　　　）跑着。（兴高采烈地　在公路上）
2. 晚上，我（　　　）坐着看电视。（和爸爸一起　默默地）
3. "你太累了，别这么拼命地工作，要注意身体。"我（　　　）说。（对阿眉　心疼地）
4. 我忽然有一点儿难过。王眉（　　　）不说话。（默默地　也）
5. 她是决不愿意放弃的！尽管她不能（　　　）告诉你。（明明白白地　用语言　再）
6. 她叹口气，（　　　）装回自己包里。（把书　不情愿地）
7. 我们（　　　）执行（zhíxíng / carry out）任务。（没日没夜地　在海洋中　那五年里）
8. 每天晚上她回去的时候，总是低着头，拉着我的手，（　　　）走。（不言不语地　慢慢地）
9. 我相信，她（　　　）表示感谢的。（向你　一定会　用某种形式　也）
10. 他（　　　）走到海水中去。（急急忙忙地　没有　像别人那样）
11. 她（　　　）进了我的房间。（在深夜三点钟的时候　竟然　偷偷地）

二 翻译　Translate

1. I gladly declare that the second meeting will be held in Petersburg, Russia, in the summer of next year.
2. I used to swim in public pools when I lived in London.

3. Mrs. White is worried about her son, since he spends every night boozing with his friends.
4. The boys "accidentally" came across more problems over the next few days.
5. She silently cursed her own stupidity.
6. Previous to that, we had traveled by train to Paris with them.

12.7 状语与补语 Adverbials and complements

看一看，想一想：两组句子意思有什么不同？
Take a look, think about it: What are the different meanings of the sentences in the two groups?

（1）因为不愿意见他，我**晚**去了一个小时。 （2）我要**晚**去一个小时，你先走吧。	状语 Adverbial
（3）路上堵车，我去**晚**了一个小时。	补语 Complement

状语多表示句子主语的主观的决定或意志；补语多表达客观的情况，句子主语的意愿性相对较弱。

If a sentence has adverbial, the subjective decision or volition of the sentence's subject is emphasized, while complement expresses an objective circumstance, and the subject's will plays a relatively weak role.

特别是状态补语，一般不能用在肯定形式的祈使句、劝说的语境里。如：

Predicative complements cannot be used in affirmative-form imperative sentences or in persuasive contexts. For example：

（4）*学生应该<u>学习得很认真</u>。→学生应该认真学习。
（5）*明天八点有课，你要<u>起床得早一点儿</u>。→明天八点有课，你要早一点起床。

但是，如果是否定句的话，没问题。如：
However, if it is a negative sentence it is not problem. For example：

（6）你**不**应该睡**得这么晚**。早睡早起身体好！
（7）我们**不**必想**得太多**，去了以后看情况再作决定吧。

看一看，想一想：两组句子的意思有什么不同？
Take a look, think about it: What's the difference in meaning between the two groups of sentences?

第一组 Group 1：状语 Adverbials

> 描述动作当时的、暂时的状态或方式。
> Describe an action's current or temporary state or manner.

（1）我们**快**吃，快来不及了。
（2）看你，又摔倒了，你不能**慢点儿**走啊？
（3）你不要到处**乱**写，好不好？

> 描写主语的神情、心理、态度或对主语的评价。
> Describes a look, mind, attitude of a subject, or evaluates a subject.

（4）A：他听到这个消息后什么反应？
　　B：他**开心地**跳起来了。

第二组 Group 2：补语 Complements

> 说明、描写或评价动作以后的状态。
> Describes, explains or evaluates a state after an action.

（1）不能吃得**太快**，吃得**太快**肚子会不舒服的。
（2）A：你为什么不和他一起走？
　　B：他走得**太慢**了，我着急。
（3）A：那是什么字？
　　B：看不清楚。写得**很乱**。
（4）A：听说，他听到这个消息后跳起来了，是吗？
　　B：是啊。他跳起来了，跳得**很开心**。

所以，在"S + 状语 + VP"里，动作是要表达的中心意思，状语则进一步说明动作怎么样。而在"S + V + 得 + 状态补语"里，补语是要表达的中心意思，描写一种状态，动词反而不那么重要了。

So, in the form "S + adverbial + VP", the action expresses the central meaning while the adverbial further explains the state of the action. In the "S + V + 得 +

predicative complement" form, the complement expresses the central meaning of the sentence and describes a kind of state, while the verb is not so important.

结构 Structure	S + 状语（adverbial）+ VP	S + V + 得 + 状态补语（predicative complement）
例句 Examples	他开心地跳起舞来。	他（跳舞）跳得很开心。
功能意义 Function Meaning	做什么（what）	怎么样（how）
	动作当时的状态、方式、S 的神情态度等 the state of the action, manner, attitude/look of the subject	动作以后的状态、结果、评价等 the state after the action, result, evaluation
	VP 是最重要的信息 VP is the most important information	状态补语是最重要的信息，V 甚至可以省略 predicative complements contains the most important information, verb can even be omitted

练习六 Practice Six

一 判断并改错 True or false

1. 年轻的时候，应该看书看得很多。
2. 你的病刚好，一定要休息得好好的。
3. 到山下的时候，我高兴得进了车，开车回家了。
4. 我很快地骑自行车，差点儿撞到人。
5. 我喜欢书法。不过，我觉得写得太难。

二 翻译 Translate

1. How did he answer the questions?
   He answered the questions stupidly.
2. What did he do?
   He answered the questions stupidly.

综合练习
Mixed practice

一、在合适的位置填上"地"
Fill in "地" at the appropriate space

介词词组 (prepositional phrase) + V	数量词重叠 (reduplication of numeral-classifier) + 地 + V
单音节形容词 (monosyllabic adjective) + V	双音节形容词 (disyllabic adjective) + 地 + V
副词 (adverb) + V	方式副词 (manner adverb) + (地) + V

1. "叔叔，昨天我看见过这条军舰（jūnjiàn / warship）。"女孩歪着头骄傲（　　）说。
2. 就是因为这次旅行（　　），我深深（　　）爱上了中国。
3. 我到处（　　）登山临水，不停（　　）往南（　　）走。
4. 他来看我，也大惊小怪（　　）问："你还是无所事事（　　）待着？"
5. 还是一天一天（　　）、一年一年（　　）飞下去。
6. 我已经（　　）不那么神经病似（　　）天天（　　）跑首都机场。
7. "可她确实（　　）是有话对我说呀。"我绝望（　　）大（　　）叫。
8. 他没再说一句话，动也不动（　　）坐着，脸白得像张纸。
9. 当她开始仔细（　　）打量我们的船，并高兴（　　）叫起来时——她看见了我。
10. 她一阵风似（　　）跑出去。
11. 我接过她递给我的杯子，一边喝水一边往窗子下面（　　）看，看到那姑娘和一个个子很高的飞行员（　　）从院子里（　　）走过。
12. "咱们别开这种玩笑好不好？"我连忙（　　）打断她。

13. 有一天晚上，她没来。我不停（　　）往她办公室打电话，五分钟一个。

14. 春节期间（　　）飞机加班很多，她常常（　　）到夜里十二点才（　　）回宿舍，第二天一大早（　　）又要进机场准备。

二、将定语和状语放在句中合适的位置

Arrange the adverbial and attributive into the appropriate positions in the sentences below

1. 旅游者们下来了（兴奋的　从车上　纷纷）。
   _____。

2. 我看男男女女（用望远镜　那些　神情愉快的）。
   _____。

3. 她透露（tòulù / leak）了秘密（向我　心里的　她）。
   _____。

4. 理想感动了我（纯朴的　女孩　深深地）。
   _____。

5. 他说电视剧（一个　不停地　无聊的）。
   _____。

6. 我受不了日子（吃吃睡睡的　实在　无聊的）。
   _____。

三、参看下面的句子结构，在合适的地方填上"的""地""得"

Using as reference the sentence structures below, at the appropriate space fill in "的","地","得"

> 我最好的朋友　昨天在一家书店顺利地　读　完了　一本有趣的语法　书。
> 定语 attributive　　状语 adverbial　　　　　　补语 complement　　定语 attributive

1. 我充满信任（　　）乘阿眉服务（　　）航班回北京。

2. 一个穿红色连衣裙（　　）女孩清楚（　　）出现在我的视野（shìyě / visual field）中。

3. "别像个傻子似（　　）看我。"我拍着他（　　）肩膀乐呵呵（　　）说，"待会儿尝尝我（　　）手艺。"

4. 站在我身旁（　　）一个老头一边从扶手（fúshǒu / handrail）上抽回自己瘦瘦（　　）手，一边抱歉（　　）对阿眉说："这是我（　　）手。"

5. "你知道我现在（　　）最大（　　）愿望是什么？"
   "什么？"
   "临死前（　　），最后一眼（　　）看到（　　）是你。"
   "小傻瓜，那时（　　）我早（　　）老了，老（　　）不成样子。那时，也许（　　）你想看（　　）是孩子。"

6. 开头那几个月（　　）我做（　　）太好了，好（　　）过了头，简直可以说惯坏了她。我天天（　　）待在首都机场，只要是她们（　　）飞机落地（luòdì / land），我总要（　　）急急忙忙（　　）跑过去问："阿眉来了吗？"

四、找出下列句子里的定语、状语和补语
Locate the attributives, adverbials and complements in the sentences below

1. 今天中午我亲眼看见他慌慌张张地把一张纸藏了起来。

2. 到时候，我会当着你们大家的面，坦率（tǎnshuài / frank）地告诉你们我这几天决定的事儿。

3. 我们就这样安排：你们明天上午十一点在树林里麦地（màidì / wheat field）后面左边的那棵大树旁边跟我见面。我会骑马过去。你们把一切准备好。

4. 为了使自己对自己有信心，他至少需要从自己身边的一个人身上得到那种看得见、摸得着、感觉得到的爱。

五、给下面的句子添加定语、状语和补语
Add attributives, adverbials and complements to the sentences below

1. 学生去机场
2. 朋友吃……

六、趣味阅读　Amusing Reading

要求：注意定语、状语和补语
Directions: Pay attention to attributives, adverbials, and complements

地毯（dìtǎn / carpet）的那一端

刚认识你的那年才十七岁，一个多么容易犯错的年纪！但是，我知道，我没有错。我生命中再没有一个决定比这个更正确了。前天，大伙儿一块儿吃饭，你笑着说："我这个笨人，我这辈子只做了一件聪明的事。"你没有再说下去，妹妹却拍起手来，说："我知道了！"啊，德，我能够快乐地说，我也知道。因为你做的那件聪明事，我也做了。

那时候，大学生活刚刚开始。台北的寒风让我每日想念南部的家。那些日子真是冷极了。而这时候，你来了，你那种不求回报（bù qiú huíbào / without taking）的友谊四面环绕（huánrào / surround）着我，让我的心遇到了最温柔的阳光。

我没有哥哥，从小我也没有和男孩子同过学。但和你交往却是那样自然，和你谈话又是那样舒服。有时候，我想，如果我是男孩子该多么好啊！我们可以一起去爬山，去划船。好几年以后，我把这些想法告诉你，你微笑地注视（zhùshì / look attentively）着我，说："那，我可不愿意，如果你真想做男孩子，我就做女孩。"现在，德，我没有变成男孩子，但我们可以一起去做山和湖的梦，因为，我们将有更亲密的关系了。啊，想象中终生相爱该是多么美好！

每逢没有课的下午我总是留在小楼上，弹弹钢琴，把一本琴谱（qínpǔ /

music score）都快翻烂（làn / mashed）了。有一天你对我说："我常在楼下听你弹琴。你好像常弹那首甜蜜的家庭。怎么？在想家吗？"我很感激你的偷听，只有你了解、关心我的心情。德，那个时候，当你独自听着的时候，你想些什么呢？你想到有一天我们会组织一个家庭吗？你想到我们要用一生的时间用心灵的手指合奏（hézòu / play together）这首歌吗？

寒假过后，你把那本泰戈尔（Tagore）诗集还给我。你指着其中一行请我看："如果你不能爱我，就请原谅我的痛苦吧！"我于是知道发生什么事了：我不希望这件事发生，我真的不希望。并非由于我厌恶（yànwù / dislike）你，而是因为我太珍重（zhēnzhòng / value）这份纯洁（chúnjié / pure）的友谊，反倒不希望有爱情去加深它的色彩。但我却喜欢和你继续交往。你总是给我一种安全的感觉。从开始起，我就付给你全部的信任。

你那些小小的关怀常令我感动。每次打扫教室，你总强迫（qiǎngpò / force）我放下扫帚（sàozhou / broom），我便只好远远地站在教室的门口，等你扫好了，我就去摆桌椅，并且帮你把它们摆整齐。每次，当我们目光偶然相遇的时候，总感到那样兴奋。记得有一次我提到玛格丽特公主在婚礼中说的一句话："世界上从来没有两个人像我们这样快乐过。"你毫不在意（háo bú zàiyì / not care at all）地说："那是因为他们不认识我们。"我喜欢你的自豪（zìháo / pride），因为我也这样自豪着。

我们终于毕业了，你在掌声中走到台上，代表全系领取毕业证书。我的掌声也夹在众人之中，但我知道你听到了。在那美好的六月清晨，我的眼中含着欣喜（xīnxǐ / joyful）的泪，我感到那样骄傲。

我永远不能忘记那次去划船。回来的时候，忽然起了大风。小船在湖里直打转（dǎzhuàn / spin），你用力摇（yáo / row），累得出了一身汗。

"我们的道路也许就是这样吧！"我望着平静而险恶（xiǎn'è / dangerous）的湖面说，"也许我使你的负担（fùdān / burden）更重了。"

"我不在意，我高兴去搏斗（bódòu / fight）！"你说得那样急切，使我不敢正视（zhèngshì / face squarely）你的目光，"只要你肯在我的船上，晓风，你是我最甜蜜的负荷（fùhè / load）。"

那天我们的船顺利地靠了岸。德,我忘了告诉你,我愿意留在你的船上,我愿意把船长的位置给你。没有人能给我像你给我的安全感。

那天晚上你送我回宿舍,当我们走上那斜斜(xié / slopping)的山坡(shānpō / hillside),你忽然停下来说:"我在地毯的那一端等你!我等着你,晓风,直到你对我完全满意。"

如今,我们的婚礼(hūnlǐ / wedding)就要开始。德,当结婚进行曲响起的时候,父母将挽着我,送我走到你的面前,我愿意在众人面前立下永恒(yǒnghéng / eternal)的誓言(shìyán / oath, pledge)。

德,因为我知道,是谁在地毯的那一端等我。

(张晓风,有改动)

判断对错 True or false:

1. "德"让"我"看泰戈尔的诗,"我"决定和"德"继续交往。
2. "我"很珍重和"德"的纯洁的友谊,所以,"我"不希望这份友谊更深。
3. "我"和"德"在一起,"我"觉得很安全、很快乐。
4. 在那个美好的六月清晨,"我"和"德"毕业了,所以,"我"感到很骄傲。
5. "我"认识"德",是因为"德"是"我"的高中同学。

Part Two

第十三讲　要　会　将 / 220

第十四讲　在　正　呢 / 235

第十五讲　着 / 244

第十六讲　了 / 265

第十七讲　过　来　着　是……的　不　没 / 291

第十八讲　V 起来　V 下去 / 307

第十九讲　动词重叠 / 317

第二十讲　语气助词 / 329

要 会 将

看一看，想一想：下面句子里的"will"意思一样吗？
Take a look, think about it: Is the meaning of "will" in the sentences below all the same?

（1）If you study hard, you'll get good grades.
（2）If you'll study Chinese grammar, I'll study too.
（3）I'll go to store tomorrow.
（4）It will rain tomorrow.

第一个句子里"will"表示预测未来可能的事态，汉语用"会"来表达。
In the first sentence, "will" indicates a prediction of a possible event in the future. In Chinese we use "会" to express this, as in：

如果你努力学习，你会取得好成绩。（预测 prediction）

第二个句子里"will"表示的是一种意愿，汉语用"要"来表达。
In the second sentence, "will" indicates a kind of willingness to do something. In Chinese we use "要" to express this, such as：

如果你要学习汉语语法，我也要学。（意愿 volition）

第三个句子里"will"可以表示意愿，也可以只表示一种将来时（future tense）事件，汉语可以有两种表达。
In the third sentence "will" can express willingness, but it can also be only indicating an event that will occur in the future. In Chinese, there are two ways to express this：

我明天要去商店。（意愿 & 将来 volition & future）
我明天去商店。（将来时 future）

第四个句子里"will"可以表示一种将来时的事件，也可以表示对未来事件的预测。汉语可以有两种表达。

In the fourth sentence, "will" can indicate an event that will occur in the future, and it can also be used to indicate prediction of a future event. In Chinese, we have two ways of expressing this：

明天下雨。（将来 future）

明天会下雨。（预测 prediction）

所以，汉语如果要表示还没有发生的、将来的事情，主要有三种方法：S＋要＋VP，S＋会＋VP，S＋[未来时点词]＋VP。

When we want to express something in Chinese that has not happened yet, but will happen in the future, we have three methods available to us: $\boxed{S＋要＋VP}$, $\boxed{S＋会＋VP}$, $\boxed{S＋[future\ time\ word]＋VP}$.

再比如：More examples:

（1）他明天要去上海。（意愿 willingness）

（2）他明天一定会去上海。（预测 prediction）

（3）他明天去上海，我想让他帮我买一件衣服。（将来 future）

13.1 要

看一看，想一想：下面三组句子里的"要"，有什么不同？

Take a look, think about it: What's the difference between the "要" in the three sentences below?

第一组 Group 1

（1）我负担（fùdān / burden）重呀，我要努力工作，多挣钱（zhèng qián / earn money）。

（2）她小心地看看我，说："我以后要少进城，少来你家。"

（3）你别这样难过好不好，明天你不是还要来吗？

（4）她来的时候，正好我要去看电影。问她去不去，她自然也要去。

第二组 Group 2

（5）她们的航班（hángbān / flight）刚从广州来，又要去上海，不能来北京看我。

（6）这期间飞机加班很多，她常常到夜里十二点才回宿舍，第二天一大早又要准备起飞。

（7）根据安排，她下个月就要去上海，所以最近工作比较忙，比较累。

第三组 Group 3

（8）国庆节要到了，电视台、报纸每天都有很多报道。

（9）要开演了，演员们跑出来，小王也跑走了。

（10）那我们就要失业啦，到时候怎么办？

（11）他快要结婚了，不再跟我们一起去夜店玩儿了。

这三组句子表示的都是将来要发生的事情。但是，第一组里的将来行为是由主语的主观意愿决定的，第二组里的将来行为是由客观情况决定的，不一定是主语的主观意愿。第三组句子里的将来行为是用"要……了""快要……了""就要……了"表示的，它们表示一种近将来时（immediate future）。

These three groups of sentences all indicate an event that will occur in the future. However, the future behavior in the first group is a subjective decision made by the subject of the sentence. The future behavior in the second group is determined by objective circumstances, and not necessarily the will of the subject. The forms used to express the future behaviors in the third group of sentences, "要……了""快要……了""就要……了" represent events taking place in the immediate future.

有时候，"要"还可以跟"正"一起用。如：

Sometimes "要" can be used together with "正". For example:

（12）我告诉她5元钱，她却给了我10元钱，我正要找钱给她，她笑着说不用找了。

（13）她正要说话，突然听见远处有人喊她，她转过身，见是她的朋友。

（14）办完退房手续（shǒuxù / procedure）时，我正要离开旅馆，忽然想起了昨天晚上看到的事，于是便问服务台小姐。

"要"还有其他的一些用法，其中有两个用法，我们也学习一下：一是表示对某种情况做出判断或者估计，一般用在比较的句子里。如：

There are a few other uses of "要" including two more that we will learn here. The first is performing an evaluation or estimate of a certain situation. This is usually used in sentences of comparison. For example:

（1）那时候当然**要**比现在好。
（2）我说："反正，这些菜比那些海鲜**要**好吃得多。"
（3）他比同龄孩子差不多**要**早一个月学会走路、说话、穿衣服和用勺子吃饭。
（4）他一直认为儿子和母亲的关系**要**比和父亲的关系亲密一些。

二是表示要求、命令或者禁止别人做某个行为。如：

The second indicates a request, order, or a prohibition halting other people from performing a certain behavior. For example:

（5）你太累了，别这么拼命地工作，**要**注意身体。
（6）你不**要**自卑（zìbēi / self-abased）嘛，实际上你挺棒的。

一 读一读下面的句子，根据"要"的意思，把句子分成五类

Read the sentences below, and classify the sentences into five types according to the different meanings of "要"

主语的主观意愿决定的将来行为	
客观情况决定的将来行为	
近将来时事件	
主观判断或估计	
要求、命令或禁止	

（1）我正要继续说服他，看到石红进来，就改了主意。
（2）吃完饭要走时，在门口窗边坐着的一个人招手叫米兰过去。

（3）你别逗（dòu / amuse）我了，我肚子都要笑疼了。

（4）天冷了，下午要把花都搬进屋里来了。

（5）我说不来吧！你偏要来。都六十多岁的人了，还花这个钱干什么？

（6）现在，你绝对要听他们的。等以后有机会了，你再自己干嘛。

（7）那时候我就像那个"十八岁的哥哥"，绝对要比现在帅多了。

（8）运动会马上就要到了，大家这周都要开始锻炼。

（9）我们要尊重孩子们的感情，决不要强迫（qiǎngpò / force）他们做什么说什么写什么。

（10）看见这些，她心里一阵发热，几乎要哭了。

（11）这时候的她，几乎要比他高半个脑袋。

（12）那个孩子确实可爱，我快要嫉妒（jìdù / jealous）死了，我说："我本来应该比你先当爸爸，老关。"

二 翻译　Translate

1. I thought you might like to read the letter.
2. If you're not satisfied with the life you're living, don't just complain. Do something about it.
3. Do not wait for good things to happen to you. You need to walk towards happiness.
4. I feel that they are going to succeed.
5. He announced he was leaving school.
6. Tell her I'll call her back later, I'm running late again.
7. At school, a girl may tower over most boys her age.
8. They will be slightly more expensive but they last a lot longer.
9. He said he might not be back until tonight.
10. He is leaving for Xinjiang in a fewdays.
11. I was on the point of going to bed when you rang.
12. He was on the point of saying something when the phone rang.
13. She was standing by a pool, about to dive in.

13.2 会

看一看，想一想：下面三组句子，有什么不同？
Take a look, think about it: What's different about the three groups of sentences below?

第一组 Group 1

（1）我们俩将来一定**会**幸福。
（2）我可说不准，等你老了，他十之八九**会**去找别人。

第二组 Group 2

（3）如果她知道了这件事，她一定**会**伤心死的，好在她不知道。
（4）我要是真想骗（piàn / cheat）您，就不**会**找这个借口（excuse）了。
（5）很显然，她喜欢上你了，否则不**会**请你去吃饭。
（6）要是你这些优越（yōuyuè / superior）条件都没了，他还**会**跟你好吗？

第三组 Group 3

（7）以前妻子都**会**在晚饭后送他回来，或者让他自己回来。
（8）我相信这是一种人性的弱点（ruòdiǎn / weakness）：有钱了，人就**会**变坏。
（9）上海南京那边儿，一到五六月就**会**下雨。
（10）人都**会**死的，所以，我不怕死，但是我怕活得没有意义。

第一组句子，是对将来事态做出预测。第二组句子是虚拟预测，就是对某一个假设条件下可能发生的事件做出预测。第三组句子，是对某个规律性事件做出预测。

The first group of sentences all make predictions about future events. The sentences in the second group make a hypothetical prediction about a possible event that could happen under a certain set of conditions. The third set of sentences make predictions about a routine event or situation.

 NOTE

在对规律性事件做出预测时，"要"与"会"有时候可以互换。如：
When making a prediction about a routine event, "要" and "会" can be used

interchangeable. For example:

（1）每当看到这类女孩，他心里总**要/会**有一种感动，好像听到一首熟悉的旧歌或者看到一张老朋友的旧照片。

（2）这样的话，随便一个老太太一天都**要/会**说上好几遍，所以，我也没在意。

（3）阿眉和你关系好的时候，有时从你那儿回来，也**要/会**生一会儿闷气（mènqì / sulk）。

（4）所有工作人员，都**要/会**从这个出口去三楼餐厅吃饭。

但是，需要特别强调意愿意义的时候，最好用"要"。如：

However, when willingness is specifically emphasized, "要" is used. For example:

（5）无论是多么小的一块食物，比如半个苹果，他们也**要**你一口我一口地互相喂（wèi / feed）。

（6）我这人轻易（qīngyì / readily）不说别人好，往往大家说好的时候，我还偏**要**"鸡蛋里挑骨头"（jīdàn li tiāo gǔtou / be picky; to look for a flaw which doesn't exist）。

翻译 Translate

1. The doctor will see you again next week. Meanwhile, you must rest as much as possible.
2. If we ever get married, we'll have one terrific wedding.
3. My father would go nuts if he saw bruises on me face.
4. When Colonel Harper found out, he would get angry.
5. I have $1000000 hidden away where no one will ever find it.
6. If you love life, life will love you back.
7. I tend to get very uptight during a match.
8. He had always had difficulty leaving questions unanswered.
9. A good British breakfast always includes sausages.
10. But for the rain, we should have had a pleasant journey.
11. I'd invite you to come with me, only it's such a long way.
12. Let's keep to the subject, or you'll get me too confused.

13.3 将

13.3.1 将（要）

在书面语里，我们也可以用"将"来表达一个将来时事件。如：
In written Chinese, we can also use "将" to express an event that will occur in the future. For example:

（1）为了鼓励大家积极参加体育运动，下个月学校**将**举办春季大学生篮球比赛，希望有兴趣的留学生朋友积极参加。

（2）按照事先约定的时间，他**将**在5月16日下午2：30接受美国《新闻周刊》的采访。

（3）全球"体育迷"关心的2002年冬季奥运会，**将**在美国犹他州的盐湖城举行。

（4）我走过一家家商店，什么都看，什么都不买。一直走到江边码头（mǎtóu / dock），登（dēng / ascend）上一艘客轮（kèlún / passenger liner）。这艘客轮夜里**将**开往日本。

（5）刘英知道，从这一刻起，她已成为一个张家庄人，今后她**将**一直生活在这个山青水秀的小村庄了。

用"将"的这些句子，往往都是表达根据计划、日程安排等要发生的将来事件，多含有一定发生的意义。而且它也可以说成"将要"。
These sentences use "将" to predict a previously planned or scheduled event which will happen in the future, implying a definitiveness about it taking place. "将要" can be used in the same way.

翻译 Translate

1. We'll go to a meeting in Birmingham and come straight back.
2. The Foreign Minister is to visit China.
3. It's almost a foregone conclusion that you'll get what you want.
4. He would have to accept it; there was no other way.
5. He'll be visiting four cities including Shanghai in China.
6. Some of the people already in work will lose their jobs.
7. We are going to remove into a new house.
8. He is curious as to what we are going to do.

13.3.2 即将 行将

在书面语里，近将来时也可以用"即将""行将"表达。如：

In written Chinese, "即将, 行将" can be used to express immediately occurring events or events that will occur in the near future. For example:

（1）一个热闹的时代**行将**过去。

（2）谢家东**即将**出国参加学术会议，她已跟谢家东说好，让他留在国外读书。

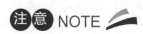

如果"将 + V"是"1 + 1"的韵律模式，"将"不可以换成"行将、即将"。如：

If a "1 + 1 (monosyllabic word + monosyllabic word)" prosodic structure is used for "将 + V", "将" cannot be replaced with "行将, 即将". For example:

（1）火车**将停**时，所有的旅客都向车门移动。

（2）人之**将死**，其言也善。

翻译 Translate

1. The President is about to wind up his visit to Somalia.
2. He must have been aware that my parents' marriage was breaking up.
3. And all the time next spring's elections are drawing closer.
4. The era of China's enthusiastic learning from the West is clearly waning.
5. Nobody really worry about what is going to happen.
6. The critical patient is dying and we can do nothing about it.

13.3.3 将（会）

在书面语里，如果要表示对某个还没发生的事件进行预测，也可以用"将"。如：

In written Chinese, if you wish to express a prediction made about something that has not yet happened, "将" can also be used. For example:

（1）那**将**是天大的不幸，**将**是真正的悲剧（bēijù / tragedy），**将会**带来严重的后果。

（2）这三个多月的生活，对她**将会**留下怎样的影响，她不知道。

（3）如果让他到这里来，**将会**更加危险，我们将更加被动。

（4）这个美妙的年龄，**将会**给我们以后留下多少美好的回忆啊！

（5）是啊，如果她没有这么聪明，**将会**发生什么事儿啊！

这些句子里的"将"，也可以说成"将会"，意思是"一定会"，多表达说话人对将来事件的一种很高程度的预测。

"将会" can also be used in these sentences instead of "将". "将" and "将会" denotes something that will definitely happen, expressing that the speaker has a very high degree of certainty when making the predictive statement.

翻译 Translate

1. I know I shall feel forever in her debt.
2. There'll be ample opportunity to relax, swim and soak up some sun.
3. He couldn't help worrying about what would happen.
4. If the job's that good, you'll have stacks of money.
5. I realized how hard life was going to be for me hereafter.
6. It's shaping up to be a terrible winter.
7. Tomorrow, he knew, would be a rough day.

13.4 S + [未来时点词] + VP

我们也可以只用"S + [未来时点词] + VP"的句型来表达将来时事件。如果上下文语境很清楚的话,时点词也可以不说。如:

We can also simply use the S + [future time word] + VP form when expressing a future event. If the context is clear enough, then the future time word is not even necessary. For example:

(1)她打算后天离开。
(2)我知道一家很不错的餐厅,下周我们去那里吃午饭。
(3)如果一切顺利,他明天就从法国回来了。
(4)别担心,他回来的时候,我去接他。

翻译 Translate

1. They are planning on a trip to Guyana next month.
2. China enters a new five-year plan period next year.
3. But it'll expire two months later.
4. The new students will enter school the day after tomorrow.
5. I shall come to see you the night after next.
6. We'll get together next week, OK?
7. We break up next week.
8. I will finish my dissertation next week at the earliest.

综合练习
Mixed practice

一、选词填空 Choose the appropriate word to fill in the blank

> 会　　要　　将

1. 现在觉得是天大的事，过个几十年回头看看，你就（　　）觉得无足轻重（wúzúqīngzhòng / be of little importance）了。
2. 她好像（　　）立刻走过来，对我说一句很重要的话。
3. 如果IBM公司和苹果公司联合起来，（　　）会有什么效果呢？
4. 她下个月就（　　）去杭州出差，所以最近我们见面的次数比较多。
5. 偶尔他们对某个人某件事的看法也（　　）不同，但更多的是一个人听另一个人的。
6. 他脾气不好，你说话（　　）小心，弄不好他（　　）和你吵架的。
7. 今年的冬天比往年都（　　）暖和一些，奇怪。
8. 如果你一直这样浪费时间，你（　　）一事无成（yīshìwúchéng / achieve nothing）。

二、判断并改错　True or false

1. 要是我跟他一起去，我知道他让我喝酒。

2. 我要跟中国人合租房子，这样我要每天有机会说中文。

3. 因为现在我是一个大款，所以，我会买我最想要的帽子。

4. 如果你去一个公园的话,你就看见美丽的风景。

5. 我真的羡慕(xiànmù / admire)你,你一定越来越适应外国的生活。

6. 我要了解中国的情况,也要中国的文化。

7. 马上要放假,我们都在准备行李。

三、趣味阅读　Amusing Reading

我有一个梦想

朋友们,今天我对你们说,虽然我们仍然有各种困难和挫折(cuōzhé / setback),但我仍然有一个梦想。

我梦想有一天,这个国家会站立起来,真正实现她的信仰(xìnyǎng / belief):"人人生而平等。"

我梦想有一天,在佐治亚(Georgia)的红山上,过去奴隶(núlì / slave)的儿子将能够和奴隶主(núlìzhǔ / slave holder)的儿子坐在一起,聊聊兄弟之间的友谊。

我梦想有一天,甚至连密西西比州(state of Mississippi)这个地方,也将变成自由和正义(zhèngyì / justice)的绿洲(lǜzhōu / oasis)。

我梦想有一天,我的四个孩子将在一个不是根据他们的肤色(fūsè / color of skin)来评判(píngpàn / judge)他们的国家生活。

我今天有一个梦想。

我梦想有一天,阿拉巴马州(Alabama)的黑人男孩女孩将能够与白人男孩女孩像兄弟姐妹一样，和平相处，共同进步。

这就是我们的希望。我怀着这种信念（xìnniàn / faith）回到南方。有了这个信念，我们将能从绝望中找到希望。有了这个信念，我们将能把这个国家的争吵声（zhēngchǎo shēng / sounds of quarrelling）变成优美的交响曲（jiāoxiǎngqǔ / symphony）。有了这个信念，我们将能一起工作，一起祈祷（qídǎo / pray），一起斗争，一起坐牢（zuò láo / be in jail），一起维护自由；因为我们知道，有一天，我们将会是自由的。

在自由到来的那一天，上帝的所有儿女们将高唱这支歌："我的祖国，美丽的自由之乡，我为您歌唱……"

如果美国要成为一个伟大的国家，这个梦想必须实现……

当我们让自由之声响起来，让自由之声从每一个大小村庄、每一个州和每一个城市响起来时，我们将能够加速（jiāsù / speed up）这一天的到来。那时，上帝的所有儿女，黑人和白人，犹太人和非犹太人，新教徒和天主教徒，都将手拉着手，合唱一首古老的黑人歌曲："终于自由啦！终于自由啦！感谢全能的上帝，我们终于自由啦！"

回答问题 Answer the questions

你知道这个梦想是谁的梦想吗？你觉得现在他的这个梦想实现了吗？

四、作文 Essay writing

（一）请你把下页那篇小文章写完
Please finish writing the essay at the next page

假如我是一只鸟

假如我是一只鸟,我会飞到大海上,看看大海有多么宽广(kuānguǎng / broad)。看呀!那些海豚(hǎitún / dolphin)在向我招手呢!那只大鲸鱼(jīngyú / whale)喷出几米高的水柱,都快把我淋湿了。

假如我是一只鸟,一只快乐的鸟,我要来到河边,跟河伯伯打个招呼,对小鱼弟弟微笑。我还要飞到花园中,对五颜六色的花儿敬个礼,和大树亲密地拥抱(yōngbào / hug)。

假如我是一只鸟儿,我的名字叫"和平信鸽(gē / dove)",我会用一条条友谊的彩带(cǎidài / colored ribbon)把国家联系在一起,永远没有战争,人与人之间像家人一样互相关怀……

如果我真的是一只自由自在的小鸟,那该多好啊!

(二)请你单独写一个作文

Now independently write an essay

题目:假如我是……

要求:使用"会、将、要"

在 正 呢

看一看，想一想：下面的句子用汉语应该怎么说？
Take a look, think about it: How do you use Chinese to say the sentences below?

(1) Why are you watching TV now? Have you finished your homework?
(2) They were studying Chinese grammar when I got there yesterday.
(3) I have been studying Chinese grammar in the past ten years.
(4) He is always watching TV when I get his home.

在这些句子里，动词都是"be + doing"的形式，用汉语来说的话，我们应该用"在 + 动词"。

In these sentences, all the verbs are in the "be+doing" form. When using Chinese, we should use "在+动词", as in:

(1) 你怎么又**在**看电视，作业做完了吗？
(2) 昨天我去的时候，他们**在**学习汉语语法。
(3) 十几年来，我一直都**在**研究汉语语法。
(4) 每次去他的家，他总**在**看电视。

第一个句子，表示在说话的时间点上正在发生的事情；第二个句子表示过去的一个时间点上，正在发生的事情；第三个句子表示在一段时间里，一直发生的事情；第四个句子，表示在规律性的时间点上，正在发生的事情。

In the first sentence, the event is happening just as the speaker is talking. In the second sentence, the event is happening at a certain time in the past. The third sentence expresses that something is continuously happening during a certain period of time. In the fourth sentence, the event occurs at a routine time.

14.1 S + 在 + place + V +（O）

如果句子里还有事情发生的处所信息，我们要用"S + 在 + place + V +（O）"这样的句型。如：

If the sentence also contains information about where the event takes place, we must use the S + 在 + place + V + (O) form. For example:

（1）I am having lunch in the Café now. 我现在**在**餐厅吃午饭。

（2）I was drinking coffee in the Café when he called me. 他给我打电话的时候，我**在**咖啡馆喝咖啡。

（3）I might be talking with my friend online at 10 o'clock tomorrow morning. 明天上午十点的时候，我可能**在**网上跟朋友聊天。

一　用"S +（时点词）+ 在 + V +（O）"和"时点词，S + 在 + place + V +（O）"看图说话
Use the "S +（时点词）+ 在 + V +（O）" and "时点词，S + 在 + place + V +（O）" to talk about the pictures

1.

2.

3.

4.

5.

二 翻译 Translate

1. I am having breakfast. I can't read the paper online.
2. He is playing games online, so he isn't willing to answer the phone.
3. I was attending an art lecture in the library when he called me.

14.2 S + 正在 + V（+ O）

有时候，我们也可以用"S + 正在 + V（+ O）"表示进行中的事情。如：
We can sometimes use the S + 正在 + V（+ O） form to express that an event is currently taking place. For example:

（1）王大夫正在给病人看病，您稍等。
（2）你打电话的时候，我正在洗澡，没听见。

用"正"的时候，我们是为了强调"不早不晚，就在那个时候"。在语境很清楚的情况下，我们也可以只用"正"。如：
When we use "正", we are emphasizing that an event took place "not earlier, nor later, but just at that time". If the context is clear enough, "正" car be used alone. For example:

（3）外面正下雨，你等一会儿再走吧。
（4）我去的时候，玛丽正用汉语和小孩子说话。
（5）她那时正在五楼的窗前看书。

1. 句子里的谓语动词是一个单独的单音节动词时,不能用"正"表示进行。

When the predicate verb of a sentence is an individual monosyllabic verb, "正" can not be used to indicate that an action is in progress.

我去的时候,他正吃饭。
*我去的时候,他正吃。(*means wrong)

2. 因为"正"并不是进行体标记(progressive marker),所以,它除了和"在verb"一起用,也可以跟"想/要verb"一起用。如:

As "正" is not a progressive marker, which can't indicate an action in progression without context, so aside from being used together with "在 verb", it can also be used with "想/要 verb". For example:

(1) 他**正要**出去踢足球,突然下起了大雨。
(2) 哎,你怎么来了?我**正要**给你打电话呢。
(3) 她们**正想**走开,却看见一名警察招手让她们进去。
(4) 他放下书,**正想**转身回去,忽然想到,外面**正**下大雪,天气很冷,那年轻人穿得那样少,怎么行呢?

一 翻译 Translate

1. He's touring South America at this moment.
2. Randall would just now be getting the Sunday paper.
3. I am expecting several important letters, but nothing has arrived.
4. I was trying to quit smoking at the time.
5. "How come we never know what's going on?" he groused (抱怨).

二 选词填空 Choose the appropriate word to fill in the blank

正　　在

1. 我去的时候,他(　　)在看电视。
2. 回头一看,他(　　)要起身离开。

3. 我（　　）要去找你，你就来了。
4. 他们（　　）打算卖掉房子，然后搬到一个小一点的公寓。
5. （　　）说着，忽然听到外面有人敲门。
6. 这几天我一直（　　）想这个问题。
7. 四年前他就开始写论文了，现在还（　　）写，还没写完。
8. A：你（　　）干什么？
　　B：我（　　）给朋友写信。

14.3　S + 一直在 + V (+ O)

看一看，想一想：下面这些句子用汉语怎么说？
Take a look, think about it: How do you say the sentences below in Chinese?

（1）Japanese companies have been pumping out plenty of innovative products.
（2）I've been dieting ever since the birth of my fourth child.
（3）I've been wondering in the past two hours if you have any idea why she came.
（4）She'd been working in her room till a noise had disturbed her.

这些句子表达的是在一段时间里一直在发生的事情，汉语用"一直在 + V + (O)"来表达，答案是：
These few sentences express that an event is continuously happening during a period of time. Chinese uses 一直在 + V + (O) to express this. The sentences above can be said in the following ways:

（1）日本公司一直在生产很多有创意（chuàngyì / innovative）的产品。　　　　　　　　　　　　　　（ S + 一直在 + V ）
（2）生完第四个孩子以后，我一直在减肥。
　　　　　　　　　　　　（ time-when word, S + 一直在 + V ）
（3）在过去的两个小时里，我一直在想你们是不是知道她为什么来了。　　（ time-duration word + 内/里/以来, S + 一直在 + V ）
（4）她一直在房间里工作，直到有噪声（zàoshēng / noise）打扰到她。　　　　　　　　　　　　（ S + 一直在 + place + V ）

练习三 / Practice Three

一 用"S + 一直在 + V (+ O)"看图说话
Use the "S + 一直在 + V (+ O)" form to talk about the pictures below

二 翻译 Translate

1. He has been carrying on education reform for years.
2. Elizabeth had been collecting snails for a school project.
3. We have been frantically trying to save her life.
4. Dan found out that I had been meeting my ex-boyfriend in secret.
5. He and Hannah had been quarrelling in the yard outside his house.

14.4 S + 总在 + V (+ O)

看一看,想一想:下面这些句子用汉语怎么说?
Take a look, think about it: How do you use Chinese to say the sentences below?

(1) They have been praising you all the time.
(2) I found myself constantly pondering the question: "How could anyone do these things?"
(3) You are always interfering in matters you know nothing of.
(4) The speech sounds of all languages are gradually but constantly changing.

这些句子表达的都是规律性发生的事情,汉语用"S + 总在 + V +(O)"表达。如:

These sentences all express an event that occurs routinely. In Chinese the pattern $\boxed{S + 总在 + V + (O)}$ is used. For example:

（1）他们**总在**表扬你。
（2）我发现自己**总在**思考这个问题："怎么会有人做出这样的事情呢？"
（3）你**总在**干涉（gānshè / interfere）你完全不懂的事情。
（4）所有语言的语音**总在**逐渐地不停地变化。

翻译 Translate

1. She knew you were going to have a baby. She must have been eavesdropping on your conversation.
2. I'm always making resolutions, like giving up smoking.
3. Like Archimedes, he was always thinking and always asking the reasons for things.
4. We can't go on like this. We seem to be always arguing.

14.5 S +（正 / 一直 / 总）在 + V +（O）+ 呢

有时候，"在"也可以和"呢"一起用，表示进行中的事情。如：

"在" and "呢" can also sometimes be used together to express an event that is currently in progress. For example:

（1）妈妈，**我在做作业呢**，不能帮你做饭。
（2）他**正在看书呢**，你别打扰他。
（3）我们**一直在讨论问题呢**，咱们改天再聊，好吧？
（4）你不要以为他在偷懒（tōu lǎn / loaf on the job），其实，他**总在**寻找赚钱的机会**呢**。

这些句子，因为有了"呢"，就有了一种特别的意思。即，说话人明确提醒听话人注意某个事实。

The "呢" in these sentences express a kind of special meaning. The speaker is clearly reminding the listener to pay attention to a certain fact.

如果语境清楚，也可以单独用"呢"表示进行中的事情。

If the context is clear, "呢" can be used independently to indicate an event is currently in progress. For example:

A：嘿，你干什么呢？

B：我看《红楼梦》呢。

"S +（正 / 一直 / 总）在 + V +（O）+ 呢"和"S + V +（O）+ 呢"都只能在口语里说。

Both S +（正/一直/总）在 + V +（O）+ 呢 and S + V +（O）+ 呢 can be used only in oral Chinese.

翻译　Translate

1. What were you thinking about? You were miles away.
2. She talks about you behind your back all the time!
3. Peter is playing the piano in his spare time. Don't you know that?
4. Stay for dinner. It's raining outside anyway.
5. No wonder my legs still hurts so bad from last week.
6. He had been planning all along to leave Hungary. That is why he sold his house. Do you see it now?

综合练习
Mixed practice

趣味阅读　Amusing Reading

1. "根本没有，我只是听说，他们这些头头儿这几天一直都在开会，别的什么也不知道。"她说。

2. 他忍住内心的激动，轻轻地推开房门，妹妹在客厅的长沙发上坐着读书，妈妈在打毛衣，爸爸正在欣赏桌子上的画册，一本打开的字典，静静地躺在一边。

3. 她觉得路上的行人都在笑，树上的小鸟都在唱，脚下的自行车也似乎猜透了自己的心思（thought），跑起来一溜风。

4. 昨天，我正在紧张愉快地工作，忽然听到叹气的声音，原来是弟弟在流泪。

5. 他严肃地看了我一眼，那眼神似乎在说："我们正在谈很重要的事，你先走开吧！"

6. 虽然我暂时停止了工作，可是心里老是在想，不能错过这么个好机会，一定要想办法借到设备，解决我们的问题。

7. 时代在前进，观众的耳朵也在变化，所以，歌剧艺术也必须不断创新。

8. 随着时间的推移，我逐渐产生一种感觉：同学们有时候在讨论一些问题时，常在回避（huíbì / avoid）我，好像我这个"小同学"不该知道他们"大人"的秘密一样，这使我很难受。

9. 在一次座谈会（forum）上，他谈了自己的青年时代：谈到了打仗；谈到了在战场（battlefield）上像他一样的年轻人在想些什么；谈到他和他的同龄人都有哪些理想；等等。

10. 你以为你是好人，但是就因为你不生气，你忍耐（tolerant），你退让（give in），所以小贩把你的居住区搞得像个小市场，所以交通乱成一团；就是因为你不说话，不骂人，不表示意见，所以你疼爱的孩子每天吃着、喝着、呼吸着化学毒素（toxin），你还在梦想他大学毕业的那一天！

第十五讲 着

15.1 "在"与"着"

15.1.1 "在"与"着"的意义
The meaning of "在" and "着"

看一看，想一想：下面的两幅图画，用汉语应该怎么说？

Take a look, think about it: How can you use Chinese to talk about the two pictures below?

左边的图画，我们可以说：有个小朋友**在**穿衣服。

Of the picture on the left, we can say: "有个小朋友在穿衣服. (There's a child putting on clothes.)"

右边的图画，我们应该说：有个小朋友穿**着**漂亮的衣服。

Of the picture on the right, we should say: "有个小朋友穿着漂亮的衣服. (There is a child wearing cute clothes.)"

所以，"在 V"一般用来表示动态的进行（dynamic），"V 着"则常常表示静态的持续（stative），多用在描写的语境中。如：

So, "在 V" is usually used to express the taking place of a dynamic event. "V 着" is used to indicate the continuity of a static event, and is often used in a descriptive context. For example:

（1）他静静地坐**着**，一声不响。
（2）她的眼里含**着**泪水。
（3）门太矮了，我们弯**着**腰才能进去。
（4）我多么希望有一个门口。早晨，阳光照在草地上。我们站**着**，扶（fú / hold up）**着**自己的门窗。门很低，但太阳是明亮的。草儿在结（to seed）它的种子，风在摇它的叶子。我们站**着**，不说话，就十分美好。

15.1.2 在 V 着

有时候，"着"可以和"在"一起用。如：
"着" can sometimes be used together with "在". For example:

（1）我总是想，他们一定在看着我，所以后来我很快就离开食堂跑到外面去了。
（2）她站起来，面向大家，但眼睛却一直在看着我。
（3）开车赶到北京，向编辑部传这篇新闻时，我的同事们正在紧张工作着，透过窗户我看到：李伟正在专心地思考，小米、小郭在紧张地写着，老章和小宁还在商量着……看来，又得熬夜了。

在这样的句子里，既强调"动态进行"，又强调"状态持续"。
In this kind of sentence, not only is "dynamic progression" being emphasized, but also "continuity of a state".

在语篇中，当"在 V 着"侧重于表达动态进行时，"着"一般可以不说。如：
When "在V着" occurs in a text with an emphasis on dynamic progression, "着" is usually omitted. For example:

（4）当我回到学校，路过布告栏时，看见许多人在观看（着）什么。
（5）他和方兰来到母亲的房间里，看见母亲一个人在流（着）泪。

当"在 V 着"侧重于状态描述时，"在"一般可以不说。如：
When "在 V 着" emphasizes the description of a state, "在" usually can be

omitted. For example:

（6）我们沉默（chénmò / silent）了一会儿，一切都是静静的，那个警察似乎真是呆住了，不停地把手里的东西翻（fān / turn）来翻去，却（在）呆望着我——莫名其妙（mò míng qí miào / be in a fog）地。

注意 NOTE

1. "着"主要用于描写。因此，在对话中询问别人做什么，不能用"着"。如：

"着" is primarily used for objective description. As a result, during a conversation when the speaker asks what other people are doing, "着" cannot be used. For example:

A：小王在干什么？
B：他在打篮球。
　*他打着篮球。（*means wrong）

2. 以下动词一般不与"着"一起用。

The verbs below are normally not used together with "着".

□ 关系动词 Relative verbs:

是、姓、属于、等于、好像、适合、值得、作为、当作……

□ 心理或生理状态动词 Mental or physical state verbs:

喜欢、知道、懂、明白、害怕、主张、尊敬、失望、嫌弃、认为……

□ 位移动词 Movement verbs:

来、去、到达、离开、前往、过去、上来、下去、出发……

□ 包含结果或内含结果义动词

Verbs that contain or imply a result (achievement verbs):

a. 瞬间动词 Punctual verb：死、塌、垮、断、折（shé）、熄、倒、胜利、失败、停止……

b. 结果动词 Result verb：认识、发现、丢失、毕业、记得、忘记、想起、看见、听见、碰见、遇到、打破、推翻、学会、烧焦、砸烂、切碎、写错、磨好……

一 选词填空 Choose the appropriate word to fill in the blank

正　　在　　着

1. 我激动得不知道说什么好，只是呆呆地看（　　）他。
2. 我去的时候，他（　　）睡懒觉呢。
3. 在火车上，我们一边唱（　　）歌，一边看（　　）外面的风景。
4. 一班的学生（　　）唱歌，二班的学生（　　）跳舞。
5. 我喜欢躺（　　）看书，所以，我的视力很不好。
6. 已经半夜了，他还（　　）看书，真用功。
7. 她戴（　　）一顶白色的帽子，很漂亮。
8. 我们（　　）担心你找不到这里，你就来了。

二 翻译 Translate

1. The child kept her eyes fixed on the wall behind him.
2. She loved him so much: it was a fairytale romance.
3. We were expecting him home again any day.
4. The newspaper job had me doing the same thing day after day.
5. He picked up a pencil and toyed with it idly.
6. She sipped the wine. Everything was hazy now, except for Nick's face.
7. They looked at her as though she was crackers.

15.2　(正) V₁ 着 (O) + V₂ (O)

"着"的使用不是很自由的，往往有很多限制条件。我们主要学习它最常用的几种句型。

The use of "着" is not very flexible, there being many conditions that constrain it's use. Here we will learn the few sentence patterns that "着" is commonly used with.

看一看，想一想：下面句子里都包含着两个动作，这两个动作之间是什么关系？

Take a look, think about it: The sentences below all contain two actions. What is the relationship between these two actions?

(1) 孩子哭着找妈妈。

(2) 他背着书包去了图书馆。

V_1 着（O）+ V_2（O）

(3) 他扶着老人过马路。

(4) 孩子闹着让妈妈给他买玩具。

在这些句子里，第二个动词（V_2）是主要的谓语动词，第一个动作（V_1）则只是一个伴随的状态或者方式。比如，例（1）里，"找妈妈"是"孩子"最主要的活动，"哭"是孩子"找"妈妈的时候，孩子的一种状态。

In these sentences, the second verb (V_2) is the primary predicate verb. The first verb (V_1) is just an accompanying state or manner. For example, in sentence (1), looking for mom (找妈妈) is the child's (孩子) primary activity, while crying (哭) is the state of the child while performing the action of looking for mom.

"V_1 着（O）+ V_2（O）"的前面也可以加"正"。如：

"正" can also be added to the front of the "V_1 着 (O) + V_2(O)" pattern. For example:

（正）V_1 着（O）+ V_2（O）

(5) 我看见这个孩子的时候，他正哭着找妈妈。

(6) 发生车祸（chēhuò / traffic accident）的时候，他正扶着老人过马路。

(7) 孩子正闹着让妈妈买玩具，妈妈很烦。

(8) 我回家的时候，妈妈正唱着歌儿做饭。

练习二 Practice Two

一 翻译 Translate

1. He finished his conversation and stood up, looking straight at me.
2. He was riding on his horse looking for the castle (城堡).
3. Sylvia, camera in hand, asked, "Where do we go first?"
4. He sat listening to the tick of the grandfather clock.
5. "Am I welcome?" He smiled hopefully, leaning on the door.
6. James came out of his bedroom, toweling his wet hair.

二 用 "V₁ 着（O）+V₂（O）" 看图说话
Use the "V₁着（O）+V₂（O）" form to talk about the pictures

1.

2.

3.

4.

15.3 "（正）急着 + V" 与 "（正/在）忙着 + V"

有两个用"着"的特别句式，实际上也是"V₁着（O）+ V₂（O）"的一种用法。我们单独学习一下。如：

There are two special sentence patterns that use "着", which are really another way of using "V₁着(O) + V₂(O)". Let's go over both of them. For example:

（1）我（正）急着赶火车，不能和你多说了，改天聊。
（2）玛丽来了，她急着要见你。你快去吧。
（3）他（正）忙着准备考试，没有时间陪我玩儿。
（4）这两个星期来，我一直（在）忙着找工作，忘了给妈妈打电话。

一 翻译（一） Translate

1. It looks as if the waiter is anxious for us to quickly place our orders.
2. Don't say that in a minute.
3. Don't rush off — I haven't finished.
4. The children were all anxious to see their presents.
5. I'm in no hurry to get back.
6. She whipped the child off to the doctor before I had time to look at him.

二 翻译（二） Translate

1. She busied herself getting towels ready.
2. She is busy dishing out food to the guests.
3. The old lady engaged herself in making clothes for her children.
4. I can't go with you. I'm up to my ears in reports.
5. He moved around the room, putting his possessions together.
6. He was always in the middle of a business transaction.

15.4　S +（正）在 + place + V_1着（O）+ V_2（O）
　　　　S + V_1在 + place + V_2（O）

如果句子里又有活动的处所，又有活动时的伴随状态，有两种句型。

If the sentence details the location of the activity, as well as the accompanying state, two different kinds of sentence patterns are used:

1. S +（正）在 + place + V_1着（O）+ V_2

（1）爷爷在地板上坐着看电视。
（2）我回家的时候，爷爷正在地板上坐着看电视。

2. S +（正）V_1在 + place + V_2（O）

（3）爷爷坐在地板上看电视。
（4）我回家的时候，爷爷正坐在地板上看电视。

一 看图说话 Talk about the pictures

1.

2.

3.

二 翻译 Translate

1. We were sitting on the couch in the living room watching TV.
2. Alot of people stood talking outside the door.
3. Daniel is chewing on his apple leaning back on the sofa.
4. I was happy enough to sleep lazing about on the beach.

15.5 处所 + V 着 + O

看一看，想一想：下面两组句子的意思有什么不同？
Take a look, think about it: How do the two groups of sentences below have different meanings?

第一组 Group 1	第二组 Group 2
（1）墙上贴着一张画。	墙上有一张画。
（2）桌子上写着一些字。	桌子上有一些字。
（3）他的脸上带着愉快的微笑。	他的脸上有愉快的微笑。
（4）他身上穿着一件红色的上衣。	他身上有一件红色的上衣。

看第一组句子，我们不但可以知道"某个地方有什么东西"，而且还可以知道"这个东西是什么状态"。如例（1），我们不但知道"墙上有一张画"，而且知道"画"是"贴着"的，不是"挂着"，也不是"画着"的。

Through looking at the first group of sentences, we can not only know "what things in what place", we can also find out "this thing is in what state." Take sentence (1) for example, we not only know that "the wall has a painting" (墙上有一张画), but we also know that the painting is stuck (贴着) to the wall, not hung "挂着" nor painted (画着) on to the wall.

例（4）"他身上穿着一件红色的上衣"：因为我们都知道"衣服是在身上"，所以，"身上"也可以省略不说，即：他穿着一件红色的上衣。再如：

Example (4) is written "他身上穿着一件红色的上衣". As we all know, clothes are worn on our body, so "身上" can even be omitted, as in "他穿着一件红色的上衣". Further examples:

（5）他（脸上）戴着一副眼镜。
（6）他（手上）戴着一只手表。
（7）他（头上）戴着一顶白帽子。

能用在这个句型里的动词不多，主要有下面一些：

There aren't many verbs that can be used in this sentence pattern. The primary ones are as follows:

站、坐、躺、睡、蹲、跪、挂、放、装、摆、插、写、画、贴、栽、种、养、盛（chéng / fill; hold; contain）、抱、带、端、拿、刻（kè / carve）、穿、戴、涂（tú / spread on; apply）、披（pī / drape over one's shoulders）、系（jì / tie; fasten）……

一 **看图说话** Talk about the pictures

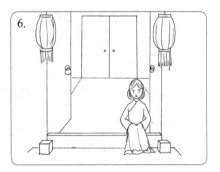

二 **翻译** Translate

1. They also left a card, imprinted with the name Bob.
2. Under the newspaper, lay an envelope.
3. She was a shy, pretty girl with enormous blue eyes.

4. Lucy had strung a banner (横幅) across the wall saying "Welcome Home Daddy".
5. The living room is littered with toys, books and food.
6. I found his jacket, which was hanging up in the hallway.
7. Round her neck was a cross (十字架) on a silver chain.
8. The nurse wore a red cap on her head.

15.6 V_1着V_1着 + V_2

看一看，想一想：下面句子里，画线的部分都包含着两个动作，两个动作之间有什么关系？

Take a look, think about it: In the sentences below, the underlined parts all contain two actions. What is the relationship between these two actions?

（1）这孩子想到再也见不到妈妈，他呜呜地哭了。哭着哭着他睡着了。

（2）他拿起一本书打发时间，读着读着，他觉得非常有意思。于是开始动手把它翻译成英文。

（3）我跟妈妈包饺子，包着包着，就走神了。

（4）就这样，走着走着，前面出现了一块水塘（shuǐtáng / pool）。水塘上面，有非常多的蝴蝶在飞舞……

在这些句子中，后面的动词表示的是最主要的活动，句子的意思是"在V_1动作进行的过程中，V_2动作发生了"。再如：

In these sentences, the second verb indicates the central activity. The meaning of the sentence is "While the action V_1 is being carried out, the action V_2 takes place". More examples:

走着走着，就散了，回忆都淡了；
看着看着，就累了，星光（xīngguāng / starlight）也暗（àn / darken）了；
听着听着，就醒了，开始埋怨（mányuàn / complain）了；
回头发现，你不见了，突然我乱（luàn / be in turmoil）了。（徐志摩）

注意 NOTE

因为 V_2 往往表达一种新情况、新状态的出现,而且这种新情况或新状态往往是出乎意料的。因此,V_2 前常常可以加上"突然、忽然、竟然、不知不觉、不由得、忍不住、不由自主"等词语。

V_2 usually expresses the emergence of a new situation or a new state, and this new state or situation often is unexpected. As a result, preceding V_2 can often be added a "突然, 忽然, 竟然, 不知不觉, 不由得, 忍不住, 不由自主", all words denoting surprise or outside of expectation.

练习六 Practice Six

一 完成句子 Complete the sentences

1. 他得了一种病,不但坐着坐着就睡着了,而且_____ _____也能睡着。

2. 一次,牛顿(Newton)牵着马上山,_____,突然想起了一个问题,便集中注意力思考起来。

3. 这个小城虽然很老,却也有很多时尚的东西,如果你在古老的小巷(xiàng / lane)中散步,_____。

4. 老太太又戴上老花镜,仔细地看丈夫的照片,_____ _____。

5. 当晚我在宿舍看电视,心里却想着白天的事,_____ _____。

6. 她们看见男孩在跑在追在喊在哭,那小姑娘也大声哭起来,小男孩_____,那个小姑娘也一下子跳到河里。

二 翻译 Translate

1. An unnamed man collapsed and died while he was walking near Dundonald.
2. The baby wept itself to sleep.

3. Rhett's voice was interested and soothing and Bonnie's sobs died away.
4. The child ran, tripped and fell down.

15.7 V 着

看一看，下面这些英语句子用汉语怎么说？
Check it out, how do you use Chinese to say the English sentences below?

（1）"Wait there!" she rose. "No, on second thought, follow me."
（2）Listen here, young lady. Don't you call me that!
（3）Stop shouting and listen!

这些句子用汉语应该这样说：
These sentences are spoken in Chinese in the following way:

（1）"在那儿等着！"她站起来，说："不，我改主意了。跟我来。"
（2）你给我听着，小姐。别那样叫我！
（3）别嚷（rǎng / shout）了，听着！

所以，"V 着"可以用在祈使句里，表示"要求听话人保持某种状态"。
So, "V 着" can be used in imperative sentences, "requesting the listener to perform a state".

一 翻译 Translate

1. Listen, if you talk to him or anything, make sure you let us know, will you?
2. The President had his plane waiting 20 minutes' drive away.
3. Go ahead and cry. Don't hold it in.
4. "You'd better keep it." she said, "We'll buy other things.".
5. You keep that. Count it as part of your first week's pay.

二 看图说话 Talk about the pictures

15.8 "着"与"呢"

"着"也可以和"呢"一起用。句子带有"明确提醒听话人注意某个事实"的意思。如：

"着"can also be used together with "呢". When used in this way, it carries the meaning of "explicitly reminding the listener to pay attention to a certain fact". For example:

（1）外面下着雨呢，你别走了。

（2）快走吧，老师等着我们呢。

（3）这些规定（guīdìng / regulation）都在后面印着呢，你应该知道。

（4）东西在我手里握着呢——让他们来吧！

注意 NOTE

"Adj. + 着呢"，意思是"非常 adj."。说话人在"明确提醒听话人注意某个事实"的情况下，可以用这个语法，意思是"我告诉你……非常 adj."。如：

"Adj.+着呢" means "very+adj." When the speaker is "explicitly reminding the listener to pay attention to a certain fact", this grammar pattern can be used to mean "I'm telling you....very adj.". For example:

（1）烦（fán / vexed）着呢，烦着呢，别理我。

（2）人家心里难受着呢，你还说笑话，你应该安慰我。

(3)我睁开眼,说:"困着呢。"

(4)"我当然是,"他白了我一眼,说:"我兴趣广泛(guǎngfàn / wide)着呢!"

一 回答问题 Answer the questions

1. 你的同屋怎么样?听说你不喜欢他。
2. 他们两个人吵架了吗?
3. 在中国学习很轻松吧?

二 翻译 Translate

1. Your jeans are in the wash.
2. Hurry forward there, please — there are people waiting behind you.
3. Say on, we're still listening.
4. August is still an awfully long way away.
5. I don't care whether it rains, I am happy.
6. There's plenty of coffee in the kitchen.
7. Run along now, children, I'm busy.
8. Since the bus didn't leave until noon, Li Meiting was lounging on his bed.

综合练习
Mixed practice

一、改写句子　Rewrite the sentences

1. 我们一边喝咖啡，一边聊天。[V₁着（O）+ V₂（O）]

   _____

2. 你知道吗？我现在非常开心。（adj. 着呢）

   _____

3. 外面下雪，你别走了。（着 + 呢）

   _____

4. 他现在在睡觉，别打扰他。（呢）

   _____

5. 墙上有一张画儿。（处所 + V 着 + O）

   _____

6. 他看电视的时候哭了。（V₁ 着 V₁ 着 + V₂）

   _____

二、选词填空　Choose the appropriate word to fill in the blank

（一）在　正　着

我认识王眉的时候，她十三岁，我二十岁。那时，我（　　）海军服役（fú yì / enlist in the army）；她来姥姥家过暑假。那年夏天，我们载（zài / carry）（　　）海军指挥学校的学员进行了一次远航。到达北方的一个港口

（gǎngkǒu / harbor），我用望远镜看岸边那些愉快的男男女女，看见一个穿（　）红色裙子的女孩。她笑（　）跳（　）叫（　）向我们招手。这个女孩子给我留下的印象非常深刻，第二天她出现在码头（mǎtóu / dock），我一眼就认出了她。

我当时（　）背（　）枪站岗（zhàn gǎng / stand sentry）。她一边沿（　）码头走来，一边看飞翔（xiáng）的海鸥（hǎi'ōu / seagull）。然后，她看见了我。

"叔叔，昨天我看见过这条军舰（jūnjiàn / warship）。"女孩歪（　）头骄傲地说。

"我知道。"我笑（　）看（　）她。

那个夏天真是非常美好。女孩天天来码头上玩儿。

一天傍晚，女孩在我们舰（jiàn / naval vessel）上吃过饭，回家经过堤（dī / bank）上公路。忽然刮起了大风，海水漫上（màn / overflow）了公路。女孩吓坏了，不敢走了。我们在船上远远看到她，舰长对我说："你去帮帮她。"我跑到堤上，一边冲进水里，一边大声喊："紧跟我！"我们在公路上兴高采烈地跑（　）。当踏（tà / step）上干燥（gānzào / dry）的路面时，女孩崇拜（chóngbài / adore）地看（　）我。我那时的确很帅：戴（　）蓝白色的披肩（pījiān / cape），海鸥围绕（　）我上下飞……

后来，暑假结束了，女孩哭（　）回了南方。不久寄来了信。我给她回了信，鼓励她好好学习。我们的通信曾经给了她很大的快乐。她告诉我，因为有个水兵叔叔给她写信，她在班级里还很受羡慕（xiànmù / envy）呢。

（二）在　着　是

（　）火车站的候车室里，右边（　）一扇通往站台的玻璃大门，左边（　）一扇通往站长办公室的小门。候车室的椅子上坐（　）一些旅客，一张桌子的周围也坐（　）一些旅客。他们有的正（　）等从上海开来的快车。旅客中有戴（　）头巾打盹儿（dǎ dǔnr / doze off）的人，也有穿（　）大衣的小商贩（shāngfàn / pedlar），另外，还有一些从大城市来的人。

三、判断并改错 True or false

1. 沿着窗户对面的墙还放在一张床。

2. 我爬着爬着很长时间,才到山顶的时候,我高兴极了。

3. 我喜欢坐着一条清澈(qīngchè / clear)的小溪的边,看着一本书。

4. 一天我在一家饭馆坐看外面的风景。

5. 椅子也一起放在。

6. 房间地上铺一个地毯(tǎn / carpet),窗户关着。

7. 两个女孩儿在秋千坐聊着天儿。

8. 花坛上种几种花。

9. 有的人在坐着沙发上聊天。

10. 你正在说得太快了,我听不懂。

11. 我一直在房间等着等着朋友来接我。

12. 你打着电话开车！太危险了。你急着停车吧。

_____

13. 小孩子们在操场上在踢着足球。

_____

四、看图编故事　Tell a story based on the pictures

要求：Directions：

1. 两张图画可以分别编一个故事，也可以合在一起编一个故事。

Two different stories can be told about each of the pictures, or one story can be told about both of them.

2. 使用"在、着"的语法。

Use the "在, 着" grammar pattern.

时点，S 在 + VO	S + V₁ 着（O）+ V₂(O)
S 在 + place + VO	S + 正（在）+ V₁ 着（O）+ V₂（O）
时点/时量（内/里/以来），S	S + 在 place + V₁ 着（O）+ V₂（O）
一直在 + VO	V₁ 着 V₂ 着，V₂
S 总在 + VO	处所 + V 着 + O

五、趣味阅读　Amusing Reading

zuich 咖啡馆

对大部分巴塞罗那人来说，zuich 不是一家咖啡馆，而是一家剧院。

它的咖啡不是特别好喝，可是它的位置比其他咖啡馆好多了，它在城市中心。在那儿你能看到各种各样的人，各种各样的场面。

它的周围种着香蕉树和海枣树。一些女孩子在晒太阳，不少的人一边听着音乐一边看着报纸。一对夫妻在不引人注目地亲吻。一些男孩子在弹吉他。有的小孩子在笑着跳舞。一群游人正在把那个场面拍摄下来。在他们的旁边，一个小偷在偷偷地看他们……

"范娜莎！"

"谁叫我？"我正要回家的时候，我的一个朋友来了。

"快看着我！我刚买了这件毛衣！20欧元！便宜着呢！"

"你很漂亮。"

"我请你再喝一杯咖啡吧。"

我们谈着谈着又喝了两杯咖啡。

（范娜莎 [西班牙]）

音乐会

我的朋友对萨克斯很感兴趣，常常请我去看他的表演。十天前，他给我发了一条短信，说："今天下午七点左右在圆明园南门，我们有一个表演，你有空的话，一起来听吧。"当然，我急着就去那里玩儿了。

到了以后，乐队正在演奏一些轻缓的爵士音乐。来的人真多啊，有的在乐队前面站着欣赏音乐，有的在长椅上坐着和朋友喝酒聊天儿，服务员都在忙着，一会儿给客人上酒水，一会儿出来收拾桌子，一会儿互相聊聊天儿。

突然，从满天星光中，传来一首优美的曲子：我的朋友正在演奏他最喜欢的萨克斯乐曲。

（斯维 [法国]）

六、作文　Essay writing

请你也描写一个场景吧。
Please describe a setting.

要求 Directions：使用"在、着"。

第十六讲 了

学习"了"的时候,我们首先要注意它在句子里的位置。看下面的句子:

When studying "了" we first must pay attention to its position in the sentence. Take a look at the sentences below:

(1)我也看了一部电影。
(2)见面后,我们就聊了起来。
(3)我们去看电影了。
(4)孩子见到妈妈就哭了。

在第一个句子里,"了"在动词的后面,宾语的前面;第二个句子里,"了"在动词的后面,趋向补语的前面。这两个"了"都在句中,叫作"$了_1$"。

In the first sentence, "了" comes after the verb and in front of the object. In the second sentence, "了" comes after the verb and in front of the directional complement. These two "了s" are all in the middle of the sentence, they are called "$了_1$".

第三个句子和第四个句子里的"了",都在句子的末尾,叫作"$了_2$"。

The "了s" in the third and fourth sentence are all at the end of a sentence and called "$了_2$".

"$了_1$"和"$了_2$"的意思和用法不一样。我们在学习的时候,要特别注意:什么时候用"$了_1$",什么时候用"$了_2$",特别是在语篇里。

The usage and meaning of "$了_1$" and "$了_2$" are different. When studying Chinese, we need to pay careful attention to when to use "$了_1$" and when to use "$了_2$", especially in a discourse.

16.1 "了₁"和"了₂"的意义
The meaning of "了₁" and "了₂"

读一读,想一想:下面的四个句子,意思有什么不同?
Read and think: How does the meaning of the four sentences below differ?

(1) 他的朋友来了,等了很久,还不见牛顿出来,于是就自己先吃了饭,还把吃剩的东西放在牛顿的盘子里,然后悄悄走了。

(2) 他们给了我很多种不同的食物:鸡翅(jīchì / chicken wing)、三明治、饼干、炸薯条等等。这些都很好,但是我喜欢吃的东西不多,因此我吃了很多鸡翅。

(3) 到了中午,他们去吃饭了,我们也去吃午饭,当然不会跟他们一起。

(4) 我向爸爸妈妈打了个招呼,爸爸抬头看我一眼,什么也没说,仍然低头吃饭。妈妈看我一眼,笑了笑,说:"你快来吃饭吧。"也低下头吃饭了。

在例(1)和例(2)里,有"吃了饭""吃了很多鸡翅",说话人使用的都是"了₁"。
In both "吃了饭" and "吃了很多鸡翅" of sentence (1) and (2), the speaker uses "了₁".

在例(3)和例(4)里,都有"吃饭了",说话人使用的是"了₂"。
In sentence (3) and (4) the speaker uses "了₂" in "吃饭了".

虽然"吃饭了""吃了饭""吃了很多鸡翅"都是过去已经发生的事情,但是,它们的意思还有一些不同。
Although "吃饭了", "吃了饭", and "吃了很多鸡翅" are all events that happened in the past, their meanings however are slightly different.

例(1)和例(2)里,"了₁"表达的意思是:"吃饭"和"吃很多鸡翅"这两个动作已经完成了。
In sentences (1) and (2), "了₁" expresses that the two actions "吃饭" and "吃很多鸡翅" have already finished.

但是在例(3)和例(4)里,说话人使用了"了₂",他是把"吃饭"作为一个新的情况进行报告的，强调的是"吃饭"这个事件和其他事件之间的进展关系，不强调"吃饭"这个事件是不是完成。

However, in sentence (3) and (4) the speaker uses "了₂". He reports "吃饭" as a new situation, emphasizing the progressive relationship between the event "吃饭" and other events. Notice that it is not emphasizing the completion of the event "吃饭".

所以，我们在决定把"了"放在句中还是句末的时候，要考虑的问题是：在上下文的语境里，是需要强调动作已经完成，还是强调事件是一个新发生的情况。

So, when we are deciding whether to put "了" in the middle of the sentence or at the end of the sentence, we need to consider the problem of context. In light of the context, we need to decide whether we are emphasizing that the action has already been completed, or are we emphasizing that the event is a newly occurring situation.

如果要强调动作已经完成，就要把"了"放在句中，即使用"了₁"。

If we are emphasizing that the action is already finished, we need to put "了" in the middle of the sentence, using "了₁".

如果要报告一个新的情况或者事件的进展关系，就要把"了"放在句末，即使用"了₂"。

If we want to report a new situation or event that exhibits a progressive relationship, "了" should be put at the end of the sentence, using "了₂".

NOTE

有时候，我们既要强调动作完成，也要强调是一个新情况，那么就要同时使用"了₁"和"了₂"。如：

At times, we both need to emphasize the completion of an action as well as a new situation. In these situations, we may use both "了₁" and "了₂". For example:

（1）我学了三年汉语了。
（2）其实，我们活得也很累，在饭店工作，每天中午却只吃一份3.50元的盒饭，我吃了两年多了。
（3）等了这么多年，终于有了一个自己的家了，当然要好好装修（zhuāngxiū / spruce up）一下。
（4）老李喜欢邻居家的一个女孩子。这个女孩子在老李的眼里很漂亮，他就喜欢上了她了。

练习一 Practice One

根据意思，在合适的位置使用"了"
Based on the meaning, put "了" in the appropriate positions

孩子：妈妈，今天我要吃六个香蕉。
妈妈：好。吃吧。（过了一会儿）你吃（　）几个香蕉（　）？
孩子：吃（　）两个（　）。

（再过一会儿，孩子说吃完了）
妈妈：你吃（　）几个（　）？
孩子：吃（　）四个（　）。

注意 NOTE

我们在学习"了"的时候，一定要注意："了"不是英语的过去时（past tense）标记，因为"了"不但可以用于过去已经发生的事情，而且也可以用于将来的事情和平常的事情。如：

When we are studying "了", we must be aware that "了" is not equivalent to the past tense markers in English. Unlike the past tense markers in English, "了" is not only used for events that have already happened in the past, but can also be used to describe routinely-occurring and future events. For example:

（1）我吃了饭就去图书馆了。（过去的事情 Event in the past）
（2）你先走吧，我吃了饭再去。（将来的事情 Future event）
（3）你再不走，我就走了。（将来的事情 Future event）
（4）他常常吃了饭去散步。（平常的事情 Routine event）

另外，即使是过去的事情，如果我们不需要强调动作已经完成，也不需要强调一个事件是一个新的情况，也不需要强调事件与事件之间的进展关系时，我们也不能使用"了"。如：

Additionally, even if it is an event in the past we can omit "了" if we don't need to emphasize the completion of an action, or the new situation of an event, or a progressive relationship between two events. For example:

（4）星期天的上午，我骑着自行车去外婆（wàipó / maternal grandmother）家，天气很热，……

（5）今天下午，我骑自行车从奶奶家回来，路上经过一个果园。我看到一棵树下面放着几个筐（kuāng / basket），我觉得有点儿好奇，就走过去看，……

在这两个例子里，虽然"我去外婆家""我从奶奶家回来"都是过去发生的事情，但是它们都是在故事的开头部分，主要作用是交代故事发生的时间、地点、人物等信息，所以不需要特别强调动作完成，不能使用"了$_1$"；另外，因为语篇中也不强调这两个事件是其他事件之后所发生的新情况，所以也不必使用"了$_2$"。

In these two sentences, "我去外婆家" and "我从奶奶家回来"are both events that happened in the past. However, these two sentences occur at the beginning of the discourse, and their function is to transmit information about the time, location, and people of the story. Thus it is not necessary to specially emphasize that the action has been finished and "了$_1$" cannot be used. Also, because these two events are not new events following a previous one, there is no need to use "了$_2$," either.

16.2 "了$_2$"的意义和用法
The meaning and usage of "了$_2$"

16.2.1 "了$_2$"用在结构里 Using "了$_2$" in a construction

"了$_2$"可以用在一些结构（construction）里，就是说，只要我们选用这些结构，就必须使用"了$_2$"，我们要记住的是整个结构的意义。这些结构有下面的一些。

"了$_2$" can be used in a few different sentence structures. If we decide to use the following structures, "了$_2$" must be used. We are required to remember the meaning of all the structures listed below.

1. 要是……就好了

（1）要是我每天都能见到她就好了。
（2）要是我们也有这么好的乒乓球运动员就好了。

2. 真是 Adj. 得不能再 Adj. 了：非常 Adj.

（3）你这样想，真是傻得不能再傻了。
（4）苏州太漂亮了，真是美得不能再美了。

3. Adj. 极了 / Adj. 透了 / Adj. 死了 / 太 Adj. 了 / 可 Adj. 了 / x 比 y Adj. 多了

（5）那里的风景可漂亮了。
（6）今天比昨天暖和多了。

4. 要 / 该 + V（O）+ 了

（7）我要结婚了，你以后别来找我。
（8）九点了，我该回去了。

5. "时量词语 + 没 / 不 + V（O）了"：在一段时间内没有或不做某事，而且这种情况是不同以往的新情况。

During a certain period of time something does not happen or is not done, and this is a new situation that is different than in the past.

（9）他三个月不抽烟了。
（10）我有大半年没吃西餐了。

用指定的结构回答问题或完成句子

Use the structure provided to answer the question or complete the sentence

1. 你有什么梦想？（要是……就好了）
2. 你觉得北京留学生活怎么样？
（Adj. 极了 / Adj. 透了 / Adj. 死了 / 太 Adj. 了 / 可 Adj. 了 / x 比 y Adj. 多了 / 真是 Adj. 得不能再 Adj. 了．）
3. 早上七点的时候，你会说什么？[（要 / 该 + V（O）+ 了]
4. 六月的时候，你会说什么？[（要 / 该 + V（O）+ 了]
5. 今天你看电影，怎么看得这么高兴啊？[时量词语 + 没 / 不 + V（O）了]
6. ＿＿＿＿＿＿＿＿＿＿，今天一起吃个饭聊聊吧。[时量词语 + 没 / 不 + V（O）了]

16.2.2 "了₂"用在表示变化的句子里
Using "了₂" in sentences that express change

下面这些"了₂",都用来汇报一种变化,表示的意思是"从一种状态进入另一种状态",而且这种变化的意义是不需要任何语境提示的。

The "了₂" in the sentences below are all used to report a kind of change. The meaning expressed is "changing from one state into another state". This kind of change does not require any contextual indicators.

1. Adj. + 了
   （1）花红了,草绿了,春天来了。（不红→红 不绿→绿）
   （2）没关系,你累了的话,我们可以休息一下。（不累→累）

2. V + Adj. + 了
   （3）我在北京玩腻了,所以,今年暑假我要去上海。（不腻→腻）
   （4）谢谢,这些菜很好吃,我吃饱了。（不饱→饱）
   （5）我现在不去,我要等头发长长了再去。（不长→长）

3. 不 + V + (O) + 了
   （6）明天要考试,我不去酒吧了,我要准备考试。（去→不去）
   （7）这种电影太无聊了,我以后再也不看了。（看→不看）

4. 情态动词 modal verb + (V) + 了
   （8）今天可以舒舒服服地睡了。（不可以舒舒服服地睡→可以）
   （9）医生说我的身体很不好,所以,我不能继续抽烟了。
   （能抽烟→不能抽烟）
   （10）他生气不肯走了,我只好下车等他。（肯走→不肯走）
   （11）昨天不可以进去,今天可以了。（不可以→可以）

5. V + 可能补语 potential complement + 了
   （12）今天我的朋友突然来了,我去不了（liǎo）你的生日聚会了,对不起。（去得了→去不了）
   （13）看了整整两个小时,结果,我头疼得厉害,什么都看不懂了。
   （看得懂→看不懂）
   （14）你只要努力学习,一个月以后就能听得懂了。
   （听不懂→听得懂）

6. 没（有）O+了/O没（有）了/没（有）O+VP+了

（15）没水了，我去买吧。（有水→没水）

（16）结婚以后，要借钱给朋友的自由都没有了。（有自由→没自由）

（17）对不起，我没有时间跟你聊天了，再见。（有时间→没时间）

7. 别+V+了：说话人希望听话人放弃某个动作或决定

（18）别走了，今天就住这儿吧。（要走→不要走）

（19）别哭了，别哭了，我给你买。（在哭→停止哭）

8. NP+了

（20）第二天早晨他起来的时候，太阳很好，表上九点多了。他想……

（21）你这人，三十多岁的人了，怎么还不工作！

注意 NOTE

能用在"NP+了"里的名词，主要有三种：
There are three kinds of nouns that can be used in the "NP+了" structure. They are:

☐ 季节词 Season words：春天、夏天、秋天、冬天

☐ 时间词 Time words：九点、中午、晚上、半夜、星期天、周末……

☐ 身份词 Identity words：经理、大学生、做爸爸的人……

Practice Three

一 两人一组，谈谈最近的情况、心情等

In groups of two, discuss recent events, current mood, etc.

（1）在春天的公园里散步，聊天。

Chatting while walking in a park during springtime.

（2）在书店里一边看书一边聊天。

In a bookstore, flipping through a book and chatting.

二 判断并改错 True or false

1. 昨天跟好朋友见面聊天，我觉得很开心了。

2. 去年的夏天很热了，我们去海边度假了。

3. 妈妈给孩子买了一个玩具，孩子终于高兴了。

三 朗读短文 Read the following verses out loud

有些人一直没有机会见，等有机会见了，却又犹豫（yóuyù / hesitate）了；

有些事一直没有机会做，等有机会做了，却不想再做了；

有一些话在心里好久，没有机会说，等有机会说了，却说不出口了；

有些爱一直没有机会爱，等有机会了，却已经不爱了。

16.2.3 "了₂"用于报告过去发生的事情
Using "了₂" to report about events that happened in the past

"了₂"除了前面的那些用法以外，还可以用在单纯表达过去事件的句子里。

In addition to the above two usages for "了₂", it can also be used in sentences that simply express past events. For example:

句式 Sentence pattern	例句 Example
1. 不及物动词 intransitive verb + 了	（1）他一看见我，笑了。 （2）第二天，她又来了，而且是一个人。
2. V + 结果补语 RC + 了	（3）那个老人摔倒了，我们去帮帮他吧。 （4）后来，我又睡着了。
3. O（被）S + V + 结果补语 RC + 了	（5）妈妈，衣服我洗完了。 （6）票买好了，你放心。
4. O（被）S + V 了	（7）自然环境被破坏了。 （8）那个文件你删了吗？
5. S 把 O + V 了	（9）这些东西我不要了，他帮我把它们卖了。 （10）那封信我当时看了，一生气，就把它烧了。
6. S 把 O + V + 结果补语 RC 了	（11）我把这件事儿想清楚了。 （12）我把他推倒了。
7. S + V + O 了	（13）我改主意了，我要继续住在这里。 （14）小王不在，他去图书馆了。
8. V + 趋向补语 DC + 了	（15）太阳升起来了！ （16）他跳过来了。

如果我们选择 1—6 的句式来表达过去发生的事情时，我们只能使用"了$_2$"。

If we decide to use sentence patterns 1—6 to express events of the past, "了$_2$" must be used.

如果选用7—8的句式表达过去发生的事情时，我们使用"了$_2$"的话，就一定是汇报一个新的情况，而不关心动作是否完成。

If we use the sentence patterns in 7 and 8 to express a past event, we are using "了$_2$" only to report a new situation, without regard to whether or not the action is finished.

如果语境里有一些时间因素或者含有相反相对或差异关系的对立的事件时，"了$_2$"句所表达的"新情况"就明确含有变化的意义。如：

If the context contains a few time elements, or is discussing juxtaposed events that display a conflicting, relative, or diverging relationship, the "new situation" expressed by the "了$_2$" sentences refers to an explicit transformation. For example:

原先，他以为开出租车是他最理想的事，由开车他可以赚钱，可以成家立业（chéngjiā-lìyè / marry and settle down）。现在他暗暗摇头了。

"他以为开出租车是他最理想的事"中，含有时间因素"原先"，与"了$_2$"句的时间因素"现在"相对；同时，"他以为开车是他最理想的事"与"他暗暗摇头"相反。"了$_2$"句表现出很明显的变化义。

The phrase "他以为开出租车是他最理想的事" contains time element "原先" which is contrasted with the time element "现在" in the "了$_2$" sentence. At the same time, "他以为开车是他最理想的事" and "他暗暗摇头" are opposed. The "了$_2$" sentence expresses an obvious meaning of transition.

16.2.4 "了$_2$"的其他用法　Other usages of "了$_2$"

"了$_2$"还可以有下面的一些用法，它们都不是过去发生的事情。"了$_2$"表示"肯定"或"确定发生"的语气。

"了$_2$" can be used in the following ways which do not discuss an event that has happened in the past. "了$_2$" expresses a tone of certainty that something "definitely happens."

1. 宣告即将发生的行为 Declaring that a behavior is about to take place

（1）那么，我带他走了。
（2）吃饭了，吃饭了，快来。

（3）走了，走了，大家赶紧收拾一下。

2. 宣告正在发生的新的事态　Announcing a new condition that is currently in progress

（4）看你的船，它来了！
（5）车来了，车来了。

3. 假设条件下将发生的行为　A behavior that will occur under hypothetical conditions

（6）你再打我一下试试，非跟你拼（pīn / be ready to risk one's life）了！
（7）如果把中国的消费者（xiāofèizhě / consumer）比喻成一座金字塔（jīnzìtǎ / pyramid），那么这些消费者就属于金字塔的塔基（jī / foundation）了，因此绝不能轻视（qīngshì / despise）。

4. 对比说明　Expressing contrast

（8）你们听到这样的事情，只是叹息（sigh）一下就罢了。可我们就不同了，别说是自己的同事出事了，就是外国的飞机失事了，我们也要难受好久。
（9）那一年，我的年薪（niánxīn / yearly salary）超过了百万，这在模特界（mótèjiè / model circlesumer）虽算不上最高收入，但也属于不错的收入了。

16.3 "了$_1$"的意义和用法
The meaning and usage of "了$_1$"

"了$_1$"表示完成，用在句子中间，主要有下面一些情况。

"了$_1$" expresses completion. It is used in the following situations:

1. V了V

（1）我想了想，也没什么特别的理由，只好说："那是我的幸运（xìngyùn / luck）吧。"

（2）我们尝了尝他带来的白葡萄酒。

2. V 了又 V

（3）回到家里,我把她看了又看,看得她不知出了什么事,……

（4）他们最喜欢的唱片是《孤独的路》,翻来覆去（fānlái-fùqù / again and again）听了又听。

3. V 在 + 了 + O

（5）格林太太把"嗨,起床"也写在了纸上。

（6）我把咖啡碰倒了,洒在了她的衣服上。

4. V + 了 + (O) + V：强调第一个动作完成结束后第二个动作发生

（7）他吃了早饭就走了,一直没回来。

（8）等到了山顶我们再休息。

5. V + 了 + 数量 + (名)

（9）我要了一盘饺子,吃了一口就皱起了眉头。

（10）我们连续赢了5个冠军,每场比赛都会赢对手至少20分。

6. V + 结果补语 resultative complement + 了 + O

（11）我买了最后一个盒饭,在风中,吃完了这份难吃的盒饭。

（12）你知道吗,从小学起我就喜欢上了你,只是一直没敢说出口。

7. V + 了 + 复合趋向补语 compound directional complement

（13）她只好把那碗面条吃了下去,可是吃完后,她再也不愿吃第二碗了。

（14）我吓了一跳。见我害怕,其中一个青年呵呵地笑了起来,另一个则走了过来。

8. V + 趋向补语 directional complement + 了 + O

（15）2001年春天的2月,我们走进了老舍的家。

（16）昨晚我们拉着东西搬回了这里。

9. V + 了 + (O)

（17）经过3个月的长途旅行,11月初,他们终于到达了莫斯科。

（18）有一位牧羊人（mùyángrén / sheepherder）偶然发现羊吃了咖啡豆就不停地跳，他好奇地尝了几颗，果然很兴奋。

（19）一天的工作结束了，吃了饭、洗了澡，然后搬来一张躺椅，休息休息，或者看一本书，感觉真好！

16.4 叙事语篇里的"了₂"与"了₁"
"了₂" and "了₁" in narrative discourse

16.4.1 "了₁"和"了₂"的语篇功能
The discourse function of "了₁" and "了₂"

看一看，想一想：找出下面这段话里的"了₁"和"了₂"，看看它们在语篇中的分布有什么特点？

Take a look, think about it: Locate the "了₁" and "了₂" in the text below and see if you can figure out what's distinctive about their distribution throughout the passage.

我认识王眉的时候，她十三岁，我二十岁。那时我正在海军服役（fúyì / enlist in the army），……她呢，是个来姥姥家度假的中学生。那年夏初，我们……进行了一次远航。到达北方那个著名的海港（gǎng / harbor），在港外和一条从南方来的……白色客轮（kèlún / passenger liner）并行了一段时间。进港时，我们的舰（jiàn / warship）超越（chāoyuè / surpass）了客轮。兴奋的旅游者们纷纷从客舱（kècāng / passenger cabin）出来，……一个穿红色连衣裙的女孩……她最热情……又笑又跳又叫又招手，向我们挥手呼喊……

这个女孩子给我留下的印象非常深刻，第二天她……出现在码头（mǎtóu / wharf），我一眼便认出了她。我当时正背着枪站岗（zhàn gǎng / stand guard）……当她开始细细打量（look...up and down）我们舰，并……高兴地叫起来时——她看见了我。

"叔叔，昨天我看见过这条军舰。"女孩歪着头骄傲地说。

"我知道。"我向她微笑。

"你怎么知道？"

"我也看见了你，在望远镜里。"女孩很兴奋……她向我说了她的秘密：她做梦都想当一名解放军战士。

……女孩纯朴的理想深深感动了我。那个夏天真是美好的日子。女孩天天来码头上玩儿，舰长还批准（pīzhǔn / approve）她上舰……

一天傍晚，女孩在我们舰吃过饭，回家经过堤（dī / bank）上公路。……忽然刮起了大风……海水漫（màn / overflow）上了公路。女孩吓坏了……舰长对我说："嗨，你去帮帮她。"我跑到堤上……当踏上干燥的路面时，女孩……崇拜（chóngbài / adore）地看着我。我那时……恐怕那形象真有点叫人终生难忘呢……

后来，暑假结束了，女孩哭着回了南方。不久寄来封信。我给她回了信，鼓励她好好学习……我们的通信曾经给了她很大的快乐。她告诉我……她在班级里还很受羡慕呢。

五年过去了，我们没再见面。那五年里……回到基地（jīdì / base），我们舰进了船坞（wū / dock）。不久，一批……毕业生接替（jiētì / replace）了那些……年纪偏大的军官们的职务（zhíwù / post, job）。我们这些老兵也被……新兵取代（qǔdài / replace）。我复员（fùyuán / be demobilized）了。

回到北京家里，脱下……军装，换上……老百姓的衣服，我几乎手足无措（shǒu zú wú cuò / have no idea what to do）了。走到街上，看到……我感到……我去看了几个同学……曾经和我好过的一个女同学已成了别人的妻子……当年我们是作为最优秀的青年被送入部队（bùduì / troop）的，如今却成了生活的迟到者……我去……看了看国家提供的工作：……工人，商店营业员，公共汽车售票员。我们这些各种兵……都在新职业面前感到无所适从（wúsuǒshìcóng / be at a loss as to what to do）。一些人……便去……领了登记表（dēngjìbiǎo / registration form）。我的几个战友也干了武警（wǔjǐng / armed police），他们劝我也去，我没答应……我要选择好一个终身职业……我很彷徨（pánghuáng / hesitate），很茫然（mángrán / in the dark），没人可以商量。父母很关心我，我却不能像小时候那样……八年的风吹浪打，已经使我有了一副男子汉的硬心肠（yìngxīncháng / hard hearted），得是个自己照顾自己的男子汉。

我实在受不了吃吃睡睡的无聊日子，就用……一笔钱去各地旅游。我到处登山临水，不停地往南走。到了最南方的大都市，已经是疲惫不堪（píbèi-bùkān / exhausted）……尝够了孤独的滋味（zīwèi / taste）。

在这个叙事语篇中，只有5个"了$_2$"，比"了$_1$"少多了。我们再看看"了$_2$""了$_1$"和故事的发展之间有什么关系。

In these narrative passages, there are only five "了$_2$s", much less than "了$_1$". Let's take another look at "了$_2$" and "了$_1$" and their relationship to the development of the story.

在这个故事中，有4个发展阶段：

In this story, there are 4 narrative parts.

（1）初次认识阿眉：从"这个女孩给我留下的印象非常深刻"到"恐怕那形象真有点叫人终生难忘呢……"。

The first time meeting "阿眉": From "这个女孩给我留下的印象非常深刻" to "恐怕那形象真有点叫人终生难忘呢……".

（2）通信联系：从"后来，暑假结束了"到"她在班级里还很受羡慕呢"。

Correspondence by letter: From "后来，暑假结束了" to "她在班级里还很受羡慕呢".

（3）没再见面：从"五年过去了"到"我复员了"。

No further meetings: From "五年过去了" to "我复员了".

（4）我手足无措了：从"回到北京家里，……我几乎手足无措了"到"尝够了孤独的滋味"。

I'm at a loss of what to do: From "回到北京家里，……我几乎手足无措了" to "尝够了孤独的滋味".

可以发现，在故事发展的进程中：

During the course of the development of the story, the following can be deduced:

（1）"了$_2$"主要和其他时间、空间等成分一起，共同设置故事发展的大框架，汇报故事的重要进展。

In narrative discourses, "了$_2$" is used together with time and space expressions to mark the plot of a story. It indicates the central developmental contours of the story.

（2）"了$_2$"与不及物动词的组合最多。

"了$_2$" is paired most frequently with intransitive verbs.

（3）故事大框架中的具体事件，则用"了$_1$"来叙述。

"了$_1$" is used to discuss the particular events within the plot.

练习 四

下面的段落好不好？如果不好，应该怎么改？
Are the sentences below grammatically correct? If they are not, how can they be corrected?

1. 昨天我先去西单了，在那儿吃饭了，买了一些东西，还去书店了，然后就去国贸大厦了。

2. 我们到了不久之后，学校的上午运动开始了。然后我们上了英语课。虽然那节课本身比较乏味，但我看到了一些很特别的东西。

16.4.2 "了₂"和"了₁"的分布
The distribution of "了₂" and "了₁"

有一些句式中，只能使用"了₁"或"了₂"；有一些句式中，使用"了₁"还是"了₂"，有一定的倾向性。大概说来，是这样的：

In some sentence patterns, either "了₁" or "了₂" must be used. In other sentence patterns, the use of "了₁" or "了₂" is a matter of inclination.

只能使用"了₁" Only "了₁" can be used	"了₁""了₂"都有可能 "了₁" or "了₂" can both be used	只能使用"了₂" Only "了₂" can be used
• V 了又 V • V 了 V • V₁ 了（O）VP₂	←• V + 结果补语 RC + O ←• V + 趋向补语 DC + O ←• V 在 + place ←• V + 数量宾语 amount object ←• 双宾结构 Double object structure ←• V + 复合趋向补语 compound DC ←• Adj. + 复合趋向补语 compound DC ←• 活动动词 / 终结动词 + 宾语 activity verb/ achievement verb + O ←• 静态动词 static verb + O	• 16.2.1 里的各种结构 Constructions in 16.2.1 • 16.2.2 里的状态变化义句式 State change sentences in 16.2.2 • 不及物动词（组）+ 了 intransitive verb + 了 • 把字句 [VP 为单个动词或"动词+结果补语/来、去"] 把 -sentence [single verb or "verb + RC/ 来、去" as VP] • 受事主语句 [VP 为单个动词或"动词+结果补语/来、去"] Patient subject sentence [a single verb or "verb + RC/ 来、去" as VP] • 宾语省略的"VP + 了"句 Omitted object "VP + 了" sentence

表格里的箭头表示倾向性。也就是说，虽然中间一列的这些句式中，理论上来说，可以使用"了$_1$"也可以使用"了$_2$"，但是实际上在叙事语篇中，却总是倾向于使用"了$_1$"的。特别是前四种句式。

The arrows in the table indicate orientation. The sentence patterns of the list in the middle column can utilize both the "了$_1$" and "了$_2$" pattern. However, in an actual narrative discourse, they often trend towards the "了$_1$" pattern, especially so in the previous four patterns.

还有一点需要注意的是，在"了$_2$"句里，宾语大都是光杆名词。而"了$_1$"句里的宾语大多是比较复杂的词组。如：

Attention must also be paid to the fact that in "了$_2$" sentences, the object is usually a single noun. In "了$_1$" sentences the object is usually a more complex phrase. For example:

（1）我走进屋，他们都已经开始吃晚饭了，不知怎么却没有叫我。我向爸爸妈妈打了个招呼，爸爸什么也没说，仍然低头吃饭。
（2）1486年，葡萄牙人迪亚士沿非洲西海岸向南航行，到达了非洲最南端的好望角（Cape of Good Hope）。

不过，在语篇中，如果"了$_1$"句有上下文，"了$_1$"也可以省略不说，特别是在前三种句式里。如：

However, if "了$_1$"-sentence is implied in the context of the discourse, "了$_1$" can be omitted. Especially so in the previous three sentence patterns in the middle column. For example:

（1）王眉把我领到（了）旅馆，给我吃的，给我喝的，还让我洗了个舒服的热水澡。晚餐我吃掉（了）一大盘红烧肉，然后把香蕉直塞到（了）嗓子眼那儿才停。我感到自己像个少爷（shàoye / young master）。
（2）我跑到（了）岸（àn / bank）上，一边冲入水里，一边大声喊："紧跟我！"
（3）她们机场连着出了两次事故。一个水箱没扣（kòu / fasten）紧，起飞时，一箱开水都倒到（了）坐在下面的乘务员头上。一架飞机着陆时起火了，烧死了一些人，乘务员从紧急出口摔（了）出来，摔断了腰椎（yāozhuī / lumbar）。阿眉的情绪受了一些影响。

这个故事里的加括号的"了$_1$"都省略了，因为它们的前面都是"动词＋

结果补语"。但是"摔断了腰椎"里，虽然也有结果补语"摔断"，"了₁"却不能省略，因为"摔断腰椎"在这个事件的发展过程中，是一个顶峰的事件（peak event），需要强调这个结果。

The "了₁" in parenthesis in these three paragraphs have all been omitted, since they are all attached to "verb+resultative complement". However, although "摔断了腰椎" contains the resultative complement "摔断", "了₁" cannot be omitted because in the unfolding of the story, "摔断了腰椎" is a peak event, and it's necessary to highlight the result.

16.4.3 "了₁""了₂"句与其后语句的修辞关系
"了₁""了₂" sentences and their rhetorical relationship with the rest of the sentence

在叙事语篇中，"了₁"句和"了₂"句跟它们后面的语句之间，一般有下面这样的一些修辞关系。

In narrative discourses, "了₁" and "了₂" sentences and the sentences following them have the following kinds of rhetorical relationships:

A. 展开说明：后面的语句是对"了"句的详细说明。如：

Elaboration: The sentence following 了-sentence provide a detailed explanation of the "了" phrase. For example:

（1）张红又哭了，用手捂（wǔ / cover）住脸。

（2）我改主意了，住下去！

（3）那位小姐没再说下去，气哼哼地走了。我估计（gūjì / guess）她不爱看我的样子。

（4）我去看了几个同学，他们有的正在念大学，有的已成为工作单位的骨干（gǔgàn / skeleton staff），曾经和我好过的一个女同学已成了别人的妻子。

B. 解释原因或目的：后面的语句对"了"句进行原因解释。如：

Explanation of the reason or purpose: The following sentence offers an explanation or a reason behind the 了-sentence. For example:

（5）我不想再和她吵了，旁边很多人看我们。

（6）最后，张红和刘为为骑着自行车来了，告诉我，飞机出事了，阿眉今晚回不来了。

（7）……我的意思是她在"爱"中掺（chān / mix）了过多的"崇拜"（chóngbài / adore）。五年前的感受、经验，仍然过多地影响着我们的关系。她把我看成完人……

C. 交代结果：后面的语句引入"了"句所导致的结果。如：

Result: The sentence that follows the 了-sentence provides the result/consequence of the event described in the preceding 了-sentence. For example:

（8）王眉来了，我很高兴——她是一个人。

（9）电影放完后，她不理我了。我哄（hǒng / coax）了哄，哄不过来。

（10）有一次坐车转了向（zhuàn le xiàng / get lost），差点到了郊区的海军码头，我掉头（diào tóu / turn around）就慌慌张张往回跑。

D. 行为序列："了"句后面的语句，是按照时间顺序叙述事件的发展。如：

Sequential narrative: The sentence following the 了-sentence narrates the development of an incident in chronological order. For example:

（11）我笑了，离开窗子，又吃了几块糖，想起什么，问阿眉："你老偷偷地哭啊？"

（12）……女孩哭着回了南方。不久寄来了一封信。

（13）我被安排去了个工厂，试用期还没到，就被炒了鱿鱼（chǎo le yóuyú / fire sb.; get the sack）。我回到家。妈妈苦恼（kǔnǎo / vexed）地问我……

E. 并列："了"句后的语句，与"了"句在语义上是并列的。如：

Juxtaposition: The meanings of the 了-sentence and the sentence following are juxtaposed side by side. For example:

（14）我去医院找她。在路上碰见个卖冰糕的，就买了一大把，一边走一边吃，进她的房间时嘴巴都冻木（mù / numb）了。她一见我，笑了。

（15）……阿眉也被批评了一顿，还被查出一些不去餐厅吃饭，客人没下完自己先跑掉等违反（wéifǎn / violate）制度（zhìdù / rule）的事情。

F. 对比："了"句与后面语句间，常有表转折关系的连词，即使没有也可以补出来。如：

Contrast: Connecting the 了-sentence and the sentence that follows is a conjunction denoting a transitional relationship. Even if there is no conjunction in the sentence, transitional relationships can still be implied. For example:

（16）我真动心（dòng xīn / one's mind is perturbed）了，可我还是对他说："我年龄大了，让那些单身小伙去吧。"
（17）我笑了，忽然感到一阵不舒服，真是无聊。
（18）我从上海买回了她要的瓜子儿，她却一去没回头。
（19）我突然想了起来，可我不能在那么多人面前说呀。

16.5 "了₁"的注意事项
Special considerations concerning "了₁"

在使用"了₁"时，还有一些需要特别注意的地方。
When using "了₁" there are a few areas that deserve special attention.

1. 如果句子里有两个动词，但是我们不需要强调两个事件发生的时间先后，不需要强调第一个动作完成后才开始第二个动作，我们不能在第一个动词后用"了₁"。如：

If the sentence has two verbs, but we don't need to emphasize the chronological order of the two actions, and also emphasis that after the completion of the first action is the start of the second action is not necessary as well, then we don't need to put a "了₁" after the first verb. For example:

（1）昨天晚上，我去图书馆看了两个小时书。（"去图书馆"的目的是"看书"。The purpose of "going to the library" is "reading".）
（2）那天他用筷子吃饭。（"用筷子"是"吃饭"的方式。"Using chopsticks" is the manner in which "eating" was performed.）
（3）我给旅馆打电话订了一个房间。（"打电话"是"订房间"的方式。"Making a phone call" is the way in which "renting a room" was completed.）
（4）我让他去美国了。（"让"不是句子的主要动作。"让" is not the primary action of the sentence.）

2. "说、喊、回答、问、讲"等言说动词，如果后面是直接引语（direct quotation），它们不能加"了"。如：

If a direct quotation is cited following the speech verbs "说, 喊, 回答, 问, 讲", "了" cannot be used. For example:

（5）他看着我，说："不行。"

但是，可以说：However, you can say:

（6）他看着我，说了一句："不行。"

3. 如果句子表达的是过去经常发生的、或者是规律性的事件，一般也不用"了"。如：

If what the sentence expresses is something that regularly occurs in the past, or a routine event, "了" usually cannot be used. For example:

（7）那时候每个星期，我都看一本小说。
（8）我上大学的时候，常常去爬山。

4. 如果句子中的宾语是VP，或者是一个小句，谓语动词一般也不用"了"。但是，句子末尾可以加"了"。如：

If the object of the sentence is a verbal phrase , or a clause, then the verb predicate does not need "了". However "了" can be added to the end of the sentence. For example:

（9）我决定去上海（了）。
（10）从昨天起，我开始学习日语（了）。
（11）一会儿，他们看见一条狗跑进来（了）。

可以带从句宾语的动词主要是：
The verbs that can carry VP-object / clause-object are as follows:

决定、喜欢、同意、发现、感到、答应、以为、希望……
要、可以、能、愿意、会、想……

5. "V了O"的否定式是"没VO"。后边不加"了"。如：

The negative form of "V了O" is "没VO". "了" is not added after this negative form. For example:

（12）他没喝酒。

6. "了$_1$"不能和"在"一起用。如：

"了$_1$" cannot be used in conjunction with "在". For example:

*我们一直在学习了汉语（*means wrong）。

一 判断并改错　True or false

1. 读大学的时候，每个月都看了一场电影。
2. 我是孩子的时候，常常和爸爸一起去钓鱼了。
3. 我是孩子的时候，常常和爸爸一起去钓了鱼。
4. 昨天我们一个上午都在聊天了。
5. 我们没有偷看你的日记了。
6. 妈妈走进来，问了："你怎么还没睡觉了？"
7. 春节的时候，我去了云南旅行一个星期。我发现了云南是一个很好玩儿的地方。

二 哪里可以用"了"？为什么？
Where can "了" be used? Why?

我决定（　）坐（　）阿眉服务的航班回（　）北京。我在广播登机（dēngjī / boarding）之前进（　）客舱（kècāng / passenger cabin）。阿眉给我看（　）她们的厨房设备（shèbèi / equipment）（　）。我喜欢那些东西，可不喜欢阿眉对我说话的口气（kǒuqì / tone）。

"别这样对我说话。"我说（　）。

"才没有呢。"阿眉有点委屈（wěiqu / feel wronged），"过一会儿我还要亲手端茶给你（　）。"

我笑（　），说（　）："那好，现在带我去我的座位。"

"请坐，先生。手提包我来帮您放上面。"

我坐下，感到很舒服（　）。阿眉又对我说（　）："你还没说那个字呢。"我糊涂（hútu / confused）（　），猜不出来。

上（　）客（　），很多人走进（　）客舱，阿眉只好走过去迎接他们。我突然想（　）起来，可那个字不能在客舱里喊呀。

综合练习
Mixed practice

一、判断并改错　True or false

1. 上个星期天在希尔顿（Hilton）饭店，我们留学生参加一场毕业晚会。

2. 我们在我弟弟的家休息三天了。

3. 到了东京以后，我们去很多地方。

4. 回家的时候，去了商店买几斤苹果。

5. 今天我去了看一个公寓。

6. 我昨天早上十点起床，然后看半个小时电视了。

7. 上海给了我留下很深刻的印象。

8. 今天早上我的朋友给了我打电话。

9. 她让了我知道北京大学的学生真聪明。

10. 每个晚上我们四五个小时吃了晚饭。

11. 在中国的时候我每天跟中国人说了话。

12. 我从来没有吃了那么长时间的饭。

13. 突然一个朋友给他打了电话，问："你在哪里？"他回答了："我正在饭店里呢。"

14. 那时候他给我一束玫瑰花。"纪念今天的日子吧。"他说了。

15. 我弟弟问了我他为什么不能喝酒。

16. 我非常高兴我决定了来中国。

17. 我高中毕业的时候，打算了学习中文。

18. 我让弟弟离开，因为今天的生日晚会只请成人了。

19. 在四天内，我们没有空儿去游览，真遗憾了。

20. 我看到漂亮的花儿，非常感动了。

二、综合改错（1） Correct the errors (1)

一天在我的农村我骑着我的自行车，突然在道路上的旁边看三筐梨了。筐梨的旁边有一个男人把梨摘了。他没看到我，所以我把一筐梨放在我的自行车的筐里而跑得很快。

回家的时候我见面一个很漂亮的姑娘了。她经过我的旁边，我回头而把帽子丢了。后来，我的自行车把石头打了，而我摔倒了，而且把梨掉了在地上。

马上三个男孩子来帮我了。他们也帮我把梨捡了，而且把我的帽子找到了而还给我。我很感谢得把三个梨给他们而快快得走了。我不知道他们发现了我把筐梨偷了。

三、综合改错（2） Correct the errors (2)

一个人在村摘梨了。我骑着我的自行车，突然看了两筐梨，没有人。我停了我的自行车，摘了一筐梨，放在自行车，出去了。

骑自行车的时候，我看一个女孩子了，回头看了她。突然我的帽子吹了，那时候，我撞上了一个小石头，摔倒。三个小孩子来了帮助我，一个在打了乒乓球。捡了梨以后，他们把筐梨给了我。我走了。

一个小孩子捡了我的帽子，吹口哨着，来了给我的帽子，他也拿起来了三个梨，给了他的朋友。他们一边走，一边吃了梨。

农民从树下去了，看了没有一筐梨了，突然看了三个孩子吃了梨，他想一想他们可以是小偷。

四、趣味阅读 Amusing Reading

注意："了$_1$"和"了$_2$"的用法
Pay attention to the usage of "了$_1$" and "了$_2$"

我始终（shǐzhōng / all along）找不到机会和王眉个别（gèbié / individually）谈一会儿。白天她飞往祖国各地……晚上，她就带着人来我住的地方玩儿……她的同事都是很可爱的女孩，我愿意认识她们，可是，难道她不知道我希望的是和她个别谈谈吗……我在无人陪伴（péibàn / accompany）的情况下，像孤魂野鬼（gūhún-yěguǐ / ghost）一样在这个繁华（fánhuá, flourishing）的城市乱逛。有一次乘车转了向，差点到了郊区的海军码头，我掉头就慌慌张张往回跑。我不愿再看到那些蓝颜色的军舰……

台风（táifēng / typhoon）出其不意地登了陆（lù / land），机场禁航（jìnháng / flight is forbidden）。王眉来了，我精神为之一振——她是一个人。可是她跟我……整整讲了一天英语故事。什么格林先生和格林太太不说话……结果把说这种废话（fèihuà / nonsense）的时间又延长（yáncháng / extend）了一倍。我只好反过来给她讲几个水兵中流传的粗俗（cūsú / vulgar）故事，自己也觉得说得没精打采（méi jīng dǎ cǎi / be out of spirits）。

"你别生我的气。"王眉说，"我心里矛盾（máodùn / contradict）着呢。"

她告诉我，我才明白，原来她在"浏览（liúlǎn / browse）"我。她不在乎家里有什么看法，就是怕朋友们有非议（fēiyì / disapproval），偏偏她的好朋友们意见又不一致（yízhì / unanimous）。那天张欣从我这儿走后和她有一段对话：

"我很满意。"

"你很满意？"王眉大吃一惊。

"我是说，我作为你的朋友很满意。"

而另一个和我聊得很热闹的刘为为却说："他将来会甩（shuǎi / dump）了你。"

我不知道她凭什么这样说。好像我也没对她说什么，只是当她问我是否会武（wǔ / martial art），我随口说了句会"六"。

王眉走后，我突然觉得自己不像话……从明天起，我还是做一个受人尊重、受人崇拜（chóngbài / adore）的大哥哥吧。

第二天，持续大雷雨（léiyǔ / thunderstorm）。王眉又来了，又是一个人……我端着的那副正人君子（zhèngrén-jūnzǐ / decent man）样儿一下子瓦解（wǎjiě / things fall apart）。时光不会倒流（dàoliú / flow backwards），我们的关系也不会倒退（dàotuì / go backwards）。而且，天哪！我应该看出来，什么也阻止（zǔzhǐ / prevent）不了它的发展。

……

（节选自王朔《空中小姐》，有改动）

过　来着　是……的
不　没

17.1 过

请看一看，下面这些句子用汉语应该怎么说？
Check it out: how do you say the following sentences in Chinese?

（1）I've been there already, so I don't want to go again.
（2）Have you been to York before?
（3）Mary had only been to Manchester once before.
（4）She had never been to Italy before.
（5）I have never been abroad, neither have I ever wished to go.

这些句子表达的都是过去的一种经历。用汉语表达的话，我们应该用"V过"：

These sentences all express a past experience. When using Chinese to express past experiences, we should use the form "V过":

（1）我早已去过那里了，所以我不想再去了。
（2）你们以前去过约克吗？
（3）玛丽以前只去过一次曼彻斯特。
（4）她以前从来没有去过意大利。/她以前从来未曾去过意大利。
（5）我从来不曾去过国外，我也从未想过要去。

所以，这个语法的肯定形式是：S + V过 + O。
The affirmative form of this grammar point is S + V过 + O.

否定形式是：没（有）V过 + O；不曾 V过 + O；未曾 V过 + O。
The negative form is 没（有）V过 + O；不曾 V过 + O；未曾 V过 + O.

再如：More example:

（6）我曾经看过你演的电影，都挺好的，其实我是你的粉丝（fans）呢。

（7）我走过许多地方的桥，
看过许多次数的云，
喝过许多种类的酒，
却只爱过一个正当最好年龄的人。（沈从文）

（8）十多年来，他没陪妻子逛过一次商店，也没陪妻子看过一次电影。

（9）这部电影我早就听说过，却一直不曾看过，今天有这个机会，我怎么能放弃？马上决定花一个晚上去欣赏。

（10）走出门外，他习惯地看了一下天空，忽然发现仙后座（Cassiopeia）出现了一颗未曾见过的新星。

（11）在遇到她以前，我从未想过结婚的事儿。和她在一起这么多年，我从未后悔过娶（qǔ / marry a woman）她做妻子，也从未想过娶别的女人。（钱钟书）

有时候，"过"也可以和形容词一起用。如：
Sometimes, "过" can be used together with an adjective. For example:

（12）我们的青春总是那样不安分（ānfèn / restless），我们爱过，唱过，疯（fēng / crazy）过，喝醉过，干过坏事，受过伤……等到我们步入中年，告别了青春，告别了那些不安分，再想一想年轻时做过的那些事，我们可以自豪地对孩子说：我也曾经年轻过！我也曾经漂亮过！我也曾经帅过！

注意 NOTE

1. 如果句子中有两个动词，"过"一般放在主要动词后边。如：
If the sentence has two verbs, "过" is usually placed after the main verb. For example:

（1）我坐船去过日本。
（2）你用筷子吃过西餐吗？

2. "过"和"了"

"过"强调的是动作在过去发生并结束，但现在已经变成别的状态，原来的动作行为不再存在了。"了"强调的是动作在过去发生或结束，而且一直影响到现在。看一下例子：

"过" is used to indicate that an action occurred in the past but no longer occurs, and the situation has changed. "了" is used to indicate that although an action occurred in the past, it still continues to influence the present situation. See the examples below:

（1）老李开车撞了人，不知道怎么办，他向老王请教（qǐngjiào / consult）："唉！没想到碰上了这种事，你说怎么办？"
老王一边安慰（ānwèi / console）他，一边说："别着急，小张碰上过这种事，咱们去问问他。"

（2）他是单身，可是以前结过婚，你竟然不知道？
他上个月结了婚，结束了单身生活。

（3）别看她现在这么瘦，实际上她也曾经胖过。
她最近胖了，必须得减肥。

一 **翻译**　Translate

1. "I'm afraid I've never been there."
   "Well, of course, I haven't myself either."
2. "You'd never seen the Marilyn Monroe's film?"
3. It was one of the most amazing films I've ever seen.
4. "How many times have I heard that before?" Merchant complained angrily.
5. She is humming a folk song that I never heard before.
6. Coincidentally, I had once found myself in a similar situation.
7. Because he once loved her, she still has a hold on him.
8. He has never been here.
9. It's so true that we always wish for what we never had.
10. If you ever cared for me at all, come along and let's start right.

二 回答问题 Answer the questions

例：你怎么会认识他啊？
   他曾到我们学校做过报告，我作为主持人，陪他吃过一顿饭。

1. 他是一个非常有名的记者，是吗？（采访、做报道）
2. 你怎么知道兔肉很好吃？（吃）
3. 他是中国人，怎么会喜欢吃西餐呢？（去、住）
4. 她为什么一直一个人生活，不结婚呢？（离婚）
5. 你爸爸妈妈关系很好吗？（吵架）
6. 你为什么一看见她就爱上了她？（见）

三 选择填空 Choose the appropriate word to fill in the blank

了　过

1. A：他们都想去长城看看，你不去吗？
   B：我以前去（　　），不想再去了。
2. A、B两家是邻居，X邀请他们一起出去玩儿，出发时A夫妇只看见B，没看见他妻子，于是问："你爱人不去吗？"
   B说："她已经先去（　　）。"
3. 他当（　　）大学校长，现在是市长。
   他当（　　）校长，不敢再跟我们开玩笑了。
4. 他没喝（　　）茅台（Máotái）酒，当然不知道茅台酒的厉害。
   昨天他没喝（　　）茅台酒，只喝（　　）两瓶啤酒。
5. 我买（　　）一本英汉辞典，可是现在不知道丢到哪儿去了。
   我买（　　）一本英汉辞典，打算好好儿地学学英语。
6. 那一次开会，我认识（　　）王教授。

四 读下面的一段话，你同意吗？跟你的朋友讨论一下
Read the paragraph below. Do you agree? Discuss with a friend

不曾走过，怎会懂得？

当初，谁没在青春的路口彷徨（pánghuáng / hesitate about which way to go）过？后来，谁没有在未来的路上犯过错误？再后来，谁没在人生的弯道上醒悟（xǐngwù / wake up to reality）过？

因为走过，我们更加懂得。人生是什么？

人生就是我们脚下的路，是一连串（yìliánchuàn / a chain of）生命的体验（tǐyàn / experience）。在路上，我们遇到过迷惘（míwǎng / be at a loss），遇到过失望，遇到过欣喜（xīnxǐ / joyful），遇到过淡然（dànrán / not too excited）……

那些我们走过的弯路也好，受过的疼痛也好，都是来度（dù / release souls from purgatory）我们的。最终，那些属于我们的，还是会出现在我们要走过的路上。

所以，走吧。有些路，你不走下去，就不知道它有多美。

17.2 来着

这个词用在句末，表示不久前发生的事情，并提醒听话人注意。如：
This word is used at the end of a sentence to express an event that happened recently. It also reminds the listener to pay attention. For example:

（1）A：我敲门敲了半天，你怎么才来开门？
　　　B：抱歉，我刚才打电话**来着**，没听见你敲门。

（2）A：我让你告诉他，让他今天来上课。你没去找他吗？
　　　B：昨天我去他家找他**来着**，可是他不在。

"来着"常常用在疑问句中，询问曾经知道，但是现在想不起来的事情。如：

"来着" is often used in interrogative sentences, inquiring about something that was known before but now can't be recalled. For example:

（3）你刚才说什么**来着**？
（4）昨天谁找我**来着**？
（5）你的生日是什么时候**来着**？
（6）他住哪儿**来着**？

翻译 Translate

1. There will be certain people who'll say "I told you so!"
2. Let me see, what was I saying?
3. He was home only last winter.
4. What was I going to say? Oh yeah, we've finally got our second computer.
5. Somebody asked after you this morning.
6. She was working on Valentine's Day, so we're celebrating it tonight.

17.3 是……的

看一看，想一想：下面的对话里，小朋和小红在讨论昨天发生的事情，为什么他们有的时候用"了"，有的时候用"是……的"？

Take a look, think about it: In the conversation below, "小朋" and "小红" are discussing an event that occurred yesterday. Why do they sometimes use "了", and at other times use "是……的"?

小红：小朋，你的新衣服很漂亮啊！
小朋：谢谢！我也很喜欢。
小红：你（是）在哪里买的啊？
小朋：（是）在新世界百货大楼买的。
小红：哦，你去西单（Xīdān / downtown in Beijing）了啊？
小朋：嗯，是啊，（是）昨天去的。

小红：你（是）自己去的？
小朋：不是，我（是）跟一个中国朋友一起去的。
小红：你们怎么去的？（是）打车去的吗？
小朋：不是，我们（是）坐地铁去的。很方便。
小红：下次逛街的话，叫上我一起去，好吗？
小朋：好啊，一言为定。

在这个对话里，小朋和小红在讨论昨天发生的事情，她们都知道"买衣服""去西单"这两个事件发生了，当她们进一步讨论"买衣服"发生的地点，以及"去西单"发生的时间和方式的时候，她们使用了"是……的"这个语法格式。

In this conversation, as "小朋" and "小红" discuss events that occurred the day before, they both know that events "买衣服" and "去西单" have already happened. When they continue to discuss the place where "买衣服" happened, and also how and when "去西单" happened, they use the grammatical form "是……的".

所以，当我们讨论过去发生的事情时，如果已经知道某个事件已经发生，需要进一步讨论这个事件发生的时间、地点、方式、目的等，要使用"是……的"格式。"是"可以省略。

So, when we are discussing an event in the past, if we know that the event has already occurred, we must elaborate where, when, how it happened, as well as the purpose of this event. In this case we must use the "是……的" format. "是" can be omitted.

1. S 是 [时点词 time word] + V 的 O
A：你是什么时候学的汉语？
B：我（是）两年前学的汉语。

2. S 是在 [处所 location] + V 的 O
A：你的汉语真好。你是在哪儿学的汉语？
B：我（是）在北京大学学的汉语。

3. S 是 [方式 manner] + V 的 O
A：你是怎么学的汉语？/你是和谁一起学的汉语？
B：我（是）和他一起学的汉语。

4. S 是来 / 去 + VO 的
A：你是为什么来北大的？
B：我（是）来北大学汉语的。（目的）

5. 是 [S] + V 的 O

是他讲的故事，不是我讲的。

是老师让我们来的，我们其实不想来。

练习三 Practice Three

一 用"是……的"改写句子
Use "是……的" to rewrite the sentences

1. 他今天早上到了北京。
2. 他坐火车去了新疆。
3. 他在旅行社订了两张机票。
4. 他给朋友带了一些礼物。
5. 他和家人一起去旅行了。
6. 他去北京参加会议了。
7. 他今天做报告了，我没做。

二 用"是……的"完成对话
Use "是……的" to complete the conversation

A：喂，你好。啊，小王，是你啊。你是什么时候到的？
B：＿＿＿＿＿＿＿＿＿＿＿＿＿＿＿＿＿＿＿＿＿＿＿。
A：是吗？路上顺利吧？
B：还行。挺顺利的。
A：你怎么来的？坐飞机还是坐火车？
B：＿＿＿＿＿＿＿＿＿＿＿＿＿＿＿＿＿＿＿＿＿＿＿。
A：挺累的吧？一个人来的吗？
B：不是，＿＿＿＿＿＿＿＿＿＿＿＿＿。她怕坐飞机，不是吗？
A：对对对，我知道，我知道。她从来不坐飞机。
B：这次＿＿＿＿＿＿＿＿＿＿＿＿＿＿＿，就是为了玩儿玩儿。你明天有空吗？咱们见个面好好聊聊？
A：好啊，两年没见了。咱俩是该好好聊聊。

三 判断并改错 True or false

2014年11月，我跟两个朋友一起去了宁夏，宁夏在中国的西北边。我们坐火车去了，坐了26个小时。

17.4 "没"与"不"

看一看，想一想：两组句子，有什么不同？
Take a look, think about it: What's different about these two groups of sentences?

第一组 Group 1	第二组 Group 2
（1）他太忙了，昨天的世界杯都**没**看。	他**不**太喜欢足球，昨天那么精彩的比赛他都**不**看。
（2）那个时候，家里**没**钱，所以我**没**上学。	那个时候讨厌学校，我每天都**不**去上学。
（3）奇怪，他最近几天**没**喝酒。	他从来**不**喝酒，**不**抽烟，没有不良习惯。

这两组句子都是否定句。第一组句子用"没"，否定的是一个过去的客观事实；第二组句子用"不"，否定的是句子主语的主观意愿，或者经常性或习惯性的动作或状态。

These two sentence groups are all negative sentences. The first group uses "没" to negate an objective fact in the past. The second group uses "不" to negate the volition of the subject of the sentence, or a commonly occurring/routine action or state.

看一看，想一想：下面两组句子有什么不同？
Take a look, think about it: What's different about the two groups of sentences below?

第三组 Group 3	第四组 Group 4
（4）苹果还**没**红，不能摘。	这个苹果**不**红，不好吃，你吃那个吧。
（5）衣服**没**干，你先别收回来。	衣服**不**干，你先别收回来。

这两组句子里，"没"和"不"后面都是形容词。第三组里，"没"否定的是变化，第四组里"不"否定的是性质。

In both of these groups of sentences, there are adjectives following "没" and "不". In group 3, "没" is negating change. In group 4, "不" is negating a trait.

如果句子里的动词是情态助动词"会、应该、可以、可能"等，一般要用"不"。但是，如果动词是"能"，而且表达的是一种客观的事实，也可以用"没"。如：

If the verb in the sentence is a model auxiliary verb, such as "会, 应该, 可以, 可能", then "不" is normally used. However, if the verb is "能" and an objective fact is expressed, "没" can also be used. For example:

（1）我有事儿，我**不**能去。你让别人去吧。
（2）那天正好我有事儿，所以，我**没**能去。

选词填空 Choose the appropriate word to fill in the blank

不　　没

1. 你是怎么了？澡也（　）洗，饭也（　）吃，打算干什么呢？
2. 我们都忘了，谁都（　）送他礼物。
3. 我做梦也（　）想到他竟然来了。
4. 他从（　）说谎，我们都相信他，你也相信他好了。
5. 我是故意（　）告诉他的。
6. 书还（　）看完，还要借一个月。
7. 这几天心情（　）太好，我学（　）下去。
8. 谁也（　）知道他去了哪里。

综合练习
Mixed practice

一、判断并改错　True or false

1. 我们走路时，下着雨了。所以，我们撑开了伞。

2. 我不经常喝啤酒，其实到今天为止我从来没喝了一瓶。

3. 父亲得在一个星期以内回韩国，所以，我的妈妈、弟弟和我还去过别的东北的大城市。

4. 有的人去过美国留学。

5. 我曾经没看过北京的春天。

6. 我们是坐公共汽车去了人民大学。

7. 他们之间很和气，所以从来没有吵架。

8. 从留学以来一封信也没给你写，真对不起。

9. 教育家也曾经说:"孩子是父母的镜子。"如果父母爱看书,孩子也会喜欢看书;如果父母爱玩儿电脑,孩子也会这样。

———————————————————————————

10. 自从那次爸爸听完我说的话以后,就在家人旁边没有抽烟过。

———————————————————————————

二、选词填空 Choose the appropriate word to fill in the blank

> 了　过　着（是……）的　来着　在　正在

1. A:我去(　　)一次新疆,是坐火车去(　　)。
   B:你是什么时候去(　　)?
   A:1994年,那时候我还是学生。背(　　)一个旅行包就去了。
   B:是啊。我第一次去新疆也是学生。
   A:你去(　　)几次新疆(　　)?
   B:八次。

2. A:老关,我陷(xiàn / sink)进去(　　)。
   B:天哪!是什么犯罪组织(fànzuì zǔzhī / criminal organization)?
   A:换换脑子。是情网(qíng wǎng / the snares of love)。
   B:谁布(bù / to net)(　　)?
   A:还记得那年到(　　)咱们村的那个女孩吗?就是她。她长大(　　),我和她谈上(　　)。
   B:是吗?她叫什么名字(　　)?

3. 我去看(　　)几个同学,他们有的(　　)读大学,有的已成为工作单位的领导,曾经和我好(　　)的一个女同学已成(　　)别人的妻子。换句话说,他们都有自己正确的生活轨道(guǐdào / track),并都(　　)努力地向前。

4. 我去疗养院（liáoyǎngyuàn / nursing home）找她。在路上碰见一个卖冰糕的，买（　　）一大把。她一见我，笑（　　）。"给我找点热水喝。"我把剩下的两只冰糕递给她。

　　阿眉舔（tiǎn / lick）（　　）融化（rónghuà / melt）的冰糕，拿起一只暖瓶（nuǎnpíng / thermos）摇（　　）摇："没水（　　），我给你打去。"她一阵风似地跑出去。

　　这时，她同房间的空中小姐进来，拿（　　）一本书。我没见（　　）这个人。我弯（　　）弯腰，表示尊敬，她却拿挺大的眼睛瞪（　　）我："你就是阿眉的男朋友？"

5. 我天天待在首都机场，只要是她们的飞机落地，我总要堵（　　）去吃饭的乘务员问："阿眉来（　　）吗？"知道我们关系的刘为为、张欣等十分感动。不知道的人回去就问："阿眉，你欠（qiàn / owe）（　　）北京那个人多少钱？"如果运气好，碰上（　　）阿眉，我们就跑到三楼冷饮处，坐（　　）聊个够。阿眉心甘情愿和我一起吃七毛钱的盒饭。她还说这种肉丸子浇（　　）蕃茄汁的盒饭，是她吃（　　）的最香的饭。这期间，有个和我一起在海军干（　　）的朋友，找我跟他一起去外轮（wài lún / foreign ship）干活。他说那个公司很需要我们这样的老水手（shuǐshǒu / sailor）。我真动心（dòngxīn / one's mind is perturbed)（　　），可我还是对他说："我年龄大（　　），让那些单身小伙子去吧。"

三、跟你的朋友聊聊你的初恋，或者第一次旅行
Discuss with a friend your first time falling in love, or your first time going on a trip

　　要求：用"了、过、着、（是……）的、来着、在、正在、着"（见下页）
Directions: Use "了, 过, 着,（是……）的, 来着, 在, 正在, 着"

(See next page)

了₁：动作完成 Completion of action	① V 结果补语 (resultative complement) + 了 + O ② V 趋向补语 (directional complement) + 了 + O ③ V + 了 + 复合趋向补语 (compound directional complement) ④ V 在 + 了 + O ⑤ V + 了 + 数量 (amount) ⑥ V + 了 + V ⑦ V 了又 V ⑧ V 了 O + VP ⑨ V + 了 + O
了₂：报告新情况或变化 Reporting a new situation or change	① V + 了 ② adj. + 了、V + adj. + 了、不 V 了、可能补语 (potential complement) + 了、没（有）O + 了 / O 没（有）了 / 没（有）O + VP + 了、别 VP 了、NP 了 ③ 要……了、adj. 得不能再 adj. 了、…… ④ V + O + 了
过：过去的经历 Past experience	① S（曾经）V 过 O ② S 没 V 过 O / S 不曾 V 过 O / S 未曾 V 过 O
是……的：强调过去事件发生的时间、地点、方式、目的、动作者等 Emphasizing the time, place, manner, purpose, or actor of a past event	S + 是 [时间、地点、方式（time, location, manner）] + V 的 O
来着：提醒注意不久前发生的事情 Prompting listener to pay attention to a recent event	S + VO + 来着

续表

在：动作进行 An action is in progress	S 在 + VO
着：状态持续 A state is continuing	① V_1 + 着 + V_2 ② V_1 着 V_1 着，V_2 ③ 处所（location）+ V + 着 + O

四、趣味阅读　Amusing Reading

吃饭的烦恼

来北京以前，朋友们异口同声（yì kǒu tóng shēng / in one voice）地对我说："你去北京以后，天天能吃地道的中国菜，好羡慕你啊。"的确，刚来北京的时候，我几乎没有为吃饭发过愁。可是，随着中国朋友请我吃饭次数的增加，我却开始为吃饭发愁（fā chóu / worry）了。

中国菜世界闻名，中国人好客也是举世无双（jǔshì wúshuāng / be unmatched in the world）。到朋友家作客，先是一番应酬（yìngchou / treat with courtesy），然后就开始吃饭了。朋友虽然说："没什么好吃的，家常便饭，随便吃。"可是给我摆了满满一桌子，样样都是美味佳肴（jiāyáo / delicacies）。朋友一边说"吃，吃，喝，喝"，一边给我夹菜、倒酒。我刚把自己碟子（diézi / small plate）里的菜吃完，朋友的父母又给我夹满了。我一边说"谢谢"，一边不停地吃。过了一会儿就吃得饱饱的了。可是朋友一看我不吃了，就说："你吃得太少了，再吃点。"

刚来中国的时候，每次去朋友家作客，为了不让主人扫兴（sǎo xìng / feel disappointed），我都拼命地吃，结果回家后就开始肚子疼。而且常常因为喝酒喝醉了，出了不少洋相（chū le bù shǎo yángxiàng / make a show of oneself）。现在我已经想出了一些办法。

第一，我尽量放慢吃的速度，不把碟子里的菜都吃完，这样主人就不会不停地给我夹菜了。

第二,我主动和主人聊天,比如菜名、做菜的方法等等。这样不但放慢了吃饭的速度和主人夹菜的速度,而且还了解了中国饮食文化方面的知识。

第三,我有时也给主人夹菜、倒酒。

有了这些办法后,我再也不用为吃饭发愁了。可以一边美美地吃着,一边跟朋友聊天了。

(水谷文美[日],选自杨庆华主编《留学岁月》,北京语言文化大学出版社,有改动)

复述故事　Retell the story

要求:注意"了、着、过、没、不"的用法

Directions: Pay attention to the usage of "了,着,过,没,不"

第十八讲

V 起来　V 下去

18.1 V 起来

看一看，想一想：下面两组句子，意思有什么不同？
Take a look, think about it: What's the difference in meaning between the two sentence groups below?

第一组 Group 1

（1）这个小丑（xiǎochǒu / clown）知道什么时候观众**开始**笑，什么时候停止笑。因此他的逗乐（dòulè / amusing）总是恰到好处。

（2）他也跟着往前走，刚走了第一步，就**开始**笑了，大笑，笑得几乎连眼泪都流了出来。

（3）每当我感到人们不对我微笑时，我就**开始**笑，然后，非常神奇地，似乎我周围突然多出了许多微笑的人。

第二组 Group 2

（4）"酱紫（jiàngzǐ / 这样子）的啊！"我学着她的口音（kǒuyīn / accent）说，把她逗得笑**起来**，边笑边握着拳（quán / fist）打我。

（5）她这么一说，倒说得我怪舒服的，不禁笑**起来**，说："当着他们的面，我哪好意思跟你多说话呀。"

（6）听了她的话，他们自然而言地笑**起来**了。

（7）看见他的狼狈（lángbèi / in a difficult position）样子，我们忍不住哈哈大笑**起来**。

"开始 V"常常表示有意做，或者已经安排好的事情；而"V 起来"常常表示的是自然而然地进入一种状态，不是有意做的，所以，它常常和"不禁、不由得、忍不住、自然而然地"等词语一起用。如：

"开始 V" indicates doing something with an intent, or an event that is already planned. "V 起来" on the other hand indicates that a person unconsciously enters a certain state, outside of conscious intention or volition. "V起来" is usually used with the phrases "不禁,不由得,忍不住,自然而然地" etc. For example:

(8) 他吓了一跳,不由得叫了**起来**。

(9) "啊,这是什么?"他吃惊地喊**起来**。

"V起来"强调的是"进入一种状态"或者说"状态在持续"。如:
"V起来" emphasizes "entering a state" or "continuation of a state". For example:

(10) 见面以后,他们**开始**聊天,但是话不投机(huà bù tóujī / not to talk to the point),没有聊**起来**。

(11) 会场气氛(qìfēn / atmosphere)更加紧张,但总算没有打**起来**。

"V起来"可以做状态补语,"开始V"不可以。如:
"V起来" can act as a predicative complement, but "开始V" cannot. For example:

(12) 屋子里烟很大,他呛(qiàng / irritate)得咳嗽**起来**了。

(13) 她哭了两个小时,眼睛哭得都肿**起来**了。

有时候,我们也可以说"开始V起来。如:
Sometimes, we can say "开始V起来". For example:

(14) 11号晚上8点,我的肚子开始疼起来。

(15) 飞机起飞后不久,我的儿子忽然开始吐了起来。

(16) 高寒站在钢琴边,弹了一段,他就开始唱起来了,完全没有不好意思,他显然非常习惯于表演。

(17) 浴室没有锁上,玛格达并没告诉他她要洗澡。假若他装做完全不知道,只是碰巧走进浴室呢?他的心又开始跳起来。他想象着这个场面:在开着的门口,他停下来,大吃一惊,然后很不在意地说,我只是想拿我的牙刷。

这些句子,大都表示意料之外,或者自然而然发生的事情,不强调主语的主观意志。而且不但强调"开始做某事",还强调之后的状态在持续。

The majority of these sentences are expressing an event that is unexpected or automatic, outside of the subjective will of the subject of the sentence. They not only emphasize "the start of something", but also the persistence of a certain state following the action.

一 选择填空　Choose the appropriate expression to fill in the blank

　　　　开始聊天　　　聊起天来

1. 每次玩累了，两个人就手捧茶杯，靠着椅子_____。
2. 他们把胳膊肘（zhǒu / elbow）支在桌子上，脸靠得很近，喝着酒，_____。康伟业说："时小姐，你怎么样？工作和生活都挺好吧？"
3. 玛丽走过去挽着哥哥的手，把他领到摆满沙发的休息室，二人_____了。
4. 这两位老同学，一见面就互相拥抱，_____。
5. 小王一边给我们读她刚写的信，一边和我们热情地_____。
6. 夏天的晚上，闷热得很，蚊子嗡嗡的。关灯之后，谁也睡不着，我们就_____。

　　　　开始下雨　　　下起雨来

7. 没想到，达到目的地还不到10分钟，天竟_____了，而且越来越大……
8. 天气仍然不好，时不时地还_____。
9. 天气预报真准，晚上10时50分左右，天空_____，并且越下越大，路面已全部被打湿。
10. 他喜欢在雨里走。有人说，有一次天空阴云密布（yīnyún-mìbù / clouded over），他就带着伞出门了，走了不久，果然_____，而且越下越大，衣服被淋湿了。

二 翻译　Translate

1. She laughed exaggeratedly at their jokes.
2. I couldn't help bursting into loud sobs.
3. In a short time she was busy eating.

4. It was a wonderful meal, and we all ploughed into it.
5. He started to sing and I joined in.
6. Suddenly, everyone started shouting and singing.

18.2 V下去

下面这些句子用汉语应该怎么说?
How do you say the sentences below in Chinese?

（1）I don't want to leave, but I can't go on.
（2）It's outrageous, and we won't stand for it any more.
（3）I hoped to gain time by keeping him talking.
（4）Hang in there and you never know what you might achieve.

这些句子都表示"go on doing"的意思，用汉语表达，可以用"V下去"这个语法。

These sentences all express "go on doing" something. The grammar pattern "V下去" can be used to express this in Chinese:

（1）我不想离开，但是我不能继续下去了。
（2）太不像话了，我们再也不能容忍下去了。
（3）我希望让他一直说下去，争取时间。
（4）坚持下去，你永远都无法预料（yùliào / anticipate）会有什么样的收获。

注意 NOTE

1. "继续V"还可以用来表达"中断后再继续"。如：
"继续V" can also be used to express "continuation after a break". For example:

（1）就这样儿吧，你回去想想办法。我们要继续排练（páiliàn / rehearsal）。
（2）我们正在考虑继续去找校长。
（3）接完电话，他继续写信。
（4）请继续说，我不是有意打断你的。

所以，只有在表达同一个动作继续时，我们才可以说"继续 V 下去"。如：

We can only use "继续 V 下去" when expressing the continuation of the same action. For example:

（5）我不能继续做下去了，剩下的工作你来负责吧。

（6）他已经想办法安排好了，我们要在这里继续住下去。

2. 如果句子里有宾语，要用"继续 VO"，或者"把 O + V 下去"。

If the sentence contains an object, 继续 VO , or 把 O + V 下去 must be used.

（7）他们最终选择了继续做自己熟悉的事。

（8）他的信心支持着他把研究工作坚持下去。

3. 与"下去"一起用的动词应当是可持续的、可反复的动词。"毕业、回家、来、去、出生"等不可以和"下去"一起用。

Continuous verbs or repeatable verbs should be used with "下去". These exclude the verbs "毕业、回家、来、去、出生" etc..

一 选词填空 Choose the appropriate word to fill in the blank

继续　　下去

1. 听众朋友，这期节目播送完了，请您（　　）收听（　　）本台的其他节目。

2. 恭喜（gōngxǐ / congratulate）你答对了，我们（　　）看（　　）下一题。

3. 看到这种情况，他实在不能（　　）忍（　　）了。

4. 照这样（　　）学（　　），四年之后你一定会成为一名出色的翻译。

5. 你儿子朝这个方向（　　）发展（　　），看你将来怎么办吧。

6. 我再也不能无动于衷（wúdòngyúzhōng / be completely indifferent）地（　　）表演（　　）了。

7. 要是你认为确实能（　　）过（　　），那就过一辈子吧。

8. 虽然困难很多，但也没有办法，还要（　　）学（　　）。

二 想一想，下面的句子应该用"继续V"还是"V下去"
Think about it: which phrase should be used in the sentences below, "继续V" or "V下去"

1. Let's pass on to the next subject now.
   What is the point of discussing this issue further?
2. Finally, when it was too dark to look any longer, Tom sadly went home.
   He sent his child to school and went on to find a job.
3. Say on, we're still listening.
   "I could be content," went on Hurstwood, " if I had you to love me."

三 翻译 Translate

1. If you go on like this, you'll make big mistakes someday.
2. He went on talking as though nothing had happened.
3. We kept on till the work was finished.
4. Come on, keep at it. You've nearly finished.
5. The work went on day after day.
6. I have failed several times, but I still keep on.
7. If you go on at that rate, you will injure your health.
8. After a moment's silence he went on speaking.
9. If I were you, I would go ahead and do it.
10. They can't believe you can even hold a conversation.
11. We must push on with our work.
12. I know it's almost midnight, but we'd better press on and get the job finished.

综合练习
Mixed practice

一、用"起来、开始、下去、继续"填空
Use "起来, 开始, 下去, 继续" to fill in the blanks

1. 我们下个星期（　　）学习（　　）形容词的用法。
2. 妈妈不给孩子买玩具，孩子（　　）哭（　　）了。
3. 春天来了，天气（　　）暖和（　　）了。
4. 那位小姐没再（　　）说（　　），气哼哼地走了。
5. 阿眉的身体越来越糟，再这么（　　）干（　　），非生病不可。
6. 你们别管我，（　　）干（　　）你们的。

二、选词填空　Choose the appropriate word to fill in the blank

> 起来　下去

1. 你走吧。再待（　　），也没意思了。
2. 他太伤心了，忍不住哭（　　）。
3. 她不知道自己哭了多久，哭到最后，她没有力量再哭（　　），也不再有眼泪了。
4. 不但要让他了解你为什么哭，还要让他相信你不会一直哭（　　），相信你有能力笑（　　）。
5. 吃过药之后，头疼消失了，可胃却开始疼（　　）。
6. "大夫，这个疼能过去吗？"病人问，"要是老这么疼（　　），我可不活了。"
7. 王师傅，你不能瞎练。你要照这样练习（　　），你的身体会练坏的。
8. 当时，导演只给她5天时间练习，于是她在家里一脚一脚地练习（　　），一天下来，小腿都踢肿了。

三、判断并改错　True or false

1. 你怎么了？现在睡觉起来？

2. 时间还早，我们继续喝起来吧。

3. 已经做成这样了，你也别放弃，做吧。

4. 她一听到音乐便跳舞起来。

5. 我要学汉语学下去。

6. 那时候我们的村子里很缺老师，所以，父亲一回国，就当了老师。

7. 我很希望早点让他的身体好，可是现在的医学不能治他的病，所以，我认为"安乐死"这个办法也是一种选择。

8. 随着人口的增长，以前忽略的问题一天一天地严重了。

9. 那时候，他们的生活有好多难处，但是最重要的是他们还要活，他们想办法面对困难。

10. 如果我自己得了一种不治之症的话，当然我想还要生活。

11. 随着人们对健康的关心增加，人们也对绿色食品关注了。

12. 我觉得人们一直研究着有关食品的东西,这样的活动很重要,一定要把它进行。

四、趣味阅读　Amusing Reading

要求:注意"会、要、起来"的用法
Directions: Pay attention to the usage of "会, 要, 起来"

学习用筷子

中国人有个共同的特点:要面子。子女顺利升学,出国深造,有了理想的工作,都会使他们感到非常骄傲,非常自豪。在学业方面,我一直很努力,因此,父母感到很满意。但是有一件事却让妈妈感到丢脸。我们一家是华裔美国人,保留着许多传统的习惯,大多吃中餐,但是我一直不会用筷子。妈妈一看我不会用筷子就不高兴。从小到大,我一直努力想学会用筷子,但是一次又一次地失败了。我想,拿个博士学位都比用筷子容易多了。

1983年,我第一次来中国,第一次见到了外公。他一看我就高兴地笑起来,鼓励我一定要努力完成博士学位。可是吃饭的时候,我却让他老人家失望了,他一直睁大眼睛看着我用筷子,反复地唠叨(láodao / chatter):"你怎么不会用筷子?"我感到很不好意思。

那时候我住在学校的专家楼里,每天在食堂吃饭,那里的大师傅对我非常和气,可他一见我吃饭就要嚷:"中国人怎么不会用筷子?"说得我很不好意思。终于下定决心要跟他学习用筷子,一半是为了让外公、妈妈高兴,一半也是为了不要让人家总是批评我。

师傅首先给了我一个圆圆的面团儿,让我拿着它,并把手攥(zuàn / grip)成拳(quán / fist);然后又给了我一双筷子,让我用大拇指、食指和中指夹住。同时拿住这两样东西可真不容易,不是筷子掉了,就是面团儿掉了,过了一会儿,我的右手就麻(má / numb)了,失去了感觉。我觉得每一分钟都过得很慢，真是难受极了。但是，我不想放弃，坚持练习，连跟同学一起讨论旅行计划的时候，我也拿着面团和筷子，一边认真地讨论着，一边练习用筷子。突然，一个德国同学大笑着说："哎，大家快看，淑卿的手在动！"我吃了一惊，发现我右手的手指真的能自由动了！我激动得简直不能相信这个事实，我终于学会用筷子了！

那年我回国，一到家就兴奋地拿起筷子给妈妈和妹妹表演，他们都好奇地看着我，接着就笑起来了。妈妈再也不会感到丢脸了。

（许淑卿［美］，选自吕文珍主编《五彩的世界》，北京大学出版社，1991，有改动）

五、作文 Essay writing

根据上面的短文，写一个对话。假如你是淑卿的朋友，淑卿开始决定不学习用筷子了，可是你劝她不要放弃，鼓励她继续学习。

Write a dialogue based on the story above. Write it from the perspective of Shu Qing's (淑卿) friend. Shu Qing has just decided to give up on learning how to use chopsticks. Attempt to persuade her not to give up, and encourage her to continue learning.

要求：使用"会、要、起来、下去"。
Directions: Use "会, 要, 起来, 下去".

第十九讲 动词重叠
Verb Reduplications

19.1 动词重叠的形式 The form of verb reduplication

汉语有一部分动词可以重叠。重叠的形式有以下三种：

There are a number of verbs that can be reduplicated in Chinese. There are three forms of verb reduplication:

- 单音节动词 monosyllabic verb：→A（一）A

  如：看→看（一）看，看了看

- 双音节动词 disyllabic verb：→ABAB

  如：学习→学习学习，学习了学习

- 离合词 V-O compound：→AAB

  如：帮忙→帮帮忙，帮了帮忙

 NOTE

只有动词是单音节动词时，中间才可以加"一"。
Only when the verb is a monosyllabic verb can "一" be added to the middle.

写出下列动词的重叠形式
Write the reduplicated forms of the verbs listed below

聊天　练习　跳舞　见面　锻炼　休息　收拾　吵架

19.2 动词重叠的意义 The meaning of reduplication verbs

看一看，想一想：下面两组句子，意思有什么不同？
Take a look, think about it: What is the semantic difference between the two groups of sentences below?

第一组 Group 1	第二组 Group 2
（1）今天给大家放一个假，让大家休息休息。 （2）出去活动活动吧。 （3）我只要听听音乐，就不着急了。	（4）你闻闻，有酒味没有？ （5）你问问他，听听他怎么说。 （6）他点点头，同意了。

第一组，动词重叠表达的意思是：动作持续的时间短。

In group 1, the reduplicated verbs express that the actions continue for just a short period of time.

第二组，动词重叠表达的意思是：动作进行一次或者多次，但是，每次的时间都不长。

In group 2, the reduplicated verbs indicate that the action is performed once or several times, but continues for only a short period of time.

因为这样的意义，动词重叠形式常常和"只是、随便、稍微"等词一起用。如：

In light of this meaning, the reduplicated verb is often used together with "只是，随便，稍微" and other similar words. For example:

（7）那本书，我只是翻了翻，没仔细看。
（8）我随便看看，你忙你的，不用管我。

练习二 Practice Two

翻译 Translate

1. Since this method doesn't work, let's try another.
2. I merely ask his name.
3. "I want to see him," he thought, "and to touch and to feel him."
4. You can get some exercise by knocking a ball about in a field with a friend.

19.3 动词重叠的用法 Usage of reduplication verbs

动词重叠常常用于非事实句（irrealis mood）。某些动词用于事实句时不能重叠，但是用于非事实句时往往就可以。

Reduplication verbs are often used in contrary-to-fact sentences (irrealis mood). Some verbs that are used in factual sentences are unable to be reduplicated, but when used in contrary-to-fact sentences often can be reduplicated. For example:

（1）你说什么话啊？你也<u>死死</u>看啊。　　*他昨天死了死。
（2）我们<u>去去</u>就来，你在这里等一下。　*他今天上午去了去。
（3）让他<u>丢丢</u>东西也好，要不他总是不知道小心。
　　　　　　　　　　　　　　　　　　　*他总是丢了丢东西。
（4）<u>姓姓</u>毛也可以嘛，不就是暂时改一个姓吗？
　　　　　　　　　　　　　　　　　　　*他姓姓毛。

左边一列都是非事实句，"死死、去去、丢丢、姓姓"都可以，但是右边一列都是事实句，这些动词都不能重叠。

The list of sentences on the left are contrary-to-fact sentences, so reduplication is permitted, such as "死死, 去去, 丢丢, 姓姓". However the list on the right consists of factual sentences, these verbs do not permit reduplication.

注意 NOTE

以下动词都只有在非事实句里才有可能重叠。

The verbs below can only be reduplicated in contrary-to-fact sentences:

丢　断　得　撞　完　病　死　到　出生　出现　发现　拒绝　开始
是　姓　像　叫　有……
来　过　起来……
爱　恨　怕　怪　同意　承认……

19.3.1 动词重叠与祈使句
Reduplication verbs and imperative sentences

动词重叠最常用在表示请求、建议等的句子里，显得口气柔和、客气、礼貌。如：

Reduplicated verbs are most often used in sentences that express requests, suggestions, etc. They carry a gentle, polite, well-mannered tone. For example:

（1）咱们一起坐坐，多聊聊天儿吧。
（2）还是去散散步吧。
（3）我看看你的书，可以吗？
（4）你帮她教育教育他！
（5）你应该让他知道知道你的厉害！

注意 NOTE

1. 动词重叠不能用在否定祈使句中，如：*不要哭哭！/*别聊聊！

Reduplication verbs cannot be used in negative imperative sentences, such as: *不要哭哭！/*别聊聊！

2. 也可以用"VV看"或"VV试试"表示建议。如：

"VV看" or "VV试试" can also be used to indicate suggestion. For example:

（1）你也浪漫浪漫试试嘛！
（2）她死了，有人去帮她。你死了，那就难说了。不信，你就死死看。

翻译 Translate

1. Let's consider ways of making it easier.
2. We should all give ourselves time to reflect.
3. Get out and enjoy yourself, make new friends.
4. Oh Boy! Just think what I could tell him.
5. "Hey, Judith," he resumed, "tell me all about yourself."
6. I think it's time you have a word with him.
7. Are these things negotiable?

19.3.2 动词重叠与目的句或将来行为
Reduplication verbs and clauses of purpose/future behavior

动词重叠还可以用在表示目的的句子里，或者是将来发生的行为。如：

Reduplicated verbs can also be used in sentences that express a purpose, or behavior that occurs in the future. For example:

（1）我给了他一盘CD，让他<u>高兴高兴</u>。
（2）你上这儿来住几天，<u>散散</u>心（sàn xīn / relieve boredom）。
（3）你说个笑话，给我们<u>解解</u>闷（jiě mèn / divert oneself from boredom）。
（4）他现在正希望有一个人来给他解决难题，帮助他<u>思考思考</u>。
（5）我没有拒绝他，答应<u>考虑考虑</u>再给我回答。

翻译　Translate

1. I'd like to have your opinion on the 2008 World Expo.
2. "I'm going up the street for a walk," she said after supper.
3. I need to speak with her right this minute.
4. Her idea was to take counsel with Jake.
5. we'll meet tomorrow to talk over our affairs.
6. Give up smoking and take more care of yourself!
7. I want you to take the plan home and study it over the weekend.

19.3.3　动词重叠与列举　Reduplication verbs and listing

动词重叠也可以用在列举的语境里，带有一种轻松随便的口气。如：

Reduplication verbs can also be used when listing, carrying a sort of relaxed, easy-going tone. For example:

（1）<u>洗洗</u>衣服，<u>看看</u>电视，<u>买买</u>东西，周末就是这样。
（2）我每天早上都来这里<u>跑跑</u>步，<u>做做</u>操，很舒服。
（3）连<u>散散</u>步、<u>聊聊</u>天也不让，整天让我们在教室里看书。
（4）他退休以后，过着<u>看看</u>电视、<u>下下</u>棋、<u>养养</u>花、<u>溜溜</u>鸟（liù niǎo / take bird walk）的生活。

一 回答问题　Answer the questions

这个英语的句子：Cooking, cleaning and ironing seven days a week. What a life！我们可以不可以翻译成：

Can we translate the English sentence "Cooking, cleaning and ironing seven days a week. What a life!" as:

一周七天，天天做做饭、打扫打扫、熨熨衣服。这是什么鬼日子！

二 翻译　Translate

1. I just wanted to explore Paris, read Sartre, listen to Sidney Bechet.
2. After dinner she listens to music and washes the dishes.
3. He said that I need brain wash and a brushup in my knowledge.
4. I have to do all the house work every day. My husband only washes bowls occasionally.

19.3.4　动词重叠与假设条件句
Reduplication verbs and subjunctive conditional sentences

动词重叠也可以用在表示假设的条件句里。如：

Reduplication verbs can also be used in conditional sentences expressing a hypothesis. For example:

（1）女孩子嘛，你得学习化妆，<u>打扮打扮</u>多好看啊！
（2）你<u>说说</u>还可以原谅，他说就不行。
（3）对他这种人，不<u>教训教训</u>他不行。
（4）你不亲口<u>尝尝</u>，怎么知道这个菜不好吃呢？

一 翻译　Translate

1. Do ring if you want to talk about it.
2. I go hiking for relaxation.
3. Perhaps I can help you.
4. I know. I really hope I can help him.

二 完成句子　Complete the sentences

1.（试）_____，你怎么知道你不行啊？
2. 如果你_____（出去玩儿），你就给我打电话，我来接你一起去。
3. 去银行取钱的时候，你应该好好看看。如果不_____的话，万一有假钱怎么办！

19.3.5　动词重叠与已发生的动作
Reduplication verbs and already-initiated actions

如果是过去发生的短暂的一个动作，我们要用"V 了 V"的形式。如：

If it is an action that occurred for a short time in the past, we must use the "V 了 V" form. For example:

（1）他伸了伸舌头，不好意思地笑了。
（2）他看了看我，又闭上了眼睛。

翻译　Translate

1. He turned with a little nod and I watched him walk away.
2. Both plans have been tried, but without success.
3. We have a taste of the white wine he's brought.
4. "I'll be all right," he said, "It was only a thought."
5. She smiles coyly when pressed about her private life.
6. She showed me round and introduced me to everybody.

19.3.6 动词重叠的主意事项
Special considerations concerning reduplication verbs

在用动词重叠的时候，除了注意上面所讲的那些以外，还有几点需要注意。

When using reduplication verbs, in addition to the items mentioned above, there are a few other issues that should be considered.

1. 动词后有补语或数量宾语时，不能重叠。如：

Reduplication is not permitted where there is a complement or numeral-classifier object following the verb. For example:

*我看看明白了。/*我看看了一个小时。(*means wrong)

2. 单独的一个动词重叠形式不能做定语和状语。如：

An individual verb in a reduplication form can't be used as attributives or adverbials. For example:

*我看看的时候，他来了。(*means wrong)
*他笑笑地看我。(*means wrong)

3. 同时进行或正在进行的动作，不能用重叠。如：

Actions that are currently ongoing or are simultaneously occurring cannot be reduplicated. For example:

*我一边看看书，一边听听音乐。(*means wrong)
*我在看看书。(*means wrong)

4. 动词重叠不能和"着、过"一起用。如：

"着, 过" cannot be used with verb reduplications. For example:

*我看看着书。(*means wrong)
*我看看过书。(*means wrong)

5. 动词重叠后不能受已然副词修饰，可以受未然副词修饰。如：

Adverbs that denote completion cannot be used to modify reduplication verbs. Only incomplete adverbs can be used. For example:

*他已经看了看。(*means wrong)　　我今天就去看看。
*他曾经看了看。(*means wrong)　　你先看看。

*他早就看了看。(*means wrong)　　我马上看看。
　　　　　　　　　　　　　　　我赶快看了看。

6. 汉语里，可以重叠的单音节动词比双音节动词多。可以重叠的动词往往具有"可持续进行或反复进行"的特征。如：

In Chinese, there are more monosyllabic verbs that can be reduplicated than disyllabic verbs. Verbs that can be reduplicated are usually those that are "continuing or repetitive". For example:

看　想　洗　等　说　讲　问　听　写　读　笑　敲　缝　数
跳　点头　摇头　摆手　研究　商量　打听　比赛　参观
联系　关心　收拾　打扫……

综合练习
Mixed practice

一、判断并改错 True or false

1. 你最好想想清楚了再回答。

2. 孩子一边哭哭，一边找妈妈。

3. 他看看了我，什么也没说就走了。

4. 大家正在商量商量这个问题。

5. 在北京大学的时候，我们一起学习学习过。

6. 这就是我要看看的书。

7. 我们在一起吃了吃饭，喝了喝酒，唱了唱歌，不到十点就回家了。

8. 我们去散心散心吧。

9. 你这样说，真让我高兴高兴。

10. 每天晚上很多人在湖边散散步。

11. 你把那个球递递给我。

12. 现在很多人都有去国外看看的想法。

二、阅读下面的短文，找出动词重叠式，并领会意义和用法
Read the passage below. Pay attention to the reduplication verbs to grasp their meaning and usage

何：我叫何必，是《大众生活》编辑部的主任。
李：你好，你好。我叫李东宝。这是我的同事戈（Gē / a surname）玲。
戈：你好。
何：你好，戈小姐。这是我的名片。
戈：啊，谢谢。
李：对不起，我的名片忘带了。你的也忘带了吧?
戈：嗯，当然……很抱歉。
何：没关系，没关系，我们已经认识了，这儿太乱，咱们到那边儿坐坐?
李：噢，好，好。
何：我妻子和女儿啊，都是你们刊物（kānwù / journal）的忠实（zhōngshí / faithful）读者，我有时候也翻一翻，很有意思啊。
李：哪里，哪里。
何：客套话（kètàohuà / polite formula）少说，咱们还是谈正事儿（tán zhèngshìr / talk business）要紧。
李：对，对，对。咱互相吹捧（chuīpěng / flatter）就不对了，谈正事，谈正事。

何：事情是这样，再有两个月就到六一儿童节了。咱们当大人的总得为孩子们办点儿实事儿，你说对吧？

李：嗯，你说，你说。快把你的想法说出来让我们听听。

何：我们《大众生活》编辑部啊，准备在六一给全市小朋友办一台晚会。晚会的题目叫"快乐成长"。我们希望邀请贵刊能够和我们共同主办这一盛会（shènghuì / grand gathering）。

戈：嗯，到时候，小朋友不定高兴成什么样儿呢。我们一起主办。

（节选自王朔、冯小刚《编辑部的故事·侵权之争》，有改动）

语气助词
Modal Particles

看一看，想一想：下面这些句子，意思有什么不同？
Take a look, think about it: What's the difference in meaning between the sentences below?

（1）好，你快唱！
（2）没关系，你快唱吧！我们一定不笑话你。
（3）你快唱啊！别磨蹭（móceng / dawdle）了，已经过去五分钟了。
（4）妈妈，你快唱嘛！我想听你唱。

例（1），说话人的语气比较强硬。例（2），说话人的语气比较客气。例（3）说话人在催促（cuīcù）听话人唱歌。例（4）说话人在央求（yángqiú）妈妈唱歌，有撒娇（sā jiāo）的感觉。

In example (1), the speaker's tone is more forceful. In example (2), the speaker's tone is more polite. In (3), the speaker is trying to get the listener to sing. The speaker in (4) is imploring "mother" in a coquettish manner to sing.

"吧、呢、啊、嘛"这些词，叫做语气助词，它们都用在口语里，主要的作用是表达说话人的语气和态度。所以，在用汉语说话的时候，我们需要判断一下自己和听话人之间的关系是否亲密、社会地位相差多大，以及自己希望听话人做出什么样的反应，然后选择合适的语气助词。如果语气助词使用得不恰当，可能会造成不礼貌的问题。

Words such as "吧, 呢, 啊, 嘛" are called modal particles. They are used in oral Chinese to express the speaker's mood and attitude. When using Chinese, we need to think about our relationship to the listener — whether it's intimate or not, considering differences in social position, as well as what kind of reaction we seek to elicit from the listener. Then according to these considerations we need to pick an appropriate modal particle. Not using the appropriate modal particle can result in bad manners.

20.1 疑问句与"吗、呢、吧、啊"
Interrogative sentences and "吗, 呢, 吧, 啊"

20.1.1 疑问句的类型与语气助词
Types of interrogative sentences and modal particles

看一看，想一想：下面的两组句子里，疑问句有什么不同？

Take a look, think about it: What's different about these two groups of interrogative sentences?

第一组 Group 1	第二组 Group 2
你是中国人吗？ 你是中国人吧？ 你是中国人啊？	谁是中国人呢 / 啊？ 你是哪国人呢 / 啊？ 你什么时候去旅游呢 / 啊？ 你为什么来中国呢 / 啊？ 你是不是中国人呢 / 啊？

第一组疑问句，叫做"是非问句"（yes-no question），回答这些问句的时候，我们要用"是、对"或者"不"。第二组疑问句，我们不能用"是、对"或者"不"回答，我们叫这种"问句wh-问句"。

The first group of interrogative sentences are called "yes-no questions". When answering these questions, we must use "是", "对", or "不". In the second group of interrogative sentences, we can not use "是", "对" or "不" in response. This type of interrogative sentence is called "wh-questions".

所以，在"是非问句"里，我们可以用语气助词"吗、吧、啊"；在wh-问句里，我们可以用"呢、啊"。

In summary, we can use modal particles "吗", "吧", "啊" in yes-no questions. In wh-questions, we use "啊" and "呢".

1. 反问句不能用"吧"。

In rhetorical sentences, "吧" cannot be used.

（1）你难道不去了吗 / 啊？

（2）谁不知道这件事呢 / 啊？！你还隐瞒（yǐnmán / conceal）什么呀？

（3）你不是已经告诉过我了吗？我早知道了。

2. 我们在用"啊"的时候，还可以说成：
"啊" is used in the following variations:

发音 Pronunciation	条件 Conditions	例子 Examples
呀	"啊"前面那个字的韵母，是"i"或"ü"或"e"结尾的。 The vowel of the word directly preceding "啊" has "i", "ü" or "e" ending.	你也来呀？ 你也去呀？ 他是你爷爷呀？
哇	"啊"前面那个字的韵母，是"u"或"ao"结尾的。 The vowel of the word directly preceding "啊" has an "u" or "ao" ending.	你们好哇？
哪	"啊"前面那个字的韵母，是"n"结尾的。 The vowel of the word directly preceding "啊" has an "n" ending.	有很多人哪？
啦	"啊"前面那个字是"了"。 The word directly preceding "啊" is "了".	你好啦？

一 选词填空 Choose the appropriate word to fill in the blank

吗   呢   吧   啊

1. 他是学生（　　）？
2. 你去过长城（　　）？
3. 谁愿意去（　　）？
4. 你去不去（　　）？
5. 你还像个学生（　　）？
6. 你不是吃过了（　　）？
7. 你难道不知道（　　）？
8. 他没来过北京，哪儿能到过天安门（　　）？
9. 他都不去，你又何必去（　　）？

10. 客人来了，怎么不倒茶（　　　）？

二 用"啊"的不同形式填空
Use the different forms of "啊" to fill in the blank

> 啊　呀　哇　哪　啦

1. 好（了）（　　　），好（了）（　　　），别哭了。
2. 怎么，你还不知道（　　　）？
3. 快看（　　　），那是什么（　　　）？
4. 你先走（　　　），别等我。
5. 好累（　　　），休息一下吧。

20.1.2　是非问句与语气助词
Yes-no questions and modal particles

看一看，想一想：下面两组句子有什么不同？
Take a look, think about it: What's the difference between the two groups of sentences below?

（1）A：你还不知道吧？他昨天已经订婚了。
　　　B：是吗？祝贺他！

（2）A：什么？你还不知道啊？我们都知道了，他是昨天订的婚。
　　　B：真不知道。那么祝贺他吧。

在是非问句里，如果我们用"吧"，就表示说话人自己已经做出了一个判断，但是，他还想得到听话人的确认，常和"不可能、不会、该、也算是、总、大概"等词语一起出现。又如：

If "吧" is used in yes-no questions, it indicates that the speaker has already performed a judgment, but is still seeking the listener's confirmation. It is usually used with words such as "不可能, 不会, 该, 也算是, 总, 大概". A few more examples:

（3）你是老何吧？诶，正好我有事儿找你，想问问你。

（4）夏：这太阳比地球大，您知道吧？

　　李：知道。

　　夏：可是，满天的小星星都比太阳大，这您就不知道了吧？就因为它们离咱们太远了。其实它们也不算最远的，还有一些我们都看不见……

如果用"啊"，常常表示说话人知道了一个信息以后，他感到比较惊讶，再次重复一下这个信息，进行确认。如：

When "啊" is used, it often indicates the speaker feels surprised after learning some news or information, and is repeating this information, thereby confirming it. Some examples:

（5）啊，你们说的就是这事啊？

（6）怎么回事？不是说好了不去了吗？怎么，又要去了啊？

（7）这个辣椒这么大啊？！哎，辣吗？

根据上下文的语境，选择"吧、啊"填空

Based on the context of the sentences, use "吧" or "啊" to fill in the blank

1. 我们大概要迟到了（　　　）？
2. 女：你们就是《人间指南》编辑部的（　　　）？
   　　李：对。
   　　女：太好了，我们就找你们。
3. 李：嗯。孩子们就喜欢看恐怖（kǒngbù / horrible）电影，越害怕越爱看。
   　　牛：会吓着孩子（　　　）？
   　　李：没事儿。我小时候儿就爱看这个。
4. 余：哎，牛大姐，还没走呢？
   　　牛：是啊。
   　　余：干什么呢？加班儿（　　　）？下班了也不回家，是不是家里又闹矛盾（nào máodùn / conflict）了？

5.（在打电话）：喂喂，喂，哎，老何，我们主任刚才说了，希望能去您那儿拜访，您看……噢，好，没问题（　　）？好，好，太好了。您看什么时候去啊？下午，好，可以可以。

6. 何：江导是我国著名的导演，导过很多很好的电影。
   王：是吗？都导过什么呀？
   何：大型舞蹈史诗《东方红》等等。
   王：啊，知道知道。我们小的时候就看过。哎哟，原来是您的作品（　　）？
   江：不好意思，那都是过去的事儿了。

20.1.3　wh-问句与语气助词
Wh-questions and modal particles

20.1.3.1　wh-问句与"呢"　Wh-questions and "呢"

看一看，想一想：说话人在什么情况下，使用了语气助词"呢"？

Take a look, think about it: In what situation does the speaker use modal particle "呢"?

（1）A：这是谁的书？是你的吗？
　　　B：不是？
　　　A：是他的吗？
　　　C：也不是。
　　　A：是她的吗？
　　　B：不是。
　　　A：奇怪，这是谁的书呢？

（2）那么现在，我几乎可以肯定，她是的的确确有话要对我说，还是一句对我来说非常重要的话。是什么话呢？我想来想去想不出头绪（tóuxù / main threads of a complicated affair），看来只有问她本人才能清楚。

说话人在wh-问句里使用"呢"的时候，他传达出来的态度是：我告诉你，我特别想知道问题的答案。再如：

When the speaker uses "呢" in wh-questions, the following attitude is transmitted: "I'm telling you, I really want to know the answer to this question." More examples:

（3）王：诶，大家倒是说话啊。该怎么办呢？事儿都这样了，现在该怎么办？
（4）李：诶，也真是的啊，这也不可能啊。咱怎么没想到呢？
　　刘：你呀，还是年轻，想不到的事儿啊，那多了。
（5）女：不客气，不客气。牛老师，我是来麻烦您给盖章（gài zhāng / to seal）的。
　　牛：好，来，盖哪儿呢？
　　女：就盖这儿。

注意 NOTE

在口语里有一种问句是"X……，Y呢？"。如：
In oral Chinese, a type of interrogative sentences is "X……, Y呢?". For example:

（1）你觉得那个不好，那这个呢？
（2）我们今天下午要去逛街，你呢？
（3）他的女朋友是北京大学的学生，你的呢？

在这些问句里，"Y呢"实际上都是一个wh-问句的省略形式，它们可以说成：

In these interrogative sentences, "Y呢" is actually an simplified form of wh-questions. They can be said in the following ways:

（1）你觉得那个不好，那这个好不好？/ 那这个怎么样？
（3）我们今天下午要去逛街，你去不去？/ 你有什么打算？
（4）他的女朋友是北大的学生，你的女朋友是哪个大学的？/ 你的女朋友是不是北大的？

20.1.3.2　wh-问句与"啊" Wh-questions and "啊"

看一看，想一想：说话人使用"啊"，要表达什么样的语气？
Take a look, think about it: When the speaker uses "啊", what kind of tone is expressed?

（1）牛：这下儿我心里有底（feel confident）了。哎，王红啊，你说那天我穿什么好啊？裙子？

王：不太好吧。您穿那件西装，一定端庄大方（duānzhuāng dàfāng / dignified, decent）。

牛：夏天穿西装，热不热啊？体育馆有空调吗？那……

（2）余：不能跟他们一起干，肯定有问题。

江：你们这个人是谁啊？有毛病啊？

余：不知道我是谁，是不是啊？睁（zhēng）大眼（open eyes wide）瞧瞧，去外头打听打听……

说话人在wh-问句里使用"啊"的时候，有两种情况。

There are two situations where the speaker uses "啊" in wh-sentences.

一是，说话人和听话人的关系比较密切，使用"啊"的话，就可以表达一种柔和的、亲密的态度，如例（1）。

The first is when the speaker and the listener's relationship is more intimate, "啊" is used to express a gentle, intimate attitude, such as in example (1).

二是，说话人比较生气，和听话人吵架的时候，使用"啊"的话，就可以表达一种比较强硬的态度，如例（2）。

The second situation is when the speaker is angry and is arguing with the listener, "啊" is used to express a tough attitude, such as in example (2).

一 根据上下文语境，选词填空

Choose the appropriate word to fill in the blank according to the context of the sentences

啊　　呢

1. 何（生气地）：你是谁？你叫什么名字？

   余：我是《人间指南》的编辑，我叫余德利。

   何：小王，把他的名字记下来。

   余：嘀嘀，可笑。你还打算把我怎么样（　　　）？

   何：我现在不跟你说。

   余：你凭什么不跟我说（　　　）？我是当事人之一。你必须回答我提出来的问题。

何：请你马上出去。我不要和你讲话。诶，还有你，你也出去。你们来这么多人干什么（　　）？都出去！

戈：诶诶诶，我说您客气点儿，行吗？您那么大人了，怎么不懂礼貌（　　）？

何：我说话就这个样子。对你们就不能客气。

2. 牛：别哭，快别哭！赶快进去喝点儿水。慢慢儿说。坐下。待会儿再说啊。啊，东宝儿，怎么回事儿（　　）？

3. 刘：诶，萝卜（luóbo / radish）这么大啊。诶，辣不辣（　　）？

戈：诶，不辣。您尝尝。特脆。

4. 余：我又一次深深地体会到，你说，咱们这些用这种态度对待自己错误的人，咱们怎么能不进步（　　）？

李：就是啊。进步得怎么能不快（　　）？

二 两人一组，讨论给妈妈买生日礼物，意见不同，但最后达成一致。注意要用是非问句和wh-问句，并注意选择合适的语气助词

In groups of two, talk about what birthday gift you can buy for your mother. You disagree with each other at the beginning, but finally you reach an agreement. Please note that yes-no questions and wh-questions must be used. Use the appropriate modal particles.

是非问句 yes-no questions	吗 吧：已做出判断+要求确认 judgment already made + seeking confirmation 啊：惊讶地得知新信息+要求确认 surprised to receive new information + seeking confirmation

| wh-问句 | 呢：探究答案 probing for an answer
啊：（1）关系亲密的人之间，表达亲密。expressing closeness among intimates.
（2）吵架时，表达强硬态度。expressing a tough attitude when arguing |

20.2 感叹句与"啊" Exclamatory sentences and "啊"

在表示感叹的句子里，我们最常用的语气助词是"啊"。主要有以下几种感叹的办法：

For sentences that express exclamation, the most commonly used modal particle is "啊". The following are the principle types of exclamatory phrases.

20.2.1 好 + Adj. + 啊 / 真 + Adj. + 啊

这是最常用的两个感叹句式，表达说话人的一种主观感受。不过，"好 + Adj. + 啊！"一般是女孩子说的。如：

These two exclamatory sentence patterns are commonly used to express the speaker's subjective feelings/emotions. But "好 + Adj. + 啊！" is normally used by female speakers. For example:

（1）他感到很委屈（wěiqu / feel wronged），自己为学校努力，却有不少人不理解，做成一件事情真难啊。

（2）看到这种情况，我心里真难过啊！我再也不会这样对待别人了。

（3）许云继续向前走，自言自语似地说："真好啊，天气真好啊。"他深深地吸了一口外面的空气。

（4）书晴盯着那个婴儿（yīng'ér / infant），惊呼着说："他好漂亮啊！他的头发好黑啊……他睁开眼睛了……他笑了……啊！娘！他长得好像爷爷啊！"

(5) 有一次去北京出差，她拖了一箱子厚衣服过去，结果发现北方姑娘穿得比南方还少，到处都是暖气，好舒服啊！

20.2.2 太 + Adj. + 啦

这个感叹句式多用来表达说话人的惊叹，即说话人感觉某种性状超出了预期。如：

This sentence pattern is used to express the speaker's breathless sense of wonder or exclamation at certain features which exceed expectations. For example:

（1）他也太霸道（bàdào / tyrannical）啦！有什么事大家可以商量嘛，干什么不让人家出门呢？！

（2）苏州天气太热啦！这几天持续高温，夫人身体要紧，还是请回上海休息吧。

（3）他急忙跑到外面找到王元，把他拉到一边小声说："你也太不懂事啦，把咱们一家人的脸都丢尽了！还不快回家去！"

20.2.3 多么 + Adj. + 啊

看一看，想一想：说话人是在什么情况下使用"多么 + Adj. + 啊"句式的？

Take a look, think about it: In what situation does the speaker use "多么 + Adj. + 啊" sentence pattern?

（1）你以后得注意点儿。这社会多复杂啊。
（2）这个菜多好吃啊，你怎么不吃呢？
（3）你听，他说得多精彩啊！快来听。
（4）如果你也在，那该多好啊！

说话人选用这个感叹句式，他表达的意义是：听话人不这样认为，或者说话人以为听话人不这样认为，所以说话人常常是在劝说听话人，或者要求得到听话人的认同。

The premise of this sentence pattern is that the listener does not see it in the same way, or the speaker believes that the listener does not think so. So the speaker is usually persuading the listener, or seeking the listener's approval when he chooses to use this pattern.

再如：More examples:

（1）有人问："你住这样的房子还能快乐吗？"他说："一楼多好啊！一进门就是家，搬东西很方便，朋友来访很方便……特别让我满意的是，可以在空地上养花种菜。这些乐趣真好啊！"

（2）你的病治好了，你该回到爸爸妈妈身边去了，在你们家生活多好啊。

（3）你不看一看，这个骗局（piànjú / deceit, scam）设计得多棒啊，都赶得上福尔摩斯（Sherlock Holmes）的水平了。

（4）"啊，我的哥哥呀！"姑娘一面吻着斯巴达克思的脸，一面叫道，"我能看到你多么幸运呀！多么伤心啊！他们杀了你！你身上有多少创伤（chuāngshāng / trauma）啊！你流了多少鲜血啊！"

20.2.4 可 + Adj. + 啦

使用这个感叹句的前提是：说话人以为听话人不了解某个信息。如：
The premise of this pattern is that the speaker believes that the listener doesn't know the content of what's said. For example:

（1）来到日本以后，她非常想家、想奶奶。因为奶奶一到冬天就犯（fàn / have an attack of one's old illness）病，可难受啦！她在家的时候，每年都要陪奶奶去医院。

（2）在这里连说话的人都没有，好孤独。妈妈，同学们都去看过了长江大桥，说可好看啦，可没有人带我去。

（3）你不知道，城里人送戏（xì / opera）到农村，农民可开心啦！为了看戏，有的走上5公里多路，提前一两个小时赶到演出地点。

（4）小平同志问："土地承包（chéngbāo / contract with/for）后，怎么样？"老王抢先（qiǎngxiān / try to be the first to do sth.）答道："农民很高兴，积极性可高啦！不分白天、晚上都有人干活。生活比以前强多了！"

20.2.5 其他

有时候，也可以用一个名词词组来表示感叹。如：

Sometimes, a nominal phrase can be used to express exclamation. For example:

感叹表达式 Exclamatory phrases	例子 Examples
多么 + Adj. 的 + NP（啊）	（1）得出一个数字就需要上万次的计算，这需要花费多少时间、付出多么巨大的劳动啊！由此可见，他是多么努力，多么令人佩服啊！ （2）这看起来是多么可悲的一件事啊！可是他们竟然都接受了。
好一 + 量词 (classifier) + NP（啊）	（1）抬头一望，青山绿水，波光无限。好一个富饶（fùráo / fertile）的鱼米之乡啊！ （2）好一个卑鄙（bēibǐ / mean）的小人啊！
（你）这（个）+ Adj. + NP（啊）	（1）你这无耻（wúchǐ / shameless）的人（啊）！ （2）你这聪明的小家伙！
这 / 那 + 量词 (classifier) + NP（啊）	（1）这场雨（啊）！ （2）那个人（啊）！

练习 四

一 翻译　Translate

1. Let me take a look at your watch. It's a nice one!
2. What a beautiful kitchen. It's so modern.
3. If only you had told me that some time ago!
4. What beautiful curls! Why do you want to have them cut off?
5. What ugly things! Throw them away, throw them away!
6. Oh yes! Sometimes it rains very heavily! How about here in Beijing?
7. LaoWang is very serious with work, so do not be careless.
8. You're worrying too much, and the problem isn't that big.
9. That's perfect! Maybe you can finally get a girl friend.

二 选择填空　Choose the appropriate expression to fill in the blank

> 多好啊　可好啦　太好啦　真好啊

1. 我们感到教师的工资太低了。如果能给教师提一提工资，那就（　　）。
2. 那时候很多人不爱学习，但是他说："以后我考大学。考上大学（　　），到时候会有好的出路（chūlù / way out）。"
3. 老师："小丽，你来谈谈对大学的感受。"
   小丽："大学生活（　　）！有很多的自由，爱干什么干什么！"
4. 年轻（　　）！有那么多选择，犯了错也没关系，有的是机会和时间。

20.3 祈使句与"吧、啊、嘛、呗"
Imperative sentences and "吧、啊、嘛、呗"

语气助词"吧、啊、嘛、呗"可以用在表示命令、建议、请求的句子里，它们表达的说话人的态度很不一样，使用的时候一定要特别注意。

Modal particles "吧, 啊, 嘛, 呗" can be used in sentences that provide an order, suggestion, or request. They express a very unique attitude on the part of the speaker, and careful attention should be paid to the proper way of using them.

20.3.1　祈使句与"吧"　Imperative sentences and "吧"

"吧"的语气比较缓和，比较有礼貌，在祈使句中的使用频率最高。多用在请求、商量、建议等语境中。如：

The tone of "吧" is much gentler and more polite. It is used most frequently in imperative sentences. It is most commonly used in contexts of request, negotiation, and suggestions. For example:

（1）行，你看着办吧。
（2）没不让你睡，你去睡你的吧，瞧你困得那样儿。
（3）你不理我是不是？行，你就等着瞧吧。
（4）你想去就去吧，别有太多顾虑（gùlǜ / worry）。

20.3.2　祈使句与"啊"　Imperative sentences and "啊"

在祈使句里，"啊"表示说话人明确要求听话人按自己的请求、意愿、命令等行动，说话人态度比较强硬，多用于警告、威胁、催促、命令等语境中。多用在关系比较亲密的人之间。如：

In imperative sentences, "啊" indicates an explicit request of the listener to fulfill a request or order. The speaker's attitude is more forceful, and it is used in contexts of warning, threat, urging, and giving orders. It is most used between people in close or intimate relationships. For example:

（1）他警惕（jǐngtì / warily）地说："你别把我当傻子啊。"
（2）他瞪大眼睛说："你不要胡说啊。"
（3）我走了几步又掉头回来，对她说："保密（bǎo mì / keep sth. secret）啊。"
（4）你小子以后给我注意着点儿啊。
（5）你给我听好了啊，下次再这样有你好看的。
（6）我不在，你好好的啊！

20.3.3　祈使句与"嘛"　Imperative sentences and "嘛"

在祈使句里，"嘛"表示的说话人的态度比"啊"要弱一些，它传达的意思是：说话人暗示听话人按道理应该执行自己的请求或命令，所以，它一般用在劝告请求的语境中，而且大都要进一步说明理由或陈述情况。如：

In imperative sentences, "嘛" indicates an attitude that is softer than "啊". Its function is prompting the listener to act according to the speaker's logic or request. As a result of this meaning, "嘛" is usually used in contexts of advice-giving or requesting, and further elaboration is required in most cases. For example:

（1）别那么傲慢（àomàn / arrogant）嘛，对人亲切一些多好啊。

（2）你不要那么自卑（zìbēi / self-abased）嘛，很明显，她对你有好感的。

（3）过节了，可以喝一点嘛。

如果"嘛"用在关系比较亲密的人之间，而且说话人的地位比听话人低，或者没有权威（quánwēi / authority），如孩子和父母之间、恋人之间等，往往就带有撒娇（sā jiāo / behave in a spoiled manner）的意思。如：

If "嘛" is used by two people in a close relationship, and the speaker's social position is lower than the listener, or the speaker lacks authority, such as between parents and children or lovers, it often carries a coquettish tone. For example:

（4）妈妈，我想吃雪糕，你给我买嘛，给我买嘛。

（5）去看电影嘛，去看电影嘛。我想去看嘛。

如果说话人的地位比听话人高，特别是说话人是官员的话，"嘛"就带有打官腔（dǎ guānqiāng / speak in a bureaucratic tone）的意思。如：

If the speaker's position is higher than that of the listener, especially in the case of an official speaking to his underlings, "嘛" carries the weight of bureaucratic authority. For example:

（6）不要这样嘛，有什么意见可以提嘛。

（7）我们应该让小王同志睡觉嘛，小王同志睡觉时我们都不要去打扰他。

20.3.4 祈使句与"呗" Imperative sentences and "呗"

在祈使句里，说话人如果使用"呗"，表示：说话人漫不经心地（màn bù jīng xīn / in a careless way）发出建议或请求，但是在说话人看来，这个建议或请求是唯一可能的选择。说话人的态度比较轻慢（qīngmàn / treat sb. without proper respect）。

In imperative sentences, if the speaker uses "呗", it denotes that the speaker is carelessly pronouncing a suggestion or request. In the speaker's eyes, this suggestion or request is the only possible option. The speaker's attitude is sightly disrespectful.

（1）赵国民问："让我干什么去？"
黄小凤说："这你还不明白啊？这种事哪有坐在家里等着的，过去活动活动（pull the string）呗。"

（2）"我问你，如果我们将这些东西分了，你打算怎么处理。"
小胡不假思索（bù jiǎ sīsuǒ / without a second thought）地说，"这还用说？把它卖了呗。"

（3）父亲说："他正在那边等着我呢！"
母亲说："那就叫他一块儿吃呗！你先进屋，我去叫他。"

（4）"你喝啤酒吗？"何平又问。
"想喝你就喝呗，还用我批准（pīzhǔn / ratify; approve）吗？"

（5）"喂，我可以到别的屋子去看看吗？"他问。
"你看呗。哦，对不起，我要去一下厕所，你自己去看吧。"小姑娘很有礼貌地回答。

（6）有不少大商场的衣服都要换季打折了。这个周日咱俩上街去看看呗。

（7）等几个人笑着从我们身旁走过去时，我指着身后说："我们到那边去说说话呗。"

用"呗"的句子中还往往有"就行了""就得了""就可以"等词语。如：
Sentences that use "呗" often feature phrases such as "就行了""就得了""就可以". For example:

（8）你怎么说这么难听的话呀？你要是不愿意，以后你不去跳舞就是了呗。

（9）这事没那么复杂，你直接告诉他就得了呗。

另外，如果说话人和听话人的关系不太亲密的话，说话人使用"呗"，就有一种漠不关心（mò bu guānxīn / care nothing about）的感觉。如：
Also, if the relationship between the speaker and listener is not that close, an attitude of indifference is transmitted when the speaker uses "呗". For example:

（10）我工作上有事要跟他商量，他总是那一句冷冰冰的话："你看着办呗！你不是总经理吗？"

选择合适的语气助词填空
Select the appropriate modal particle to fill in the blank

> 吧　啊　嘛　呗

1. 竹，我爱你，嫁给我（　　）。
2. 刘：张和，去做饭（　　）。
   张：你没看见这儿有客人啊？
   刘：有客人就不吃饭了？行，待着（　　），待着（　　）。晚饭甭吃了。就知道聊。无聊！
   张：哎呀，你想干什么呀？
   刘：你想干什么？我怎么了？我怎么啦？我说两句都不行了？这是我自己的家。
   张：你看，能有你这样说话的吗？你。
   张（对客人说）：她就是这么个人，说话没深没浅（méishēn-méiqiǎn / have no sense of propriety），你别往心里去（　　）。
   客人：没事儿，没事儿。我不会往心里去。
   刘：哟！这就嫌我没深没浅啦？你可找着知音了，是不是？
   张：刘秀英，我告诉你，你说话可得负责任（　　）。
   刘：我不负责任，你要负责任。你跟我说话，从来没超过三句。
3. 牛：这是什么东西啊？
   余：这叫矿泉（kuàngquán / mineral wlter）壶（hú / kettle），你看看（　　）。
   牛：矿泉壶？
   余：做矿泉水的。把自来水儿放在里头，再流出来就是矿泉水儿。
4. 李：你这话说得有点儿不讲道理。
   何：我不讲道理？哼，我今天来，就是来跟你讲道理的，我不但要跟你讲道理，还要让你们去法院（fǎyuàn /

law court）讲道理。你们必须立即停止，否则一切后果（hòuguǒ / consequence）由你们负责。

牛：好了，老何同志，别发火，别发火（　　）。我们可以按照你的要求，立即让他们停止……

何：晚了。现在停，已经晚了。

5. 王：不管怎么说，我觉得没那么严重。出了事儿，咱们就想办法解决（　　）。其实，你们不用担心，我们年轻人自然不会让你们承担这个责任。是不是，余德利？

余：没错儿。

王：我们惹出的麻烦，我们绝对不会不负责。

6. 王：诶，大家倒是说话（　　）。该怎么办呢？事儿都这样了，现在该怎么办？

牛：咳，是呀。老陈回来了，我们怎么跟他说啊？咳！

李：老陈回来也没有办法，承认了（　　）。

王：就这么认了？多冤枉（yuānwang / suffer wrongful treatment）啊！

7. 王：诶，你说，到那儿我们应该怎么说啊。

李：到那儿再说（　　）。见机行事（jiàn jī xíng shì / act according to circumstances）。现在担心也没用。

8. 王：我明白了。他就是想在咱们杂志上登广告。

余：对，对，他就是这意思。

王：登广告就登（　　），交钱不就完了吗？他怎么这么低三下四（dīsān-xiàsì / humble; degrading; lowly）的呢？

20.4 陈述句与"呢、吧、啊、嘛、呗"
Declarative sentences and "呢, 吧, 啊, 嘛, 呗"

除了"吗"以外，其他语气助词都可以在陈述句里使用，而且除了用在句末，还可以用在句中。它们表达的意思比较微妙（wēimiào / delicate;

subtle），大家需要仔细体会。

Except "吗", all of the other modal particles can be used in declarative sentences. They can be placed in the middle of a sentence or at the end of a sentence. We should take great care to understand their subtle shades of meaning.

20.4.1 语气助词用在陈述句句中
Modal particles in the middle of declarative sentences

在口语里，特别是随便的、非正式的闲聊口语里，语气助词会被大量使用。说话人常常用语气助词进行停顿。如：

In oral Chinese, especially in non-formal, casual chit-chatting contexts, modal particles are widely used. The speaker often uses modal particles to initiate pauses or breaks, such as:

(1) 要说起房子吧，在北京来说呀，过去这房子，很不像样儿。
(2) 一般像穷人哪，这个，劳动人民哪，住的房子都是小房子儿，又脏又乱……
(3) 历史博物馆哪，就在那时候儿建的。建了这个馆以后呢，我们单位啊，有一些人哪，就选一些当讲解员（jiǎngjiěyuán / guide, interpreter）的。条件啊，比较高一点儿，一个是口才（kǒucái / speechcraft）得好，一个是长得要好，身体得强。所以我的大女儿呢，就被选中啦。
(4) 所以不感到啊，这个北京和外地呀，有多大的差别了。
(5) 第一次呀，这个父母哇，就让我呀，给她介绍一个男朋友。

我们可以看到，语气助词几乎可以用在句中任何一个意义单位（meaning unit）的后面，大致有两种情况：一是说话人在思考、犹豫不决等情况下，用语气助词停顿，提醒听话人他将会继续发话。二是说话人故意利用语气助词停顿一下，引起听话人注意，引发他们倾听的兴趣。

We can see here that modal particles can be used after almost any meaning unit in a sentence. There are two kinds of situations in which they are used. The first situation is when the speaker is thinking about something and cannot make a decision. Here the modal particle is used to pause and inform the listener that the speaker is about to continue speaking. The second situation where modal particles are used is when the speaker intentionally uses a modal particle to initiate a break, inviting the listener's attention and summoning their interest.

20.4.1.1 "啊、呢、吧"用在陈述句句中
Using "啊, 呢, 吧" in the middle of declarative sentences

常常用在陈述句句中的语气助词是"啊、呢、吧"。它们常常出现在下面的一些位置。

The modal particles that are used the most in the middle of declarative sentences are "啊, 呢, 吧". They are used in the positions described below.

（一）用在句子主语之后。Following the subject of the sentence.

（1）**我这个年纪的人呢**，就是这样儿。**比我还老一点的人呢**，经历还得复杂些。

（2）现在房子基本也够住的，住处改善了。**人的生活呢**，也改善了。**人的身体呢**，也比过去好了。**像我来说吧**，七十七岁了，一年两年我也不看一次病，我也没有病。

（3）**我吧**，是个厨师，我热爱我的工作，可我从小就有个理想，一直没实现，而且现在越来越不可能实现了。

（4）譬如（pìrú / for instance）说**胖子吧**，一般爱买大手绢（shǒujuàn / handkerchief），胖子鼻涕（bítì / snot）多嘛，瘦子就买小一点的。

（5）像**我们这种工作吧**，就是和人打交道的工作，每天都得和几千人说话，我就观察这几千人的特点。

（6）我买了个年票，去公园，每天去。**这年票啊**，五十块钱。我每天去两次。

（7）"您说**这王大妈啊**，"冯小刚走过来说，"每次见她，每次我都纳闷儿（nàmènr / wonder），身子骨儿怎么就这么硬朗（yìnglang / hale and hearty）？

注意 NOTE

例（4）和例（5）这样的表示举例的时候，最常使用的语气助词是"吧"。

In sentences which feature listing, such as (4) and (5), the most commonly used modal particle is "吧".

（二）用于时间词之后。 Following time words.

（8）以前，一个月150块钱，不够花。**现在呢**，1000块，我很满意。

（9）那时候考大学考了两年。**第一年呢**，忘了因为什么来着，没考上；**第二年呢**，又考一次，结果考上了，上的是北京师范大学，学的是地理。大学生活呢，还是挺好玩儿的。

（10）**近几年啊**，大家喜欢吃风味儿小吃。但是，现在这风味儿小吃儿啊，简直是有名无实（yǒumíng-wúshí / in name only），一点儿风味儿都没有了。

（11）过去，像五几年那时候儿吧，"五一"的时候儿就挺暖和了。像今年这"五一"的时候儿呢，还挺冷的呢。

（三）用在表示地点、范围的词语之后。 Following words that express place or range.

（12）现在青年人，很喜欢骑摩托车，都去广州买。在广州，咱们国产的车、日本产的车都有。**北京呢**，买不着，广州那儿到处都有……

（13）这些补贴（bǔtiē / subsidy）在中学和小学里就没有了，所以，**从总的收入来讲呢**，我们就比别人低。

（14）结果，你猜这个售货员怎么着？你说完吧，他站起来走了，你就等着吧。所以**在社会上啊**，时常发生各种各样的事儿。

（15）我呢，有房子住，有床睡，就行了，是不是？**在生活上啊**，没问题了就行了，是不是啊？我就这样儿考虑。

（四）用在比较对象之后。 Following comparisons.

（16）当然我岁数大了，跟年轻的时候儿感觉也不一样了。可是实际上好像也是真有变化，总的来看呢，气候**是比从前呢**变暖和了。

（17）我认为新演员里啊，他是差了一些。您比如，四大名旦，他哪里比得过啊？要再**比王瑶卿（Yáoqīng）那一代呢**，四大名旦他们又差了。

（18）反正生活上还是**比以前**吧，不敢说有天地之别吧，反正还是都挺好的。起码（qǐmǎ / at least）你想吃什么买什么，是不是啊？

（19）过去嘛，只有一个国营商店啊，现在呢，满街上都是卖东西的，反正，市场**比过去**啊活跃，买东西稍微方便一点。

（五）用在原因、目的性成分之后。Following a reason or purpose.

（20）需要做手术的人呢，得不到及时手术。所以好多病人呢，**因为这样儿呢**，没了命啊。

（21）越来越感到吧，反正是没知识，没文化不行。所以，**为了弥补**（míbǔ / make up）**自己的这个不足呢**，就尽量地培养孩子。

（22）我谈谈我自己的学习吧，也是我的历史。我这个家庭，因为**还有点儿封建**（fēngjiàn / feudatorial）吧，虽然我父亲也念过书，但对于女孩子上学是不怎么热心的……

（23）我每天呢，反正**因为是岁数儿大了**啊，不能睡八小时啦。我差不多看完电视啊，十点来钟就要睡。

（六）用于假设条件小句末尾。 At the end of a hypothetical condition clause.

（24）过去，有时候儿你到家具店，你买不着要买的东西。现在呢，自由市场，**你要是去了呢**，就可以买着，当然是贵一些，可是你能够买了就用啊。

（25）好，您慢走。明天**您要不来呢**，我们给您送过去。

（26）北京的车，再加上各地来的车，车比较多。以前那时候，**就是说车多吧**，也没发展到现在这样儿。现在这路上，车确实比较难开。

（27）我们小时候儿那会儿吧，反正就冷，比这会儿冷得厉害。**你要是出门儿吧**，**要出去倒水吧**，一开门儿，手都黏上（niánshang / stick）了。

（28）你既然要培养孩子，那么就要花工夫，**否则啊**，就不会有好效果。

（29）孙子现在进幼儿园了。他爸爸**要是上夜班儿啊**，就是整托（put one's child in a boarding nursery），**要是上白班儿呢**，就晚上接回来。

> **注意 NOTE**
>
> 在假设条件句中，最常使用的语气助词是"呢"和"吧"，而且常常是对举使用。如：
>
> The most frequently used modal particles in hypothetical conditionals are "呢" and "吧". They are used when making contrasts. For example:

（30）孩子们**要有良心**（liángxīn / conscience）呢，等你老得不能动了，能常来看看你，说几句闲话（xiánhuà / chitchat）。**他们要没良心**呢，你就当没养过他。

（31）她小声教育我："**我要答应你**呢，你一时痛快（tòngkuài / to one's great satisfaction），可是将来就会恨我一辈子，就该说当初是我害了你。"

（32）我也为难，**让她老在梦里**吧，她老长不大；**叫醒她**吧，又怕她伤心；**等她慢慢自己醒**呢，又怕她突然一睁眼吓坏了。

（七）用在连接性的词语后面。 Following connecting words.

（33）这人呢，就这样儿，老觉得人家那儿挺好的。**其实**呢，我看干什么工作都一样。反正干好了呢，都不错。

（34）这个问题大家都明白了，是吧？**下面**呢，我们一起做个游戏。

（35）让那些老同志呢，到这儿以后，能够心情愉快。使他们的身体呢，能够硬朗。**所以说**呢，我就千方百计地做好这方面的工作。

（36）一个人到这儿看看病吧，**起码**（qǐmǎ / at least）吧，也得十块二十块的，甚至于百儿八十块的都有。

（37）可是到旺季（wàngjì / midseason）的时候儿呢，就比较便宜。**一般来讲**啊，一块多钱，从这个淡季（dànjì / off-season）的情况来看哪，就比较贵了。

（38）我原来最爱看电影儿了。**可是**啊，后来就根本没时间了。

> **注意 NOTE**
>
> 1. 语气助词"呢、吧、啊"用在陈述句句中的时候，它们传达的说话

人的态度有非常微妙的差别，大概说来：用"啊"的时候，说话人的语气是确信的、肯定的；用"吧"的时候，就带有一点犹豫、迟疑不定的语气；用"呢"的时候，说话人的态度是比较客观的，仿佛是专注在事情的叙述中。

When the modal particles "呢, 吧, 啊" are used in the middle of declarative sentences, they transmit slightly different meanings. When "啊" is used, the speakers tone is confident and assertive; when "吧" is used, it carries a bit of hesitation, uncertainty; when "呢" is used, the speaker's attitude is more objective, squarely focused on the narration.

2. 语气助词"嘛"也可以用在陈述句句中，不过，它大多用在主语的后面。如：

The modal particle "嘛" can also be used in the middle of declarative sentences. However, it is mostly used after the subject. For example:

（1）后来，有人给介绍了一个女孩子，是一个教数学的老师。**这个岁数儿嘛**，也就二十六七岁。但是双方一见面儿以后呢，我儿子呀不乐意……

（2）我女儿结婚了。**儿子嘛**，有宿舍了。家里就我们老两口儿了。

（3）**这个嘛**……当爸爸的不都这样儿么？你也别生气了。

（4）**钱嘛**，就是为了花的。你现在舍不得花，老了以后就没有时间花了。

（5）**学校嘛**，不就是培养人的地方吗？要不，我们把孩子送到学校干什么！

（6）牛：难道非得打官司（dǎ guānsi / go to court）吗？我们之间为什么不能好好商量商量解决问题呢？

何：当然可以商量。但是首先你们必须要承认你们侵权（qīn quán / tort）。其次，再公开赔礼道歉。**然后嘛**，要赔偿（péicháng / compensate for）我们的名誉（míngyù / reputation）损失（sǔnshī / loss）和经济损失。

说话人使用"嘛"时，他传达的态度是：我说的话是有依据的、有道理的，理当如此。

When a speaker uses "嘛", the attitude expressed is: "What I say is proven by facts, is logical, and that's just as it should be."

用"啊、呢、吧、嘛"填空

Use "啊, 呢, 吧, 嘛" to fill in the blank

1. 我认识王眉的时候,她十三岁,我二十岁。那时,我正在军队服役(fú yì / enlist in the army)。她(　　),是个来姥姥家过暑假的初中学生。

2. A:那时候,你是海军,她是干什么的?
   B:她(　　),是个来姥姥家度暑假的初中学生。

3. 你表现得像个无赖(wúlài / scoundrel),而阿眉(　　),也做得不好,像个被惯坏了的小姐。

4. A:这里的房间都不太大,你就凑合着住一宿,好吗?
   B:房间大(　　),我住;房间小(　　),我不住。

5. A:你明天上课时把这本书带给王平。
   B:他要不来上课(　　)?
   A:他要不来上课(　　),你就交给李三。

6. 小道消息(xiǎodào xiāoxi / gossip)(　　),我是这个耳朵进那个耳朵出,根本没当回事的。

7. 王:李教练,我要减肥,你给我出出主意吧。
   李:你要想减肥(　　),得先控制饮食。一天一两馒头不吃菜,行不行?
   王:行!
   李:水也要少喝。一天就一杯吧。
   王:这!
   李:对对,还有你一天睡几个小时?
   王:不算午觉,才八个钟头。
   李:太多了。减一半儿,四个小时,以后再减。
   王:这!
   李:还有,这个锻炼的事儿(　　),王师傅,你一定要动起来。大运动量,相当于一场英格兰乙级队的足球赛,或是铁人五项赛吧。
   王:那,那什么时候开始啊?
   李:今天,现在,立刻,马上。

20.4.1.2 陈述句句中"啊"的其他用法
Other uses of "啊" in the middle of declarative sentences

（一）"啊"还可以用在列举的情况里。如：
"啊" can be used when listing. For example:

（1）因为我在年轻的时候儿呢，我对音乐呀，戏剧呀，是比较喜好的。
（2）你像妇女吧，喜欢喝一点儿红葡萄酒啊，喝一点儿啤酒啊，还有一些人呢，愿意喝一点儿白酒啊。所以，婚礼上都要准备好。
（3）咱们还是拿牲口（shēngkou / beasts）打比方吧，你可以把牛啊马啊那些大牲口放出去不管，但是你能把鸡也赶到山上去吗？

（二）"啊"用在称呼语的后面。如：
"啊" is used after forms of address. For example:

（4）"林生啊，"老太太叹口气，"我看你这日子过得也挺难。"
（5）马林生哭起来，心想："我也真是不敢再幻想（huànxiǎng / fantasy）了，没用了……命运啊，你怎么这么残酷（cánkù / cruel）！"
（6）天啊，他这一生到底做过什么事情啊！

（三）"啊"用在"V啊V啊"的格式里。如：
"啊" can be used in the "V啊V啊" format. For example:

（7）她跑啊跑啊，直到脸色发青（blue in the face）才停下来。
（8）我想啊想啊，想了三天也没想明白。

翻译 Translate

1. "God!" cried Dennis from within. Oh, my God!
2. Please God, let him telephone me.
3. She talks about nothing but food and clothing.
4. She bought pork, potatoes, green vegetables, anything.
5. They went on and on till they came to a river.

20.4.2 "呢"用在陈述句句末
Using "呢" at the end of declarative sentences

20.4.2.1 "呢"传达的意义　The meaning of "呢"

看一看，想一想：下面句子里的"呢"传达了说话人什么样的态度？

Take a look, think about it: What is the attitude of the speaker when using "呢" in the sentences below?

第一组 Group 1

（1）跟你没关系，他们在骂我呢！
（2）"噢，"司马聪笑着说，"我跟你开玩笑呢，你别当真。"
（3）她们是故意笑话你呢，就是要让你不开心。
（4）我跟你说话呢，你听见没有？
（5）都是因为你，我还从没有挨过这么厉害的批评呢。

第二组 Group 2

（6）我发觉自己不能跟他们一起混日子（hùn rìzi / laze away）了，我还没有毕业呢。
（7）哎哟，牛大姐，你还没走呢？

在第一组句子里，说话人都在明确地提醒听话人注意一个事实，在说话人看来，这个事实是听话人没有意识到的。如例（1），听话人不知道他们骂的是说话人（即"我"），以为他们骂的是自己，所以，听话人提醒他注意这个事实。

In the first group of sentences, the speaker is explicitly reminding the listener to pay attention to a certain fact. In the eyes of the speaker, this fact is something that the listener is not aware of. For example, in sentence (1), the listener does not know that they are scolding the speaker (我), but believes that they are scolding himself. So the speaker is reminding the listener to pay attention to this fact.

在第二组中，说话人自己注意到一个事实，而且这个事实是他说话以前没有意识到的。如例（6），说话人在说话以前跟朋友们一起混日子，他忘记了自己还没毕业的事实，现在他注意到了这个事实。

In the second group, the speaker himself notices something, and this is something that he did not know before. For example, in sentence (6), before the speaker is hanging out with his friends, and forgets that he has yet to graduate. It is not until the time of speaking does remember that he hasn't graduated yet.

因为，说话人在陈述句里用"呢"，传达出的态度是"提醒听话人注意某个事实"，所以，它常常用在辩驳或纠正听话人的语境里。如例（1）（2）（3）。再如：

When the speaker uses "呢" in declarative sentences, the attitude that is transmitted is that of "reminding the listener to pay attention to a certain fact". As a result, "呢" is often used in a context of debate or correcting a speaker, as in sentence (1) (2) (3). More examples:

——"为什么我觉得你好像是另一个人呢？"

——"这么说，还有一个长得和我很像的人了？"

——"别开玩笑，跟你说正经（shuō zhèngjǐng / serious business）的呢。你跟过去大不一样。"

——"过去我什么样？"我茫然（mángrán / absently, at a loss）地问。

20.4.2.2 有"呢"的几个特别句式
Several types of special "呢" sentences

（一）才……呢

看一看，想一想：说话人在什么情况下使用"才……呢"句？

Take a look, think about it: What situations does the speaker use the "才……呢" sentence format?

（1）——把你写的诗给我看看。
　　——我才没有写过什么诗呢。
（2）——别急啊！
　　——我才没急呢，我也没输——10：7！
（3）——我带你去吧，认识认识我的朋友。
　　——不去，我才不想认识你们那些小坏孩儿呢。

所以，"才……呢"常常用于辩驳，反对对方。

"才……呢" is often used to retort or oppose the other party.

（二）（Y）还 NP 呢

这个句式常常用于不满。意思是：根据一般情理，Y是NP，应当具有NP的某种特征，可是事实上却没有。如：

This pattern is often used to express dissatisfaction and expresses that according to common sense, Y is NP, so Y should have a trait of NP that it in reality does not possess. For example:

（4）你还大学生呢，连这点事儿都不懂。

（5）还丈夫呢，还说爱我呢，我生病了，也不给我做饭。

在例（4）里，"你"是一个"大学生"，应该"懂这个事儿"，但是，"你"不懂，所以，"你"不具备"大学生"应该具有的特征。

In sentence (4), "you" (你) is a university student (大学生), and should understand this matter (懂这事儿). However, "you" doesn't get it, so "you" does not possess a trait that a university student should possess.

（三）还 Adj. / VP 呢

这个句式用来表示否定，对某种特征进行否定。如：

This sentence pattern is used to indicate negation, to negate any kind of characteristic. For example:

（6）——房间布置得这么高雅（gāoyǎ / elegant and in good taste）啊？
　　——你别笑话我了，还高雅呢，凑合（còuhe / make do with）住吧。

例（6）"还高雅呢"，意思是：你的判断是不准确的，实际上不高雅。例（5）里，"还说爱我呢"，意思是：他"说爱我"是假的，他实际上不爱我。

In sentence (6), "还高雅呢" means "Your evaluation is not accurate, in reality it's not 高雅." In sentence (5), "还说爱我呢" means: "When he 'said he loves me' he is faking, in reality he doesn't love me."

 NOTE

有一些口语里的固定表达式，也含有语气助词"呢"。

There are a few fixed expressions that contain the modal verb "呢" in oral Chinese.

1. **还说呢**：主要用于对听话人提出委婉的批评，希望听话人不要再说下去了。如：

"还说呢" is mainly used to indirectly criticize the listener, with the aim of getting the listener to stop speaking. For example:

A：天啊，又要迟到了。
B：还说呢！要不是你，我们怎么会迟到？

2. **我说呢**：表示恍然大悟或终于明白了事实真相。如：

"我说呢" indicates that one "suddenly sees the light" or finally understands the truth behind a situation. For example:

A：今天是礼拜六。
B：啊，我说呢，怎么你不着急。我都被你气糊涂了！

3. **你管呢**：表示不需要对方操心（cāo xīn / worry about）。如：

"你管呢" indicates that the listener shouldn't be worrying about something. For example:

A：她根本不爱你，你为什么还不和她分手？
B：你管呢，我乐意，怎么着？

4. **管他呢**：表示不必顾虑（gùlǜ / care, worry）。如：

"管他呢" indicates that it's not necessary to care about something. For example:

（1）A：他们来了，找不到我们，怎么办？
　　 B：管他呢，走吧。不等了。
（2）A：这个地方，还需要再修改一下吧。
　　 B：管他呢，就这样吧。

一 翻译　Translate

1. He is joking. Don't take it seriously.
2. I don't mind you joking. I like it.
3. Go to sleep. I've got a long day tomorrow.
4. And can't you dress more decently—people will think you're a tramp.
5. You're supposed to be my friend! How could you do such things to me?
6. They say "Tom, shut up" and I go "No, you shut up".
7. "But we might ruin the stove." — "Who cares?"
8. "Any idea who is going to be here this weekend?" — "No. Still, who cares?"

二 选词填空 Choose the appropriate word to fill in the blank

> 呢　吧

1. 摆出来就吃（　　），吃完了大家还得谈正事（　　）。
2. 你不知道，我收到你的信，哭了好几天（　　）。
3. 这鱼可新鲜（　　）！你就买一条（　　）。
4. 你别生我的气，我不是故意躲着你，我心里矛盾着（　　）。

20.4.3 "啊"用在陈述句句末
Using "啊" at the end of declarative sentences

说话人如果在陈述句末使用"啊"，他的态度是：说话人对自己的话非常确信，他要明确地告诉听话人一个信息。

If the speaker uses "啊" at the end of a declarative sentence, the speaker is emphasizing that he is very sure of what he is talking about, explicitly informing the listener about something.

请读一读下面的例子，体会一下说话人的态度。

Read the examples below and notice the speakers' attitude.

1. 说话一方提出一个疑惑（yíhuò），说话另一方用"啊"澄清（chéngqīng）他的疑惑。如：

One speaker raises a doubt, the other speaker uses "啊" to clarify his doubts. For example:

A：你这是干什么啊？买这么多东西，要做买卖啦？
B：不是，换季大拍卖（seasonal sale）啊！你不知道啊？

2. 说话一方提出一个观点或请求，说话另一方用"啊"表达不同的意见。如：

One speaker makes a point or demand, the other speaker uses "啊" to express a different point of view. For example:

（1）A：你们把教育办成这个样子，简直让人心痛！
　　 B：是，不过，光靠学校教育也不行啊，也需要家长配合才行啊！

（2）A：男人结婚以后不变啊，那才叫奇迹呢！

B：可是，你们家小王就没变啊！

（3）A：来，你过来帮个忙。

B：不行啊！我这儿也忙着呢。

3. 说话一方提出一个观点或建议，说话另一方用"啊"表示认同。如：

One speaker makes a point or suggestion, the other speaker uses "啊" to express agreement. For example:

（1）A：心情不好，不想回家。

B：我也是啊！

（2）A：哟，你变得这么大方（dàfang / generous）啊？要花钱请我吃饭啊？那我要吃西餐。

B：没问题啊！老婆的话，一言九鼎（yī yán jiǔ dǐng / Every word carries weight）。

翻译　Translate

1. "What about Sunday evening at Frank's?"— "Sure. What time?"
2. Get out. Haven't you screwed things up enough already!
3. I could not know that. I was not there!
4. "Somebody wants you on the telephone" — "But no one knows I'm here!"
5. Be careful how you handle that gun. It's the real McCoy!
6. It is indeed unfortunate!

20.4.4　"嘛"用在陈述句句末
Using "嘛" at the end of declarative sentences

说话人在陈述句末用"嘛"，他传达的态度是：说话人所说的话是有根据的，是合乎客观情理（reasonable; justified）的。

When the speaker uses "嘛" at the end of a declarative sentence, he is emphasizing that his speech is proven by objective reasoning.

1. 提供理由　Providing a reason

（1）譬如说胖子吧，一般爱买大手绢，胖子鼻涕（bítì / sont）多嘛，瘦子就买小一点的。

（2）这么办吧。你叫他们来，当面谈谈。如果真像你说的那样儿，咱们就同意一起办这台晚会。毕竟也是好事儿嘛。

（3）我说，咱们别老提我过去的事儿了。我这人呢，真不爱听人恭维（gōngwéi / flatter），特别是过去的事儿。那只能说明过去，还是得看现在。时代在发展嘛。

（4）你们为什么不找个人或打个电话问一下呢？我们是一个公司的，打个电话还是很方便的嘛。

2. 把事情往小里说　Down-playing something

（5）我不过就是说你几句嘛，你爱听不听，可是你偏要跟我顶嘴（dǐng zuǐ / reply defiantly）。

（6）何：不要提（tí / mention）我。提我干什么呀？

王：又急，又急。随便儿提提怕什么呀？打个比方嘛。

（7）刘：王玲啊，红烧肉多少钱一份儿？

王：也就十块多钱嘛。

刘：豁出去（huōchuqu / go ahead regardless）了，我买两份儿。

3. 说明或发现一个确凿的事实　Describing or proving an irrefutable truth

（8）王：诶，在旁边儿跟他聊天儿的那人是谁呀？

李：那你也不认识！不就是那谁嘛！

王：谁？

李：就是那个何冰教授嘛。

王：哦，哦。名人都来了啊。你们真了不起啊，真有两下子啊。

（9）王：对不起，这件事儿我没办好。让你丢脸了。

陈：丢什么脸呀？我看这很好嘛。接受一次教训。吃一堑（qiàn），长一智（A fall into the pit, a gain in your wit）嘛。

（10）何小刚走进屋里，笑着说："哦，人来得很齐嘛。"

（11）本来就是嘛，我这是实事求是（be realistic and down-to-earth）。

翻译 Translate

1. "How do you know he's Irish?" —"Sticks out a mile."
2. That's more like it. You're getting into the swing of things now.
3. I was only joking. Why take it so seriously?
4. Of course it was acting improperly.
5. We're going to be married. Married people help each other.
6. It serves you right. As a man sows, so does he reap.
7. Jealousy, naturally, will come with admiration. For that's the way things are.

20.4.5 "吧"用在陈述句句末
Using "吧" at the end of declarative sentences

"吧"常常与"不可能、不会、该、也算是、总、大概"等词语一起出现，表达一种推测性陈述。如：

"吧" is often paired with "不可能, 不会, 该, 也算是, 总, 大概" to make a speculative statement. For example:

（1）你昨天晚上来过啊？<u>不可能吧</u>，昨天晚上下那么大的雨，你怎么会来？

（2）这几年她一直在努力地工作，而且别无所求（bié wú suǒ qiú / want nothing），这一点<u>该是</u>有目共睹（dǔ / be obvious to people）<u>的吧</u>。大家不要再怀疑她了。

（3）马梅挽着我的胳膊，我们在市场从头逛到尾，我看着阳光下来来往往的人群想："这<u>大概</u>就是幸福<u>吧</u>。"

"吧"也常常出现在"A 就 A 吧"的格式里，表示的意思是：不在乎，没关系。如：

"吧" often appears in the "A 就 A 吧" sentence pattern, indicating that "I don't care, it's not a big deal". For example:

（4）办不了就办不了吧。没关系。我再找别人。

（5）约（yuē / date）就约吧，什么地方好我也不知道，干脆去泰山怎么样？

（6）是没什么了不起，分手就分手吧。好姑娘有的是。

练习十一 / **Practice Eleven**

翻译 Translate

1. You must be expecting a young man.
2. And while I'm out you might clean up the kitchen.
3. Perhaps it would be better if I withdrew altogether.
4. Jenny, you wanna go to that party, you should go.
5. He told me that I was free to call myself and gave me the number.
6. You may sing as you want, because many singers come and sing live.

20.4.6 "呗"用在陈述句句末
Using "呗" at the end of declarative sentences

看一看，想一想：下面句子里，说话人用"呗"表达了什么样的态度？
Take a look, think about it: What kind of attitude is expressed when the speaker uses "呗" in the sentences below?

（1）—谁来的电话？
　　　—还有谁，你老婆呗。看看你是不是在我这儿呢。

（2）—为什么突然不想去了呢？
　　　—什么也不为，就是不想去了呗！

（3）妈接过话筒（huàtǒng / receiver）对我说："你猜我是谁？"我笑了，说："你是我妈呗！"我心想，这还用得着猜吗？！

（4）—你怎么没出去呀？我看你爸你妈一早就出去了。
　　　—他们去逛街买东西，叫我去我没去。我不爱跟他们一起上街，我妈买东西太磨蹭（móceng / dawdle），还不够烦的呢。
　　　—女人呗，你长大了没准儿也那样。

说话人使用"呗"时,他传达的态度是:我认为那是唯一的一种可能,而且,那也是听话人或大家都应当知道的,我只是把这种可能性说出来了而已。有一种轻率的、不在乎的口气。

When the speaker uses "呗", the attitude transmitted is: "I believe that this is the only possibility. Even though that you or everyone else probably already knows this, I am still speaking out loud this possibility." This carries a sort of a rash, not really caring tone.

"呗"也可以用在"A就A呗"的格式里,表示"没关系、不要紧"的意思。如:

"呗" can also be used in the "A就A呗" format to express "no problem, don't worry". For example:

(5)行啦行啦,陈涛,你还是听听我的劝吧!生这么大的气干什么呀?嘴长在她身上,她愿意怎么说就怎么说呗,难道她把你说成啥样,你就是啥样了吗?

(6)他一进门就叫道:"妈,我回来了!"
"回来就回来呗,也不用我请你呀。"母亲没回头,漫不经心(màn bù jīng xīn / in a careless way)地说。他一愣,不知道是怎么回事。

(7)"你还买菜啊?小媳妇(xífu / housewife)似的。"我在市场上见到她,笑着对她说。
"小媳妇就小媳妇呗,不买菜吃什么呢?"她一边仔细地挑着西红柿一边说。

翻译 Translate

1. Well, sing if you like. why you mind so much?
2. Don't know? Well, learn it.
3. We're friends, and friends help each other out. What else can I say?
4. So go meet her all you want. Who cares?

20.5 语气助词用法总结 Summary of modal particle usage

我们再来总结一下语气助词的主要用法。
Let's summarize the main usages of modal particles.

	主要意义 Primary meaning	礼貌态度 Politeness	用法 Usage
啊	说话人对语句内容确信不疑 The speaker is very sure of the content of his speech	用于关系亲密的人之间，可加强亲密关系；一般不用于关系疏远的人之间。 Used between people in a close relationship, can enhance their relationship; usually not used between people not in a close relationship.	陈述句 declarative sentence 感叹句 exclamatory sentence 疑问句 interrogative sentence 祈使句 imperative sentence
呢	提请听话人注意一个事实或者一个疑问点。 Prompts the listener to pay attention to a fact or a point in question	对交际双方关系的亲疏不敏感，但用于询问听话人的个人信息时，也有利于建立亲密关系。 Not sensitive to the status of the speaker's relationship. However when used to inquire of the listener's personal information, it can benefit the building of a relationship.	陈述句 declarative sentence 感叹句 exclamatory sentence 疑问句 Interrogative sentence
吧	推测性的疑问或者陈述 Predictive question or declaration	对交际双方关系的亲疏不敏感，亲密与否都可以使用。 Not sensitive to the status of the speaker's relationship, can be used among close or distant speakers.	陈述句 declarative sentence 疑问句 interrogative sentences 祈使句 imperative sentences

续表

嘛	说话人认为自己的话符合客观情理。 The speaker believes his speech is in accordance with objective reason.	用于关系远的人之间，可以拉开距离；用于关系近的人之间，可以增进亲密感。 When used among people not familiar can distance themselves; when used among people in a close relationship, can make the relationship even tighter.	陈述句 declarative sentence 祈使句 imperative sentence
呗	说话人认为自己的判断或建议是唯一的可能。 The speaker believes that his evaluation or suggestion is the only possibility.	多用于关系亲密的人之间。 Mainly used among people in a tight relationship.	陈述句 declarative sentence 祈使句 imperative sentence

综合练习
Mixed practice

一、用合适的语气助词填空（一）
Use the appropriate modal particle to fill in the blank

> 啊　呢　吗　吧　嘛　呗

玛丽：最近忙不忙（　　）？

安娜：可忙啦！

玛丽：忙什么（　　）？

安娜：写论文（　　）、考HSK（　　）、上课（　　），忙死了。你挺悠闲的（　　）？

玛丽：才不是（　　）！我也忙得很，天天做实验。

安娜：是吗？今天晚上我们去看场电影（　　）？休息休息。

玛丽：看电影（　　）？好看（　　）？

安娜：听说可好看（　　）！

玛丽：我不大喜欢看电影，还是去跳舞（　　）！

安娜：那好（　　）。这次就再听你一次。

玛丽：本来就应该听我的（　　）。我的主意多好（　　）！

安娜：别自我感觉良好了。我们什么时候去（　　）？

玛丽：晚饭后7:30，行（　　）？

安娜：行（　　）。要化化妆（　　）？

玛丽：当然。漂漂亮亮的跳舞才有意思（　　）！

二、用合适的语气助词填空（二）
Use the appropriate modal particle to fill in the blank

> 吗　啊　吧　呢

（一）A：可这事儿也太好了（　　）？好得我都不敢相信。这种好事儿，我真是头一次遇见。

　　B：你对生活失去信心了（　　）？不相信这世界上还有好人了？这也难怪。这几年（　　），社会都乱了。什么理想（　　）、信念（　　）、前途（　　）、高尚（　　），都没人信了。我不怪你们，年轻人（　　），容易动摇。这么着（　　），你们回去再好好儿想想，前后左右都想到了，要是觉得有问题就算了。要是觉得可以干，信得过我，就按名片上的号码儿给我打个电话。我给你们几天时间考虑，好好儿想想。好不好（　　）？

（二）……事情是这样，再有两个月就到六一儿童节了。孩子（　　），祖国的花朵，民族的希望，一年（　　），就这么一个节，咱们当大人的，平时可以不管，到节日了，总得为孩子们办点儿事儿，你说对（　　）？

（三）李：诶，你们俩能不能安静一点儿？不吵了？不是说的都是一件事儿（　　）？

　　夏：就是（　　）。

　　李：谁先说不行（　　）？都坐下，坐下坐下。诶，那你叫什么名字（　　）？

　　夏：我叫夏天。简单地说（　　），是这么回事儿。有一个星星，朝咱们地球撞过来了。据说这一撞（　　），咱地球上最少得死一半儿人。

　　李：据说，你是据谁说的？消息可靠（kěkào／reliable）（　　）？

夏：这个准确的出处（　　），我也不说不出来。不过，我天天（　　）听收音机，像什么日本（　　）、朝鲜（　　）、苏联（　　）、美国（　　）……

李：坐下说，坐下。

夏：英国（　　），还有好些我不知道名字的国家，它们的广播我都听。诶，你知道（　　），外国人（　　），他们说话都像感冒了似的，没有四声。你让我说它是哪国之音，我哪儿说得出来（　　）！不过，我确实是听见了，最后一句最可怕，说这个星星跟咱地球这么一撞，就好像好几千万颗原子弹（yuánzǐdàn / atomic bomb）爆炸（bàozhà / explode）一样。

李：这是科学，你听外国的广播它可靠（　　）？

三、对话练习　Conversation practice

两人一组，进行对话。

In groups of two, initiate a conversation.

任务：夫妻两人在商店里买东西，妻子要买一件衣服，问丈夫意见。丈夫不耐烦，漫不经心（màn bù jīng xīn / in a careless way）地回答。妻子生气了，两个人开始吵架。最后，丈夫道歉，两个人和好。

Task: A husband and wife are shopping in a store. The wife buys a clothing article and asks the husband's opinion. The husband is impatient and answers carelessly. The wife becomes upset, and the two start arguing. In the end, the husband apologizes and the two make up.

要求：注意选择使用合适的语气助词表达语气。

Directions: Take special care to use the appropriate modal particles in the proper tone.

四、趣味阅读 Amusing Reading

《家有儿女》电视剧（节选）

人物：刘梅（母亲），夏东海（父亲）
　　　刘星（儿子，很调皮），夏雪（女儿）
地点：在客厅里
场景：家里很乱，好像进贼（zéi / thief）了。

刘梅，夏东海坐在沙发上，很严肃。刘星，夏雪唱着歌进来："最近比较烦，比较烦，比较烦！总觉得……"

　刘星：嗯？咱家怎么了？
夏东海：你们俩给我过来。刘星，说，这怎么回事啊？
　刘梅：是不是你们俩干的？
　刘星：这……不是我干的，真的不是我干的！
夏东海：不是你干的是谁干的？难道还是小雪干的吗？
　夏雪：是我干的。
夏东海：什么？
　夏雪：我回来拿东西，没来得及收拾。爸，这有什么不妥（bùtuǒ / improper）吗？
夏东海：你觉得这样很妥吗？你找什么东西呀？把家里弄成这样。
　刘梅：小雪。你看看，你怎么把家翻得乱成这样啊？我们以为来贼了呢。我跟爸爸差点儿报警（bào jǐng / report to the police）。你找什么呢？
　夏雪：还能找什么呀，校服呗。别提了，今天早上我刚进校门口，就被人给拦住了。保安说我没穿校服就不是这个学校的学生。我给他们看了我的学生证，借书证，存车证，饭卡……可他们就是不让我进。（刘夏对视）

刘星：哎爸爸，我能先坐下吗？又没我什么事。

夏东海：好好好，坐下吧。

夏雪：您可不知道当时我有多着急呀，没校服呀！我当时就飞奔回家，简直是生死时速啊！爸，您看过一部电影叫做《生死时速》（Speed）吧？

夏东海：哦，看过。基努·李维斯和那个桑达·布拉克演的。

夏雪：对对对，对呀！

刘星：低于八十迈就嘣（bēng）……

夏东海：对，低于八十迈就嘣！

夏雪、刘星：嘣！噼里啪啦嘣！嘣！

刘梅：哎，哎！甭嘣了，能接着说校服的事吗？

夏东海：对，校服。坐下。

夏雪：我不是飞奔回家了吗？我把每个角落都找遍了。就是没有。当时就在我万念俱灰（wàn niàn jù huī / all hopes are dashed to pieces）的时候，奇迹终于出现了！

夏东海：校服飞回来了？

夏雪：我就嗖（sōu）的一下冲进了我的屋……

刘梅：在你屋呢？

夏雪：没有。我就嗖的一下冲进了阳台……

夏东海：在阳台呢？

夏雪：没有。我又嗖的一下冲进了你们屋……

刘梅：在我们屋呢？

夏雪：没有。我又嗖的一下冲进了厕所……

夏东海：嘀！你这嗖嗖嗖跟导弹（dǎodàn / missile）似的，到底在什么地方啊？

夏雪：在厕所的洗衣机里。

刘梅，夏东海（二人对视）：嗯？

夏雪：我昨天晚上洗完衣服没拿出来。我今天早上拿出来的时候还滴水呢。

刘梅：啊？你就这样你就……你……

夏雪：我就凑合拧（nǐng）巴拧巴（wring out）就穿上了。现在干了。

刘星：我说怎么跟你一块儿回家一路上全是馊（sōu / sour; spoiled）味儿呢。

夏雪：这也不能怪我呀。只能怪我们学校校长的新命令——只认校服，不认人。对了，明天是我们学校教学大检查，通知每个人必须得穿校服。我就是不穿，看他们能把我怎么样。

刘星：哟，小雪，你敢顶（dǐng / contradict）校长？！比我还牛啊。

夏东海（激动，坐起身子）：小雪……

刘梅（拉住夏东海）：行了。小雪，这个国有国法，家有家规，校有校规。你可是个好学生，你可不能违反（wéifǎn / violate）学校的纪律。别的同学都穿，你干吗不穿呢？（小雪转头，叹气）啊？

夏雪（尴尬）：啊……嗯……

刘梅：你可不能跟刘星学。他整天就，就在学校捣乱（dǎo luàn / make trouble）。你可不行啊！

刘星（冤枉）：嗯？怎么又扯（chě / pull）我头上来了？这事跟我一点关系都没有啊！

刘梅：行了行了，你闭嘴吧。净是……

夏东海：小雪，你……（站起来）

刘梅：行了行了，我都说完了，就别说了，啊？赶快赶快，帮着我把家收拾收拾。摘了书包……（把书包扔在沙发上）收拾完了我还得做饭呢！都几点了都？嘿……过来过来，一块收拾收拾……

参考答案
Answer Key

第一讲 汉语语法的特点 The Distinguishing Features of Chinese Grammar

练习一 Practice One
根据句子的意思，选择合适的表达填空
Based on the meaning of the sentence, choose the appropriate expression to fill in the blank

1.（1）我<u>不怕辣</u>，我们去吃四川菜没问题！
　（2）我告诉你，我吃饭<u>怕不辣</u>，你放这么少的辣椒怎么行？多放点。
2.（1）现在我们的生活好了，东西多了，<u>吃什么有什么</u>。
　（2）我们在山里，不是在家里，不容易找到吃的东西，你别挑剔了，<u>有什么吃什么</u>吧。

练习二 Practice Two
判断并改错 True or false

1. 错。我不同意你的意见（/看法/想法）。
2. 错。我为什么不可以只用勺子呢（/啊）？
3. 错。那次旅行对我产生了很大的影响。
4. 错。我已经学过很多次，但是一次一次地失败了。
5. 错。第二天晚上我们终于到了山海关。

练习三 Practice Three
一、翻译 Translate

1. 那个三岁的男孩子在一张大桌子上高兴地跳舞。
2. 我们昨天晚上在公园里举行了一个精彩的生日晚会。
3. 他走得太远了，累得不能帮他妈妈拿他们的包。

二、选词填空 Choose the appropriate word to fill in the blank

1. 周末去农村(的)旅行怎么样？

2. 他急急忙忙(地)跑进了教室。

3. 他长(得)又高又大,他的女朋友又聪明又漂亮。

4. 我飞一样(地)跑进教室,因为我以为我到(得)太晚了。

三、判断并改错　True or false

1. 错。我在一家大公司工作。

2. 错。我今天晚上八点和我的朋友见面。

3. 错。我问他美国的情况。

4. 错。他看了三个小时电视。

综合练习 Mixed practice

一、组词成句　Make a sentence with the given words

1. 我们班的同学在讨论汉语语法问题。

2. 他明天来我家。

3. 迟到的学生急忙跑进教室。

4. 我每天晚上听半个小时录音。

5. 我跟朋友一起去图书馆借书。

6. 走在前面的人是我的同学。

7. 衣服被他洗得干干净净的。

8. 她生气地把杯子扔在地上。

9. 我们在歌厅唱了三个小时歌。

10. 我妹妹洗衣服洗得不干净。

二、选词填空　Choose the appropriate word to fill in the blank

1. 那是王老师(的)书,不是他(的)。

2. 妹妹送给我(的)生日礼物很好。

3. 真是一个感人(的)故事!

4. 他安安静静(地)坐在那里看书。

5. 客人快到了,晚饭准备(得)怎么样了?

6. 你做了些什么,大家都看(得)见,不必解释了。

7. 唱歌唱(得)很好(的)同学都高高兴兴(地)去参加比赛了。

三、判断并改错　True or false

1. 错。1947年10月我的爸爸和我的妈妈结婚了。

2. 错。我和朋友见面见了两次。/ 我和朋友见了两次面。

3. 错。我睡觉以前,常常要看看书。

4. 错。我把书放在桌子上。

5. 错。一看见他,我就很生气。

6. 错。我一共和祖父见了五次面。/ 我和祖父一共见了五次面。

7. 错。我希望在这门课上改善我的中文。

8. 错。1999年9月,我到巴黎旅行了。

9. 错。我也觉得它是一个舒适的小房间。

10. 错。我总去一块田里摘草莓。

11. 错。旅行是了解其他文化的很好的办法。

12. 错。我的三个朋友来看我。

13. 错。桌子都很脏。

第二讲　时点词与时量词　Time Words

练习一　Practice one

一、判断并改错　True or false

1. 错。我1980年11月5号出生。
2. 错。我下个学期要去中国。
3. 错。我1996年大学毕业。

二、组词成句　Make a sentence with the given words

1. 上个星期天八点我在家睡懒觉。
2. 我今天晚上八点跟朋友见面。

练习二　Practice Two

一、回答问题　Answer the questions

1. 我一分钟也没忘记她。/ 是啊,在这里很好玩儿,我一分钟也没想起他。
2. 不喜欢,一分钟也不想听了。
3. 不好玩儿,我一会儿也没在那儿待。
4. 我一天也不想跟他一起住了。
5. 一分钟也不能等,现在就去吧。

二、翻译　Translate

1. 我一分钟也不想离开他。
2. 他们每天都努力工作,一天也没休息。

练习三　Practice Three

仿照例子改写句子　Rewrite the sentence according to the example

1. 我想了两个小时问题。/ 我想问题想了两个小时。

2. 我做了两个小时作业。/ 我做作业做了两个小时。
3. 他照顾了我一年。/ 他照顾我照顾了一年。
4. 他来这里一个多月了。
5. 他在北京学习了12年汉语。/ 他在北京学汉语学了12年。
6. 从星期一到星期天，他工作七天。
7. 他去过两次中国。/ 他去中国去过两次。

练习四　Practice Four

一、用"S + 时量词（里/之内）+ VO"完成句子
　　Use the "S + 时量词（里/之内）+ VO" to complete the sentence

1. 你怎么才回来？刚才你的朋友找你，他很着急，<u>三十分钟里打了四次电话</u>。
2. 一个人如果 <u>三天之内不喝水 / 七天之内不吃饭 / 一分钟不呼吸</u>，那一定会死。
3. 你应该坚持锻炼，<u>一个星期里锻炼三次</u> 的话，你的身体能慢慢好起来的。
4. 我要写论文，<u>一个月里不见人</u>，你不要打扰我，等我写完了，你再来玩儿吧。
5. 他很喜欢看电影，<u>一个月里他要看四次电影</u>。

二、用"S + 时量词₁ + 有 + 时量词₂ + VO"或"S +（有）+ 时量词 + 没/不 + VO + 了"回答问题
　　Answer the questions with the sentence pattern "S + 时量词₁ + 有 + 时量词₂ + VO" or "S +（有）+ 时量词 + 没/不 + VO + 了"

1. A：那个学生不太努力，是吗？
　 B：是啊，<u>他一个月有十天都不来上课</u>。/ 他有三天没有写作业了。
2. A：听说你老家最近几年天气比较奇怪，跟以往不太一样，是吗？
　 B：是啊，以前一点儿也不干燥，<u>一年差不多有六个月都下雨</u>；可是最近，雨太少了，<u>有一年没有下雨了</u>。
3. A：过去的一年，你忙吗？
　 B：很忙。<u>我一年里有十个月都在出差</u>。
4. A：你跟好朋友的联系多吗？
　 B：不多，<u>我有一个月没跟她联系了</u>。
5. A：刚做妈妈，很辛苦吧？晚上睡得好吗？
　 B：太辛苦了，睡不好啊。<u>一天有十个小时都在照顾孩子</u>。/ 我有差不多一个月没有睡个好觉了。

三、判断并改错　True or false

1. 错。他回来的时候，我看电视看了四个小时了。
2. 错。他回来的时候，我看了四个小时电视了。

3. 对。
4. 错。我等了他一个小时,一个小时里我什么也没做。

练习五　Practice Five
一、用"S + 时量词 + V,时量词 + V"完成句子
　　Use the sentence pattern "S + 时量词 + V, 时量词 + V" to complete the sentence

1. 这个孩子今天很奇怪,<u>一会儿哭</u>,<u>一会儿笑</u>,他怎么了?
2. 他很安静,他的女朋友很好动,<u>一会儿要去游乐场</u>,<u>一会儿要去打游戏</u>,他受不了了,所以,他们分手了。
3. 老师上课有很多办法,<u>一会儿</u>让我们读课文,<u>一会儿</u>让我们做练习,<u>一会儿</u>让我们做对话。
4. 我是在中国长大的,习惯了吃中餐,我觉得吃西餐太麻烦了,<u>一会儿用左手</u>,<u>一会儿用右手</u>,<u>一会儿拿刀</u>,<u>一会儿用叉</u>。
5. 他一会儿从床上移到椅子上,<u>一会儿从椅子上移到床上</u>,没有一刻安静过。

练习六　Practice Six
一、判断并改错　True or false
1. 错。好好,你先等一等,我一会儿就来。
2. 错。我病了,在家休息,三个星期以后,我终于恢复了健康。

二、翻译　Translation
1. 我女儿每两周来看我一次。
2. 过去三十年里,平均每三年会发生一次危机。
3. 从今年起,你每两个月要提交一次综合性的政策报告。
4. 欧洲电影学会奖每两年在柏林举行一次,其他的年份在别的欧洲城市举行。
5. 1982年以后,中国每四年举行一次全国少数民族传统体育运动会。

练习七　Practice Seven
选词填空　Choose the appropriate word to fill in the blank
1. 熬了一夜,你太辛苦了,(明天)不要来上班了,在家好好睡一觉吧。
2. (明天)就要考试了,你怎么还要去酒吧?
3. 我2月15号到了北京,(第二天),我就参加了分班考试。
4. 我回到家里的(第二天),就给王老师打了一个电话。
5. 那天我们一起逛了一下午街,(第二天)早上她就回去了。
6. 到那儿以后,我们先休息一下,(明天/第二天)再去调查吧。

练习八　Practice Eight

选词填空　Choose the appropriate word to fill in the blank

1. 我在中国学习了十个月（左右）。
2. 到圣诞节（前后），我就要回国了。
3. 我们约好六点（左右/前后）见，可是现在已经七点了，他还没来。
4. 他个子一米八（左右），长得很帅。
5. 你可以带20公斤（左右）重的行李。

练习九　Practice Nine

选词填空　Choose the appropriate word to fill in the blank

1. 四年（以后），我们就毕业了。
2. 长大（以后），我要当一个画家。
3. 从那天（以后），我再也没见过他。
4. 听完我的话，他想了想，（然后）就告诉了我一个秘密。
5. 我们先去逛商店，（然后）再一起吃午饭，好吗？
6. 我小时候很喜欢吃巧克力，（后来）不喜欢了。
7. 刚结婚的时候，他们很幸福，可是，（后来）离婚了。

练习十　Practice Ten

选词填空　Choose the appropriate word to fill in the blank

1. 他回国已经三年了。三年（以来）他一直在学习汉语。
2. 10年（以前）她还是个小姑娘，现在已经是两个孩子的妈妈了。
3. 我只给你们一个星期的时间，一个星期（以内）一定要交作业。
4. 现在路上堵车，我8点（以前）大概回不去了。
5. 回国（以后/以前/以来）我没有再和他联系。
6. 你的肺已经很不好了，（以后）你不能再抽烟了。
7. 我也不了解她（以前）的情况。
8. 现在只管现在，（以后）怎么样谁知道呢?

练习十一　Practice Eleven

选词填空　Choose the appropriate word to fill in the blank

1. 现在是北京（时间）六点整。
2. 通知大家两件事：一、考试的（时间）改了；二、考试的（时候）不要带任何书。
3. 不能浪费（时间），这么简单的道理你也不知道吗？
4. 你现在有（时间）吗？

5. 有（时候）我真想不学汉语了，太难了。
6. 我刚来北京的（时候），一句汉语也不会说。
7. 你什么（时候/时间）有空儿？咱们该一起聊聊了。

综合练习 Mixed practice

一、判断并改错 True or false

1. 错。你别着急，十分钟以后/以内他一定会来。
2. 错。你每天晚上睡多长时间（觉）？
3. 错。我不是舍不得花钱，但是，我不想一天内把我的钱花完。
4. 错。又花了十一个小时，我们回去了。
5. 错。我1997年去过一趟西安。
6. 错。在澳大利亚，我们每年一起出去四次。
7. 错。我们换车换了好几次。
8. 错。到了宿舍，休息三十分钟以后，我们开始旅游。
9. 错。我们爬了六个小时山。
10. 错。到东京以后，我们在那里休息一天。
11. 错。我们应该坐八个小时飞机。
12. 错。我寒假去云南旅游了一个星期。
13. 错。我们开车开了两个星期去访问有名的地方。
14. 错。从天津到西安要15个小时左右。
15. 错。我们在上海过了五天。
16. 错。每个晚上我们吃晚饭吃四五个小时。
17. 错。在上海玩了五天以后，我们去宁波和周庄旅行了两天。
18. 错。北京大学有两千个左右留学生。
19. 错。2000年我在北京认识了他，后来，他离开了中国，我们就没有再见过面。
20. 错。我1996年大学毕业，第二年我就结婚了，现在我的孩子已经六岁了。

第三讲 方位词与处所表达 Nouns of Locality and Expressing Place

练习一 Practice one

一、判断并改错 True or false

1. 错。有一只小花猫在桌子的下边。/有一只小花猫在下边的桌子上。
2. 错。我的家人住在法国的西南。
3. 错。我喜欢很贵的菜，可我也很喜欢很便宜的菜，可以在路上买。

4. 错。他在床上坐着看北京电视台的节目。
5. 错。这个问题我也不会，你去老师那儿问问吧。
6. 错。大熊猫吃完了竹子以后，在一棵树下睡着了。
7. 错。我看见一个牌子，牌子上有我们的酒店的名字。

二、翻译　Translate
1. 图书馆在宿舍楼的北边。
2. 北边的楼是教学楼。
3. 我自己在酒吧里喝咖啡呢。
4. 在这些书中，这本是我最喜欢的。

练习二　Practice Two

一、用所给的词语加上方位词后填空
　　Choose a noun from the list and add a noun of locality to fill in the blank
1. 上下班高峰的时候，（路上）车很多。
2. 我（身上）没带钱，你能不能先借给我一点？
3.（窗外）洒满月光，太漂亮了。
4. 他非常伤心，（眼睛里）含满了泪水。
5. 书店就在（楼下/楼上/楼里/楼外），很近。
6.（学生中）有一些不满情绪，要注意。
7.（国外）有很多人还不太了解中国。

二、判断并改错　True or false
1. 错。北京大学有很多学生，是一个很大的大学。
2. 错。北京大学里有一个银行和一个邮局。
3. 对。
4. 对。
5. 对。
6. 错。东京有很多人。
7. 错。那个国家有很多大城市。
8. 对。
9. 对。

练习三　Practice Three

选词填空　Choose the appropriate word to fill in the blank
1. 这儿（有/是）一个书架。书架的上边（有/是）书、杂志和画报。书（在）书架的上边，画报（在）书架的下边，杂志（在）书架的中间。

2. 这(是)我家的照片。照片上(是)我的爸爸、妈妈、妹妹和我。中间的人(是)我爸爸,我妈妈(在)爸爸的左边。爸爸的右边(是)我的妹妹。我(在)他们的后边。

练习四　Practice Four

一、选词填空　Choose the appropriate word to fill in the blank
1. 在朋友的帮助(下),她的口语有了很大的提高。
2. 在老师和家长的共同努力(下),孩子终于回到了学校。
3. 他的身体已经恢复,但是精神(上)还不太稳定,你要多注意观察。
4. 他在饮食(上)非常讲究,是个美食家。
5. 大家在讨论(中)发现了很多问题。
6. 在现代作家(中),我最喜欢林语堂。
7. 从质量(上)说,咱们这10路公共汽车的服务水平不能算低,可是在数量(上),它还远远跟不上现实的需要。

二、翻译　Translate
1. 我们都需要生长空间,无论是生理上的,心理上的还是精神上的。
2. 我要做一个生活上的好姑娘,外表上的温柔少女和心理上的变形金刚。
3. 在父母的鼓励下,他参加了演讲比赛。
4. 在记者的支持下,运动员被运到了机场。
5. 他在旅行中遇到很多有意思的人。
6. 他在工作中出了很多错误,但他的本意是好的。

综合练习　Mixed practice

一、判断并改错　True or false
1. 错。我的宿舍就在教室的前边。
2. 错。商店里有很多东西。
3. 错。北京大学的北边是圆明园。
4. 错。你的书在我这儿,不在你的房间里。
5. 错。南边是我家。
6. 错。圣母大学的图书馆是美国最大的图书馆。
7. 错。澳大利亚国立大学在堪培拉。
8. 错。在语法课上,我最想学怎么可以分开这些词的用法。
9. 错。我在飞机上坐了三个小时。
10. 错。我喜欢的季节是春天。春天以前是冬天。
11. 错。火车上乘客太多,挤得要命。
12. 错。我现在住的那家宾馆条件好极了。

13. 错。我在北京过了三个星期。
14. 错。我的房间在稻香园小区的里面。
15. 错。那一天在北大，我们都很高兴。
16. 错。在电视节目上，可以看到很多有意思的事情。
17. 错。在北京停留期间，我想去很多地方了解中国。
18. 错。从去年十一月份以后，我一直住在这所房子里。

第四讲　离合词　Verb-Object Compounds

练习一　Practice One

判断并改错　True or false

1. 错。1947年10月，我的爸爸和我的妈妈结婚了。
2. 错。我对汉语语法很感兴趣。
3. 错。他是我的好朋友，总是帮我（的）忙。
4. 错。我要见我的朋友。
5. 错。我们常常一起聊天，聊很多话题。

练习二　Practice Two

一、判断并改错　True or false

1. 错。你看，他不听我的话，结果上了骗子的当。
2. 错。听说你已经和她结婚了，祝贺你。
3. 错。他和朋友握手。
4. 错。小时候，他的妈妈常常生他的气。
5. 错。我要和你离婚，你太糟糕了。
6. 错。我妈妈在院子里种了很多花，她喜欢给花儿照相。

二、翻译　Translate

1. 有天晚上，约翰和我聊天了。我们互相更加了解了。
2. 哦，她一定生我的气了。
3. 我希望我还有机会当面向你道歉。
4. 是的，他的确说过我不听他的话。
5. 甲壳虫乐队来了。让我们为他们鼓掌吧。

练习三　Practice Three

一、判断并改错　True or false

1. 错。我们聊了一个小时天。

2. 错。海明威离过三次婚。
3. 错。考完试了，大家应该跳跳舞，放松一下。
4. 错。我帮了朋友两次忙。
5. 错。朋友应该常常见见面，沟通感情。
6. 错。这个月我请了几次客，花了不少钱。
7. 错。请帮帮我的忙吧。
8. 错。周末的时候，我常常去跳西班牙舞。

二、翻译　Translate
1. 我们好多年没有机会见面了，今天就利用这个机会聊聊天吧。
2. 毕业以后，我们没有通过一次电话，没问候过一次，也没见过一次面。
3. 醒了，睡不着，所以我出去散了散步。
4. 刚才他们还在做游戏，现在却吵起架来了。
5. 老板昨天对他发脾气了。

第五讲　结果补语　Resultative Complements

练习一　Practice One

翻译　Translate
1. 孩子长大了。
2. 他的脸变红了。
3. 公共汽车开远了。
4. 房间打扫干净了。
5. 她变漂亮了。
6. 我听了，但听错了。
7. 我做完作业了。
8. 报纸卖光了。
9. 他把门踢倒了。
10. 我听了，听懂了。

练习二　Practice Two

一、下面的结果补语分别从什么角度说明动作产生的结果
　　From what angle does the resultative complement explain the result of the action
1. 从主语的角度："我胖了"。
2. 从宾语的角度："菜光了"。
3. 从动作的角度："吃"的动作结束了。

二、用结果补语完成句子
Use a resultative complement to complete the sentence

1. 他听了两个小时课，<u>听累了 / 听懂了 / 听明白了 / 听糊涂了</u>。
2. 我打扫房间<u>打扫累了 / 打扫病了 / 打扫完了 / 打扫干净了</u>。
3. 我吃<u>饱了 / 胖了 / 瘦了 / 完了 / 病了 / 累了 / 开心了</u>。
4. 我<u>跑 / 学 / 打 / 吃</u>累了。

练习三　Practice Three

一、翻译　Translate
1. 他停下来，问："你看见这些人了吗？"
2. 难道人们没有看见或听见过这些事吗？
3. 我闻见香水味儿了。

二、判断并改错　True or false
1. 错。我向外一看，看见一个人在那儿。
2. 错。我在去上课的路上看见一只狗。

练习四　Practice Four

一、翻译　Translate
1. 不，请坐好！
2. 我吃好了。
3. 大家听好了，小心点。
4. 看好你的女儿。/ 照顾好你的女儿。/ 管好你的女儿。
5. 我写好报告就离开。

二、判断并改错　True or false
错。再长的路，只要一步一步地走，总能走完。

练习五　Practice Four

一、翻译　Translate
1. 梦想能够变成现实！
2. 在她儿子小的时候，格林太太不关心他，现在他变成了一个小偷。
3. 他听成了"你觉得牛排味道如何？"。
4. 你能帮我把这篇文章翻译成英语吗？

二、判断并改错　True or false
1. 错。他病了，几天没有吃饭，脸都变白了。
2. 错。如果"安乐死"是合法行为，那么社会会变成什么样子？
3. 错。你已经改变你的想法了吗？现在决定去旅行了吗？

练习六　Practice Six

一、翻译　Translate

1. 站住！别跑！抓住他！
2. 我会记住你的建议。
3. 那只信封被我桌子上的一些文件盖住了。
4. 我把手伸给他，紧紧握住他的手。

二、判断并改错　True or false

1. 错。我用一个小时一定能记住这些生词。
2. 错。由于我那么小，忘了很多，可我记住了袋鼠、树袋熊等。

练习七　Practice Seven

翻译　Translate

1. ——哦，它飞走了！
   ——我们去抓住它。
2. 你已经把我的心偷走了。
3. 公共汽车开走了！
4. 他被送走了。

练习八　Practice Eight

翻译　Translate

1. 我差一点就把那些信丢掉。
2. 要么结婚，要么卖掉房子。
3. 如果忘掉这点，就什么也不重要了。
4. 你必须好好地把它擦掉。

练习九　Practice Nine

翻译　Translate

1. 他迅速地脱下外衣。
2. 他摘下眼镜，又把它里里外外擦了一遍。
3. 她抬起手从一根枝上摘下一颗梨。

练习十　Practice Ten

翻译　Translate

1. 他太累了，睡着了！
2. 我想我给你找着了一个。

3. 我能猜着你告诉他们的是什么。
4. 你买着东西了吗？

练习十一　Practice Eleven
一、翻译　Translate
1. 你知道我可以在哪儿找到她吗？
2. 生活中我学到了两件事。
3. 现在，你可以吃到任何你能想到的蔬菜。
4. 你总能从旅馆或主人那儿借到这些东西。

二、判断并改错　True or false
1. 错。我没买到飞机票，只好坐火车去了。
2. 错。在电视节目里，可以看到一场激烈的辩论正在进行着。

练习十二　Practice Twelve
翻译　Translate
1. 他在那里待到半夜。/ 他在那里睡到半夜。
2. 行李能不能存到 / 放到中午？
3. 男人出去工作，工作到晚上。
4. 活到老学到老。
5. 还没干完，你要干到太阳下山。

练习十三　Practice Thirteen
翻译　Translate
1. 上周四，大概400个西瓜被运到东京和大阪。
2. 你刚才跑到哪里去了？
3. 有一次他从伦敦飞到了印度，因为他没有收到一封电子邮件。
4. 我们怎么谈到那个话题的？
5. 1999年，中国人的平均预期寿命提高到71岁。
6. GDP由1952年的166元提高到2001年的7913元。

练习十四　Practice Fourteen
翻译　Translate
1. 是不是好到能去参加比赛，我的天！
2. 好到不能再好了。

3. 爱他们，爱到愿意嫁给他们，可还不知道？
4. 女士们，买吧，买到拿不动为止。

练习十五　Practice Fifteen
一、翻译　Translate
1. 把它们扔在后面。
2. 你为什么把它放在那里？
3. 请你把我的上衣挂在衣柜里好吗？
4. 他们把一张布告贴在墙上。

二、判断并改错　True or false
1. 错。孩子说谢谢，然后把书放在头上出去了。
2. 错。他把书放在桌子上。
3. 错。他把书放下，放在桌子上。
4. 错。不要把垃圾扔在路上。

练习十六　Practice Sixteen
一、把下列句子改写成带结果补语的句子
Rewrite the sentences below to include resultative complements
1. 我做了一个梦，梦见一个老同学。
2. 我猜着（猜到）他的意思了。
3. 我没有买到（买着）飞机票。
4. 我一直学习到十点。
5. 朋友把我的自行车借走了。/ 朋友借走了我的自行车。/ 我的自行车（被）朋友借走了。
6. 我把坏面包扔掉了。/ 我扔掉了坏面包。/ 坏面包（被）我扔掉了。
7. 我去晚了。
8. 我吃饱了。
9. 老师讲清楚那个问题了。/ 那个问题老师讲清楚了。/ 老师把那个问题讲清楚了。
10. 我们听懂老师的话了。/ 老师的话我们听懂了。
11. 我把杯子放在桌子上了。
12. 他哭湿了枕头。/ 枕头被他哭湿了。/ 他把枕头哭湿了。

二、判断并改错　True or false
1. 错。他说完奇怪的话以后，做了奇怪的动作。
2. 错。我跳累了，我们先休息一下再跳吧。/ 我跳舞跳累了，我们先休息一下再跳吧。
3. 错。他没吃完饭就开始做作业了。
4. 错。我好久没见到你了。你在忙什么呢？

综合练习 Mixed practice

一、判断并改错 True or false

1. 错。看完这篇短文之后，我觉得在这篇短文里面有两种教训。
2. 错。人们知道吸烟对健康特别不好，可是，一学会吸烟，就不容易戒掉。
3. 错。从这个"三个和尚没水喝"的传说，我想到了我在泰国一家银行工作时的事。
4. 错。他对我说"钱也买不到好朋友"，我听到那句话的时候非常感动。
5. 错。这个窟不知道为什么被泥土盖住了，所以，到19世纪末才被一个人发现。
6. 错。我看见她妹妹时，觉得她那么瘦，个子也不高，跟我的朋友差不多。
7. 错。那时候很穷，就连饭也很难吃到。
8. 错。我在网上找到了好几个新朋友，如一个住在美国的南亚人和一个住在加拿大的中国人。
9. 错。他跟医生说他不想活下去了，反正迟早会死的，干脆把他杀死好了。
10. 错。五天以后，我们再见面的时候，我发现他变瘦了。
11. 错。大家都要上名牌大学，因为毕业以后的前途好，可以找到收入高的工作。
12. 错。我觉得最重要的是怎么能够吃到"绿色食品"，并且吃饱。
13. 错。现在，世界上很多人还是不能吃饱，他们会饿死的。
14. 错。谈到有效阅读这个题目，我又想起以前上中学的年代。
15. 错。我个人认为，阅读是很重要，可是我们不需要花掉全部的时间。
16. 错。最近，人们的物质生活越来越好，所以很多人关心生活质量的问题。特别是健康问题，每日在电视节目或广告里我们很容易看到。

二、填上合适的结果补语（一）
Fill in the blank with the appropriate resultative complement

1. 对不起，我写错了，我把你的名字写（成）"西瓜"了。
2. 他的声音很大，所以，我能听（见/到）。
3. 快点儿，写（完）了作业我们去打球。
4. 去旅行的人太多了，我们没买（到/着）火车票。
5. 请你记（住/好），一个星期之内你一定要把书还给我。
6. 哎，你睡（着）了吗？跟我聊聊天吧。
7. 我不记得谁把我的书借（走）了。
8. 你为什么要辞（掉）那么好的工作？
9. 你准备（好/完）了吗？我们马上要开始了。
10. 你不能丢（下）孩子一个人出去玩那么长时间。
11. 你走吧，把行李放（在）这儿就可以了。

三、填上合适的结果补语（二）
Fill in the blank with the appropriate resultative complement

1. 起来！起来！吃饭，吃（完）了去看电影。
2. 我把一只手伸给她。她抱着我那只手放（在）胸前，像孩子一样满意地睡（着）了。
3. 我们三人穿过小树林，来（到）了游泳池边。
4. 我听（见/到）那边传来一个很大的响声。
5. 第二天天亮，我才重新看（见/到）他们。
6. 我们约（好）了要去吃饭的地方，我就在医院门口等杜梅。
7. 我们到了那家饭店，楼上楼下找了一圈，没发现王军和他的女朋友。"怎么回事？难道地方说（错）了？"她问。
8. 别人都认为我是个无耻的人，很多场合我也确实是那样。但和杜梅在一起，我很容易就变（成）了一个君子。
9. "放（开）我，放（开）我，你把我的手弄（疼）了。"她大声喊。
10. 他已经困极了，但是，他还不能睡（着），因为他害怕一睡（着），他心里想的那些好事就没有了。

第六讲　趋向补语　Directional Complements

练习一　Practice One
一、填上合适的趋向补语
Fill in the blanks with the appropriate directional complements

1. 你们太慢了吧？我们已经在山顶半个小时了。你们快跑（上来）吧。
2. 我累了，咱们坐（下来）休息一下吧。
3. 你站（起来），这是我的座位，不是你的。
4. 我要多拍一些照片寄（回）家（去）。[说话人在外边]
5. 你什么时候（回来）？爸爸妈妈都很想你。[说话人在家里]
6. 把手举起来，把钱都拿（出来），都给我！
7. 你别在外面站着，快（进来/进去）吧。
8. 有一个人向我走（过来），可是我不知道他是谁。
9. 你家在哪儿？从这儿开（过去/回去）得多长时间？

二、判断并改错　True or false
错。现在我在北京学习两个月汉语了，两个月以前，我决定来北京的时候，我妈妈很担心。

练习二　Practice Two
翻译　Translate
1. 我跳起来，热情地跟他打招呼。
2. 我要搬出去，再也不回来了，再也不回来了！
3. 她是个病人。她从屋顶跳下来了。
4. 看，他们朝你走过来了。

练习三　Practice Three
一、翻译　Translate
1. 两个贼偷偷爬进我的房间里来了。
2. 我跳下床，跑进过道。
3. 他是个男孩，他能爬上树去。
4. 我们回船上去吧。
5. 你跑过我们身边。在树林里，跑过我们身边。
6. 他走过厨房来到院子里。

二、判断并改错　True or false
1. 错。下雨了，很多石头滚下山，滚到山脚。
2. 错。屋子里着火了，人们跑出去，跑到院子里。

练习四　Practice Four
翻译　Translate
1. 当我离开的时候，我把它们放了回去。
2. 我女朋友的钱包，你得帮我把它找回来。
3. 他把手指伸进去。
4. 把我放下来！
5. 我不知道我能不能把钱取回来。
6. John，把我们拉上去！

练习五　Practice Five
翻译　Translate
1. 我把你的包拿回这儿来了。
2. 你可以把车开回家（去）。
3. 刚才，我妹妹帮我把我的一个旧书柜抬上了楼。
4. 如果你把这包垃圾搬进车库，你将得到一个礼物。
5. 我们用船把行李运过河（去）。

练习六　Practice Six

翻译　Translate

1. 他扔过来一支香烟。
2. 门卫领进来一个圆脸的人，说："这是曹先生"。
3. 她跑进隔壁房间，带回来一个小孩。
4. 你点了一个四分熟的牛排，但是女服务员给你端上来一份全熟的，你能说什么呢？

练习七　Practice Seven

翻译　Translate

1. 这里走过来一个白皮肤的女孩子。
2. 我会成为英雄？除非天上掉下来一些牛。
3. 讨论中可能讨论出来一些错误的意见，不过，不用担心。
4. 三号公寓搬进来一些新居民。
5. 到了一个车站，车上走上来一个中年妇女。

综合练习　Mixed practice

一、填上合适的趋向补语

　　Fill in the blanks with the appropriate directional complements

1. 我妈妈敲门把我叫（出去），说有事跟我说。
2. 我们在走廊上坐着说话，这时，一个小护士领着一对青年男女走（过来），她站（起来）和那小护士很亲热地交谈。
3. 我们三个在诊室门外等着，那个男大夫又把杜梅叫了（进去），很严肃地和她说什么。
一会儿她走（出来），王军忙问："怎么啦？"
4. 她看了一眼手表，立刻站（起来）："我得走了，谢谢你请我吃饭啊。"
5. 大多数房间的门都是开着的，有风从朝北的那排窗户吹（过来），很冷。
6. 我们来（到）病房大楼后面的单身宿舍，一直上了三楼。

三、翻译　Translate

　　妈妈在房间里看书的时候，她的孩子跑进房间里来，说："妈妈，我的书包在楼下，太重了。我不能把它拿上来。"妈妈和孩子一起走下楼，把书包拿回房间来。

四、翻译下面的对话，然后三人一组表演

　　Translate the following conversation, then act it out in groups of three

A：怎么回事？服务员怎么还不把我们的火锅端上来？

B：是啊，都过去30分钟了。我们把服务员叫过来，让她快一点儿吧。

A：服务员，你可以过来一下儿吗？

C：什么事儿？
B：我想你应该快点儿把我们的菜端来。
C：噢，对不起。我忘了你们的菜单。我马上把你们的菜端上来。
A：好，谢谢。

（火锅端上来了）
A：噢，看起来很好吃。你可以告诉我怎么吃吗？
B：当然。首先，你把肉夹起来，把它放进热汤里。然后，肉煮好以后，你把它从汤里夹出来，在酱料里蘸一下。最后，你把它放进你的嘴里，把它吞下去。
A：谢谢！太好吃了。我想我今天一定可以吃饱。

（突然）
A：看，那边走进来一个人。他很帅，旁边的人都在看他。
B：他在哪儿？
A：在门口。过来，看看。你看到了吗？
B：噢，他是成龙，一个很有名的演员。他是这家饭店的老板。
A：真的吗？这是你今天给我的最大的惊喜。我可以过去和他合个影吗？
B：为什么不呢？过去吧。记住，说汉语！

五、判断并改错 True or false

1. 错。十年以内，我打算回澳大利亚去看老朋友们。
2. 错。我们高高兴兴回家去了。
3. 错。我进他的房间的时候，他和他的女朋友很幸福地看着我的眼睛，说："我们要结婚了。"
4. 错。学习累了，去外边看看风景，放松放松吧。
5. 错。我应该进旁边的那座大楼去找一个空房间。
6. 错。我从来没想到外国人说中文能跟中国人一样。
7. 错。过了一会儿，全身就发起痒来。
8. 错。我见到他就不知不觉流下了眼泪，因为我以为他把我忘了。
9. 错。他们想，从哪里跌倒就从哪里爬起来。
10. 错。有一天，坐在前边的男士从包里拿出一根烟（来）开始抽。
11. 错。在成长的过程中我从没感觉到，但现在回忆起来，还是觉得我的性格特点很像父母。
12. 错。有一天，在街上看到了一些垃圾，妈妈什么也没说，把垃圾捡起来放进了垃圾箱。
13. 错。我父亲因为被公司派到了外地，母亲几乎一个人教育我。

14. 错。我姥姥送我们去机场。/ 我姥姥把我们送到机场。

15. 错。我很害怕,所以我很快地逃走了。

16. 错。我在他的旁边坐下。

六、填上合适的趋向补语,注意趋向补语的引申意义
Fill in the blanks with the appropriate directional complements. Pay attention to the extended meaning of the directional complements

1. 这是她给我留(下)的深刻印象。
2. 她向我提(出)结婚申请时,我们已经做了半年朋友。
3. 三楼住的都是女生,这从每个房间门上挂着的不同花色的门帘可以看(出来)。
4. 一个人在餐馆里说一道菜可口,那并不是说他想留(下来)当厨师。
5. 有时她值夜班,就给我打电话,我们就在电话里聊(上)几个钟头。
6. 她穿着一身绿色的短裤背心,看(起来/上去)十分凉爽。

第七讲 可能补语 Potential Complements

练习一 Practice One

一、用可能补语改写句子 Use potential complements to rewrite the sentences

1. 你写的字太小了,我看不清楚。
2. 虽然衣服很脏,但是,我洗得干净。
3. 你讲得太难了,我们听不明白。
4. 你点的菜太多了,我们吃得完吗?
5. 我太累了,十层楼我走不上去,我要坐电梯。
6. 爱情已经没了,还找得回来吗?
7. 一个星期不吃饭,饿得死吗?
8. 他的网球一直打得都很好。我不知道打得败打不败他。

二、翻译 Translate

1. 这是可以学得会的。
2. 安迪,听得到吗?
3. 你真听得懂我在说什么?
4. 你肯定猜不到我那天碰见谁了。
5. 如果我们老钻不进去,那怎么办呢?
6. A:船没事儿吧?
   B:看上去很好,只要我们上得去。

练习二　Practice Two

一、用专用可能补语改写句子
Use special potential complements to rewrite the following sentences

1. 现在才去，恐怕来不及了。
2. 明天晚上我们有一个聚会，你来得了吗？
3. 这么贵的房子，我买不起。
4. 我爱妈妈，舍不得离开妈妈。
5. 激光太厉害了，看不得。

二、判断并改错　True or false

1. 错。那本书卖光了，我们买不到了。
2. 错。比较穷的家庭会很难买得起粮食，这样，有可能会出现饿死的人。

三、用专用可能补语翻译下面的句子
Use special potential complements to translate the sentences below

1. 离开心爱的东西，真舍不得啊。
2. 我知道你买得起。
3. 他病了，用不得脑子。
4. 耐心点儿。心急吃不了热豆腐。

练习三　Practice Three

选择填空　Choose the appropriate expression to fill in the blank

1.（1）你是负责人，出了这样的事情，你 <u>不能走</u>，必须留下！
　（2）外面下雨了，我们 <u>走不了</u> 了，留下来吧。
2.（1）根据师兄师姐们的经验，你如果不努力的话，就 <u>毕不了业</u>。
　（2）你的论文还不行，所以，今年你 <u>不能毕业</u>，必须再学习一年。
3.（1）有些事情，你 <u>不能想清楚</u>，还是糊涂一点儿好。
　（2）这件事情，如果你 <u>想不清楚</u> 就去做的话，会有麻烦的。

综合练习　*Mixed practice*

一、请填上合适的结果补语、趋向补语或可能补语
Please fill in the appropriate resultative complement, directional complement, or potential complement

1. 几天后的一个晚上，我都睡了，小王打（来）电话，说他热得睡（不着），邀请我一起去游泳。我穿（上）衣服下了楼，看（见/到）她和小王站在马路边等我，她在月光下格外动人。

2. 杜梅坐（在）游泳池边看着我，她好像怎么也想（不明白）我为什么要这么做。

3. 我再三喊，又喊杜梅，同样得（不到）回答。

4. 为什么呀？你为什么看（不上/不起）她？我觉得她人挺好的。

5. 她有一个人办（不了）的事，比如接站、去交通不便的地方取东西，也会叫（上）我一起去。

6. 你要是觉得后悔，现在改还来（得及）。

7. "走啊。"我一边拉她，一边说，"你看你这人，还开（不得）玩笑了？别生气了。"

8. 一句话没说（完），她流（下）眼泪："我什么时候说过后悔了？"

9. 我坐（下来）看电视，看了两眼电视忍（不住）笑了，转脸对杜梅说："我不应该对你的朋友们热情点吗？"

10. 我往屋里走，一阵风吹（过来），门帘忽然刮（起来），包（住）了我的头，使我看（起来）像个蒙面大盗。

第八讲 状态补语 Predicative Complements

练习一 Practice One

一、翻译 Translate

1. 简学功课学得很快。
2. 他们是什么样的人，人们已经看得很清楚了。
3. 吃得太多的人死得早。
4. 想得太多的话你会头疼的。
5. 那一周我们一直在努力学习。我感到同学们学得很累。
6. A：跑得怎么样？
   B：（跑得）棒极了！
7. 为了看得更清楚，年轻人爬上了公共汽车和围墙。
8. 她唱歌唱得很好。
9. 这本书写得不错。
10. 她对他笑了，但是笑得不太自然。

二、看图片，进行描述或评价 Look at the picture and describe / evaluate

这个女孩子长得很漂亮。/ 她笑得很开心。/ 她的头发长得很长。/ 她穿得很漂亮。

练习二 Practice Two

翻译 Translate

1. 我想你想得快死了。
2. 看起来女孩想家想得受不了了。

3. 我跑得一点儿力气都没有了。
4. 她哭得每个人都觉得难过了。
5. 他继续讲笑话，笑得我们肚子疼。
6. 迈克尔出生的时候，我都乐得找不着北了。

练习三　Practice Three
一、用状态补语改写句子　Use predicative complements to rewrite the sentence
1. 他头疼得什么也不能做。
2. 他担心得饭也吃不下，觉也睡不着。
3. 他饿得头昏眼花。
4. 我难过得不能去上班了。
5. 他生气得说不出话来。／他气得说不出话来。

二、翻译　Translate
1. Beth 看了，高兴得脸变白了。
2. 他高兴得跳起来了。
3. 这里贵得让人不敢相信。
4. 他非常自负，丑得像只猴子。
5. 她的声音大得吓人。"把椅子放下来！"她大喊。
6. 每天都有人来参观那所房子，有时人多得都无法控制。

练习四　Practice Four
一、改写句子　Rewrite the sentences
1. 他哭得眼睛都肿了。
2. 老师讲课讲得嗓子都哑了。
3. 他跑步跑得腿疼。
4. 他上网上得没有时间好好学习。
5. 他开车开得太快了。／他把车开得太快了。
6. 我看电视剧看得眼睛疼。
7. 她开心得唱起歌来。
8. 他忙得没有时间睡觉。

二、判断并改错　True or false
1. 错。他跑得很快。
2. 错。他吃完了，吃得很快。
3. 错。去年夏天我游泳游得很多。
4. 错。他看了看，看得很高兴。

5. 错。他又说又唱，很高兴。
6. 错。他又喊又叫，很激动。
7. 错。他高兴得跳起来。
8. 错。他正说得高兴。
9. 错。我们聊天聊了很长时间。
10. 错。你买得太多了，我们吃不完。
11. 错。我的朋友说上海变得很快。
12. 错。我点了一杯咖啡，他们做咖啡做得很快。

练习五　Practice Five

翻译　Translate

1. 她说得那么清楚，我们每个字都听得见。
2. 只有老师教得好，学生才能学得好。
3. 抱歉，我听得不很清楚。
4. 对不起，我听不清楚。

综合练习　Mixed practice

一、用状态补语完成句子，从"描写状态、评价、结果、程度"等方面对动作进行补充说明

Use predicative complements to complete the sentence. From the angles of "describing state, evaluation, result, degree", provide descriptions of the action in each sentence

1. 他吃得 <u>很胖 / 太多了 / 走不动了 / 不能再吃了</u>。
2. 他笑得 <u>很开心 / 很漂亮 / 肚子疼 / 流出眼泪来</u>。
3. 他上网上得 <u>忘了做作业 / 一天都没有出门 / 连妈妈的电话都不愿意接</u>。
4. 她减肥减得 <u>很成功 / 没有力气 / 住院了</u>。
5. 他忙得 <u>没有时间回家 / 忘了女朋友的生日</u>。
6. 他疼得 <u>一直喊妈妈 / 出了一头汗 / 睡不着觉</u>。
7. 天气冷得 <u>我不想出门 / 人们都换上了厚衣服</u>。
8. 东西贵得 <u>谁都买不起 / 让人不敢相信</u>。

二、判断并改错　True or false

1. 错。我们晚上七点在美国式饭馆吃了很地道的牛排。
2. 错。这个地方很美丽，有宫和湖等等，他们做得都非常棒。
3. 错。我的家离学校很远，每天早上，要比别人起得早多了。
4. 错。我是在妈妈的鼓励下开始学习中文的，开始的时候，我学得很不好。

5. 错。我和我的朋友聊了很长时间。
6. 错。我很喜欢,想把那本书送给我姐姐。
7. 错。我还记得你从小就总是写小说,写得很漂亮。
8. 错。昨天晚上我做了一个梦,很奇怪的梦。
9. 错。他减肥减了两斤。
10. 错。他们吵架吵了很长时间。
11. 错。看见他来了,我高兴得跳起来。/ 看见他来了,我高兴地跳起来。
12. 错。我练习了很多次,终于写漂亮了。
13. 错。练习了很多次,他终于写得很漂亮了。

五、用结果补语、趋向补语、可能补语、状态补语填空

Use resultative complements, directional complements, potential complements, or predicative complements to fill in the blank

（一）

有一天,我在家里观看世界杯足球比赛。正当比赛进入高潮的时候,忽然接（到）老婆的电话:"要下雨了,你去菜市场买点菜回来!"可是,一回（到）电视机前,我就把买菜的事忘（掉）了。

比赛结束,都快六点了。我走（进）厨房,发现什么菜都没有,这才想（起来）老婆交给我的任务。可这么晚了,菜市场早关门了,买（不到）菜了。怎么办?我赶忙从冰箱里拿（出）昨天买的西瓜。切（开）一看,还算不错,瓜皮儿挺厚。我迅速地把瓜瓤和瓜皮儿分（开）,做（成）了一大锅西瓜丸子汤。

开饭时,儿子问:"爸爸,今晚怎么就一个汤啊?"我解释说:"天冷,多喝点汤暖和。"老婆倒是对晚饭很满意。她说吃得（很满意/很饱/心满意足）。

饭后,我给他们端（上）一盘西瓜。老婆夸道:"今天你的服务很周到嘛!连瓜皮儿都帮我们剥（好）了。对了,瓜皮儿在哪儿?我想用来擦擦脸美美容。"天哪!她还要找瓜皮儿啊!我无奈地指了指空了的汤盆,说:"你今天已经够美的了,因为它们早被你吃（下去）了。"

（二）

我小时候很喜欢放假。在假期里,我每天在家里待着,想做什么就做什么。吃（完）早饭就看书,看（完）书就跑（出去）跟小朋友们一起玩儿,玩（累）了就回家看电视,看电视看（困）了就去睡觉。时间过得（非常开心）。

长（大）以后工作了,放假的时间少了很多。一年只有10天的年假,所以我就喜欢（上）了病假。

现在是夏天,外面很热,家里如果不开空调的话,比外面还热。这个周一天气非常热——零上35度。一下班我就回家,心里只想着一件事:快点回家开空调,休息。在回家的路上我看（见）了很多人,都跟我一样:累死了,热死了。我一回（到）

家就闻（到）了一种味道，走（进）厨房一看，原来我忘了关电饭锅。里面的粥都糊了。真糟糕！我很累，想："粥已经糊了，糊得电饭锅都洗（不干净）了。算了吧，喝点儿凉的，打开空调，休息吧。"从冰箱里拿（出来）的果汁太凉了！我开始头疼、嗓子疼、流鼻涕——我感冒了，我得向老板请病假。

虽然这次感冒得（非常厉害），但是我很高兴——最少一周可以睡懒觉了！想看书就看书，看（完）书就可以玩游戏，玩（累）了就可以看电视，看电视看（困）了又可以去睡觉！我正在想这些事的时候，老板给我打（来）电话，说："最近我们很忙。大家都要加班，不能放假，包括病假！应该注意身体，千万不要喝凉的，别感冒！"

第九讲　把字句　把-sentences

练习一　Practice One

一、想一想，哪个句子合适　Think about it, which sentence is appropriate

第二个句子合适。因为在前一个小句"买了一本书"里，已经介绍了"一本书"，所以，"一本书"在后一个小句里变成了已知信息，就不能在句子的最后边出现了，要用"把"字句。

二、用"把"字句改写下面的句子
Use 把-sentence form to rewrite the sentences below

1. 我弟弟把一个杯子打碎了。
2. 小偷把他的自行车偷走了。
3. 小王把我丢失的铅笔找到了
4. 我把一本书放在了桌子上。
5. 我把一封信寄给了她。
6. 他把一只小猫带回家。
7. 老师把他批评了一个小时。

三、判断并改错　True or false

1. 错。有一天我想去旅行，所以，我去火车站买了一张票。
2. 错。我送朋友去火车站了。

练习二　Practice Two

一、看图说话　Talk about the pictures

1. 姐姐把垃圾放进垃圾袋里。
2. 有一个人把空瓶子扔进垃圾桶里。

3. 工人把白板放在盒子里。
4. 他把手放在鼻子上，把胳膊放在桌子上。
5. 快递员把包裹送到我家。

二、翻译　Translate
1. 我父亲一定生气了，使劲把书扔在地板上。
2. 听着，我把书留在你的船上。
3. 她常常想把孩子放在电视机前，自己上网。
4. 他把邮票贴在信封上。

练习三　Practice Three

一、看图说话　Talk about the pictures
1. 我把土豆切成块儿。
2. 他的工作是把英语翻译成汉语。
3. 弟弟把蛇当作好朋友。
4. 人们把垃圾扔在路上，把一个漂亮的小区变成了垃圾场。

二、翻译　Translate
1. 我们把它变成一句话吧。
2. 成功之后，他把小说改成了剧本。
3. 我需要把美元换成法郎。
4. 她把画里的每一枝花都画成不同的颜色。

练习四　Practice Four

一、看图说话　Talk about the pictures
1. 老奶奶把地板扫得一点儿土也没有了。
2. 小狗把客厅弄得乱七八糟的。
3. 妈妈把盘子洗得很干净。
4. 老师把学生讲得睡着了。

二、翻译　Translate
1. 写字台上，书架上，还有打字机上都落满了一层厚厚的灰尘，但是最后我们把房间打扫得干干净净的。
2. 你把我抱得喘不上气来。
3. 他把桌面擦得很亮。
4. 他把家里收拾得很整洁。

三、判断并改错　True or false
1. 错。我读书读得感到很有意思。

2. 错。他吃饭吃得很饱。

3. 错。他做作业做得很慢。

练习五　Practice Five

一、看图说话　Talk about the pictures

1. 有人把盘子打碎了。

2. 理发师把我的头发剪短了。

3. 他把胡子刮掉了。

4. 她把头发擦干了。

5. 妈妈把地板擦干净了。

二、翻译　Translate

1. 她把衣服洗干净了。

2. 所以,这位较有钱的学生去了牛津的布拉克韦尔书店,花35英镑买了一本全新的书,把书弄脏了一点,然后把封面撕掉了。

3. 请把桌子收拾好,准备吃饭。

4. 一项调查发现:大多数美国人都会把盘子里的东西吃光,不管他们的盘子多么满。

练习六　Practice Six

一、看图说话　Talk about the pictures

1. 消防员把孩子抱出来了。

2. 工人把桌子搬上车。

3. 蚂蚁把香蕉举起来,把香蕉抬回家。

4. 他们把沙发搬进家。

二、翻译　Translate

1. 让他去图书馆把书拿回来。

2. 把桌子搬进去,把上面的东西摆整齐。

3. 我们可以在两分钟内把孩子拿出来。

4. 你削苹果,把苹果皮从你的左肩向后扔出去。

练习七　Practice Seven

一、看图说话　Talk about the pictures

1. 男人把钥匙递给女人。

2. 米老鼠把玫瑰花送给小狗。

3. 他把球传给他的队友。

4. 戴帽子的人把足球踢给他的队友。

二、翻译　Translate

1. 她真好，把书借给我看。
2. 把土豆递给我，好吗？
3. 他一只手抓住绳子，把另一只手伸给水中的男孩子。
4. 他们把几张桂林的照片寄给我。

练习八　Practice Eight

一、看图说话　Talk about the pictures

1. 他把啤酒喝了。
2. 她把不好看的石头扔了。
3. 他把车丢了。
4. 我把写错的字擦了。

二、翻译　Translate

1. 我的狗把我的作业吃了。
2. 把衣服脱了，把痛苦忘了。
3. 不要玩勺子了，快把早饭吃了。
4. 她偷偷地打开备忘录，把那三条备忘都删了。

练习九　Practice Nine

一、看图说话　Talk about the pictures

1. 我要把这个问题想一下。
2. 她把行李整理整理，明天去旅行。
3. 他们把那个问题讨论了一下。

二、翻译　Translate

1. 我希望你们认真地把这些问题研究一下。
2. 咱们把房子修理一下。
3. 我们要把这方面的经验总结一下，改善我们的工作。
4. 我说过，这个问题可以把它放一下，也许下一代人比我们更聪明，会找到实际的解决办法。
5. 每个人应该好好地反思一下儿自己，把自己想清楚了的事情跟好朋友们商量一下，跟周围的同志们商量一下，把自己的毛病改掉。

综合练习　Mixed practice

一、判断并改错　True or false

1. 错。孩子把杯子放在了桌子上。

2. 错。爸爸把茶壶放下,放在桌子上。
3. 错。我房子里的书比较多,所以把书收拾好是最麻烦的。
4. 错。你把这五条裤子叠整齐。
5. 错。孩子高高兴兴地把爸爸给他的热水喝了。
6. 错。爸爸终于发现小孩子把桌子、桌布、杯子和咖啡壶都弄坏了。
7. 错。孩子把帽子放上去的时候,杯子不见了。
8. 错。咖啡壶掉到地上了,把地上洒满了咖啡。
9. 错。孩子一边说明一边把一个杯子放在桌子上。
10. 错。这件事让他爸爸发脾气了。
11. 错。我用锯子锯桌子。
12. 错。我决定把它扔掉,扔进垃圾筒。
13. 错。为了你们,我一定努力把所有的事做好。
14. 错。我觉得应该先把政治问题解决好 / 解决掉 / 解决完。

二、请用"把"字句回答问题

Use the 把-sentence forms to answer the questions

1. 请你再做一遍。/ 请你把做错的练习改过来。
2. 我得找人把电视机修好。/ 我得找人把电视机拿走。/ 我得找人把电视机扔了。
3. 请你把这封信交给 b,好吗?
4. 你可以把车停在二楼。
5. 我要把东西寄回家。/ 我要把一些东西送给朋友。/ 我要把一些东西卖了。/ 我要把一些东西扔掉。
6. 我应该把它们放在安全的地方。/ 我应该把它们放好。/ 我应该把它们放在别人找不到的地方。
7. 我得把水扫出去。/ 我得把书拿起来。/ 我得把房间收拾干净。
8. 麻烦你帮我把钱换一下。/ 麻烦你帮我把这些钱换成人民币。
9. 你今天怎么把房间打扫得这么干净?
10. 请你把书拿出来。
11. 它会把头缩回去。
12. 我今天把"买"说成了"卖"!
13. 她可能把我批评一顿。/ 她可能把钱要回去。/ 她可能把我关在房间里。
14. 请你把护照拿出来。/ 请你把护照给我看一看。
15. 老板今天快把我累死了。
16. 她可能会把日记锁好。/ 她可能会把我骂一顿。/ 她可能会把日记锁起来。

第十讲 被动句 Passive Sentences

练习一 Practice One

一、用"被"字句改写下面的句子
　　Use the 被 -sentence form to rewrite the sentences below

1. 杯子被我弟弟打碎了。
2. 他的自行车被小偷偷走了。
3. 我丢失的铅笔被小王找到了。
4. 书被我放在桌子上了。
5. 信被我寄给她了。
6. 小猫被他带回家了。
7. 他被老师批评了一个小时。

二、选择填空 Choose the appropriate expression to fill in the blank

1. 有一个女人,<u>被鬼折磨</u>,病了十八年,腰弯得直不起来。
2. 他最近很顺利,不但<u>被大学录取了</u>,还得到了一笔奖学金。
3. 他们种葡萄,修理葡萄,可是却不能收到葡萄,也不能喝到葡萄酒,因为<u>葡萄被虫子吃了</u>!

练习二 Practice Two

判断并改错 True or false

1. 错。他被气得说不出话来。
2. 错。他是南非人,不过,中文他听得懂。
3. 错。我马上去跟他打招呼,他看见我后,他很吃惊。
4. 错。书我还没看完。
5. 错。钱被他从钱包里拿出来。

练习三 Practice Three

一、翻译 Translate

1. 这个问题不应该被轻视。
2. 这种情况被描写成"鸡和蛋的问题"。
3. 去那里做调查的人都被赶走了,农民们最后胜利了。
4. 这个事先不能被猜出来。
5. 纸老虎被消灭的一天一定会来的。
6. 在 Kilbane 的清单里,这是被首先考虑的问题。

7. 在为银行提供网络服务时，Java被用在很多不同的方面。

8. 密码可能被忘记，被偷走或者被丢失。

9. 他发现村子外面的路都被水弄坏了，所以他马上把它们修好了。

10. 学校的纪律很严。如果学生不努力学习，就会被送回来。

11. 在不同的时期，日本占领了我们国家很多地方，台湾被占领了50年。

12. 然而我们的革命同志都被杀了。

13. 国际市场已经被占领了，我们很难进入。

14. 社会上各种人是什么样子，都被揭示得很清楚。

15. 他好像被吓得走神了。

练习四　Practice Four

翻译　Translate

1. 但是，距离问题可能会很快得到解决。

2. 尽管LDAP出现了一段时间了，但是它是最近几年才受到注意的。

3. 密钥受到了保护，很难被黑客获得。

4. 他喜欢受到老师的表扬。

5. 经验显示，这样做的话，我们的产品没有受到损害。

6. 即使决定是正确的，如果我们没有得到人们的同意，还是可能遭到反对。

7. 由于遭到了严重的批评，这个戏被取消了。

8. Charles说，他在苏格兰的学校生活很糟糕，他受到同学们的欺负。

综合练习　Mixed practice

一、判断并改错　True or false

1. 错。小孩儿被爸爸批评了一顿。

2. 错。爸爸对孩子失望了。

3. 错。那个杯子被小孩儿变没了。

4. 错。小树没被大风刮倒。

5. 错。我几乎被他打死了。

6. 错。书被他忘了，他没有把书放回书架上。

二、看图回答问题　Look at the pictures and answer the questions

1. 警察被小偷儿打伤了。

2. 他被踢飞了。

3. 孩子被马踢倒了。

4. 他的头发被剃光了。

5. 盘子被打碎了。

第十一讲 定语 Attributives

练习一 Practice One

一、翻译（一） Translate

1. 每一篇文学作品
2. 历史专业
3. 国际关系
4. 你玩了整晚电脑游戏，对吗？

二、翻译（二） Translate

1. 于是参孙去抓了300只狐狸，把狐狸的尾巴捆在一起。
2. 那些人有狐狸尾巴，大家都看得出来。

三、判断并改错 True or false

1. 错。我们先打扫房间，然后看王刚的电视节目。
2. 错。不久她碰到一个美国女人。
3. 错。电脑桌也是我做作业的地方。

练习二 Practice Two

翻译 Translate

1. 今年的便宜货明年会更便宜。
2. 我在上周的聚会上见过你，对不对？
3. 他们会深深爱上法国的乡村。
4. 像其他地方的职业女性一样，亚洲的女性也买方便食品。
5. 桌子上的东西很乱。
6. 他小心地把中间的几页纸抽出来了。

练习三 Practice Three

一、翻译 Translate

1. 哦，她不但可爱，还是个聪明的妈妈。
2. 你想做个好人，对不对？一个很好很好的人。
3. 他们去年盖了很多高楼。
4. 这些民族是怎么取得这样的进步的？

二、判断并改错 True or false

1. 错。坐火车要花非常长的时间。
2. 错。我以为我和这样的事没关系。

3. 错。他有很多书。
4. 错。他得了一种慢性病,得慢慢地治。
5. 错。她真是一位好老师。/ 她确实是一位很好的老师。
6. 错。这真是一个聪明的办法。
7. 错。中国人结婚的时候,父母送很多礼物。美国人的结婚风俗不同,在结婚典礼上,朋友们给很多有用的东西。

练习四　Practice Four

一、翻译　Translate

1. (怀里)抱着孩子的女人在等着看医生。
2. 我带着我女朋友送给我的东西。
3. 大学图书馆是人们喜欢的地方。
4. 知道怎么样打动听众的演讲者会赢得这次比赛。
5. 噪音令人讨厌,特别是你想睡觉的时候。

二、判断并改错　True or false

1. 错。我最喜欢的地方是我的房间。
2. 错。我欣赏一种在我旁边的芳香的花。
3. 错。我从小去过很多地方,但是我最喜欢的地方是泰国。

练习五　Practice Five

翻译　Translate

1. 也许他曾热爱生活,但他对酒的爱好并没有杀了他。
2. 你告诉我你写了一本关于我们的书,然后你想我们……
3. 她在语言方面的能力让人吃惊。
4. 他对这个问题的看法跟我的不一样。

练习六　Practice Six

一、根据句子的意思,用"一 + 量词(的)+ 名词"的形式改写句子

Based on the meaning of the sentence use the "一 + 量词(的)+ 名词" form to rewrite the sentence

1. 他的房间里,堆了一地(的)书。
2. 他喝了一肚子(的)啤酒。
3. 他看了一个假期(的)书。
4. 打扫完房间后,我沾了一手(的)土。
5. 春节那天,她穿了一身(的)新衣服。

6. 他装了一书包（的）书，去上学了。

7. 家里来了一屋子（的）客人。

8. 生日那天，他收到了一桌子（的）礼物。

练习七　Practice Seven

一、根据上下文，写出合适的量词
Fill in the appropriate classifier according to the context

1. 场　部　部　　2. 套　套　本　　3. 场　阵　　4. 棵　朵　　5. 束　棵/枝

6. 枝　　7. 次　　8. 顿　　9. 张　　10. 份　　11. 种　种　　12. 层

13. 块　　14. 袋/块　　15. 粒　　16. 袋　　17. 碗　　18. 把　　19. 盘　　20. 块　块

21. 顿　场/部　家　家　瓶/杯　　　22. 弯　颗　　23. 条　件

24. 颗　　　25. 把　张　张　　　26. 块　条　　　27. 对

28. 副　　　29. 条　　　30. 双

31. 只　张　只　条　声　　　32. 架　辆　条　只

二、判断并改错　True or false

1. 错。我一出车站，钱包就被一个小偷偷走了。

2. 不太好。在北大校园里，我遇到了一位老教授。

3. 错。一群可爱的小孩儿向我们跑来。

4. 不太好。学校周围有许多家饭店，吃饭很方便。

5. 错。在香山有很多树，很多花儿，很多石头，很多松鼠。

6. 错。公园里，有的人在散步，有的人在打太极拳。

7. 错。她喜欢买东西。每个周末她带回几双鞋、几件衣服。

8. 对。

9. 错。1997年我和家人一起在日本住了两个月。

练习八　Practice Eight

一、翻译　Translate

1. 那三座日本城市

2. 科学的两个不同方面

3. 一间很棒的小房间

4. 选择地方时要考虑的另一个重要的因素

5. 这个吸引人的中国造的大铜画框

6. 一些漂亮的红砖房

7. 先进的外国经验

8. 一些美丽的小红花

9. 一辆漂亮的绿色的美国吉普车
10. 新娘通常穿一件漂亮的、长长的、白色的婚纱。

二、把句子扩展成含多项定语的句子
Expand the sentence to become multiple attributive sentences

1. 你还记得（那个那年到过咱们家的小）女孩吗？
2. 你会碰见（很多晒得黑黑的、歪戴着帽子的帅）小伙。
3. 我想你做（一个温柔可爱的、听话的好）姑娘，不多嘴多舌。
4. 村里盖了（许多俗气的新）楼房。
5. 巴尔沃亚看着那片大海。他的眼睛是（第一双看见这片蓝色海洋的欧洲人的）眼睛。

三、判断并改错 True or false

1. 错。今天很好玩儿，我认识了几个美丽的新朋友。
2. 错。你旅行的东西都准备好了吗？
3. 错。我们去过的最后的城市是旧金山。
4. 错。去年五月，我跟我的五个大学朋友一起去旅行了。

练习九 Practice Nine

翻译 Translate

1. 他漂亮的女朋友昨天出国了。
2. 他聪明的父亲知道怎么管他。
3. 我那个红色的杯子是中国造的。
4. 我终于回到了我那张可爱的小桌子旁。
5. 他父亲在纽约附近的大房子很漂亮。

综合练习 *Mixed practice*

一、找出下列句子里的定语，并翻译
Locate the attributive in the sentences below and translate

1. 有一些我必须告诉你的、重要的事情。
2. 这是一个很难回答的问题。
3. 来了一个五岁的女孩儿。
4. 一个穿着红衣服的女孩刚才来看你。
5. 我有要处理的事情，你先走吧。
6. 桌子是一种有一个平面、用四条腿支持的、可以用来放东西的家具。

二、把名词扩展成复杂词组 Change the single noun into a complex phrase

1. 学生：一个喜欢学习汉语的、在北京大学学习了两年的、聪明的英国学生
2. 书：我那本在北大书店买的很漂亮的历史故事书

三、下面这个儿歌你知道吗？用汉语应该怎么说？
Do you know this nursery rhyme? How do you sing it in Chinese?

这是杰克盖的房子。

这是杰克盖的房子里的麦芽。

这是吃了杰克盖的房子里的麦芽的老鼠。

这是追赶那只吃了杰克盖的房子里的麦芽的老鼠的猫。

这是惊扰了那只追赶吃了杰克盖的房子里的麦芽的老鼠的猫的狗。

四、根据"的"的使用条件，看看在下面的短文中，什么地方可以加"的"？什么地方不加"的"？
According to the conditions for using "的", take a look at the paragraphs below and decide where "的" should be added to？Where can "的" be omitted？

1. 我始终找不到和王眉个别谈话（的）机会。白天她飞往祖国各地，把那些（）大腹便便（的）外国人和神态庄重（的）同胞们运来运去。晚上，她就往我住（的）地方带人，有时一两个，有时三五个。我曾问过她，是不是这一路上不安全，需要人作伴？她说不是。

   那我就不懂了。她（）同事都是很可爱（的）女孩，我愿意认识她们，可是，难道她不知道我希望（的）是和她个别谈谈吗？也可能是成心装糊涂。她看来有点内疚，每次来都带很多（）各地（的）水果：海南（的）菠萝蜜，成都（的）橘子，新疆（的）哈密瓜，大连（的）苹果。吃归吃，我还是心怀不满。

2. 我在候机室往乘务队打电话，她（）同事告诉我，她飞北京，下午三点回来。并问我是她（）爸爸还是她（）姐夫，我说都不是。放下电话，我在二楼找了个好（）座位，一边吸烟，一边看楼下候机室里（的）人群和外面停机场上（的）飞机；看那些银光闪闪（的）飞机，像一支支（）有力（的）投枪，刺向蔚蓝色（的）天空。当一位（）身材苗条（的）空中（）小姐穿过人群，带着晴朗（的）高空（）气息向我走来时，除了看到道道（）阳光在她（）美丽（的）脸上流溢；看到她全身漂亮（的）天蓝色（）制服，我几乎什么也没看到。

五、把句子扩展成含多项定语的句子
Expand the sentences to include multiple attributives

1. 叫我深深感动的是（她对我的那种深深的）爱。
2. 我去（古城的自选食品）商场买了一大堆东西。
3. 你心里一定充满着（一些我不知道的、遥远的、美好的）东西。
4. 我写信安慰她，告诉她（一些我经历过的）危险。
5. 那天我们一起去（城南一家高级法国）餐厅吃饭。
6. 他的嘴里吐出（一小圈一小圈漂亮的蓝色）烟雾。
7. 他送给我（一对很漂亮的日本）刀。
8. 这些都是（今天社会上存在的难以解决的老）问题。

9. 我看见了（一个穿红色裙子的漂亮）女孩。
10.（当年你对我说的那些）话，你都忘了吗？

第十二讲　状语　Adverbials

练习一　Practice One

一、给下面的句子添加状语　Provide adverbials for the sentences below

1. 我去年研究了一个星期。[时间]
   我在图书馆研究了一个星期。[在＋地点]
   我对那个问题研究了一星期。[介词＋名词]
   我用英语研究了一个星期。[介词＋名词]
   我和朋友们一起研究了一星期。[介词＋名词]
   我曾经研究了一个星期。[副词]
   我辛辛苦苦地研究了一个星期。[形容词]
   关于那个问题，我研究了一个星期。[句子状语]
   想不明白的时候，我研究了一个星期。[句子状语]

2. 他昨天去了。
   他坐车去了。
   他一个人去了。
   他已经去了三次了。
   他高高兴兴地去了。
   为了把问题弄明白，他马上就去了。
   想明白以后，他很快就去了。

二、找出句子里的状语，并翻译成汉语
　　Locate the adverbials in the sentences below, and translate them into Chinese

1. "我也从来没做过，"嘉莉开心地说，她的脸兴奋得变红了。
2. 她飞快地朝我这边走来，把一张椅子撞翻了。
3. 马克痛苦地看着他。
4. 他详细地向我表达了他在这个问题上的观点。
5. 政府在这个问题上意见不一致。

练习二　Practice Two

翻译　Translate

1. 我母亲说我应该给您写一封感谢信，感谢您送给我的照片。

2. 他是个聪明的孩子,却对自己很没有信心。
3. 莉莎向一位参观者挥手。
4. 根据最可靠的消息,事实是这样的。
5. 别担心,我们会很快把你从这里弄出去。

练习三　Practice Three

一、翻译　Translate

1. 快跑!他们到处都是。
2. 我很快地跑回护士办公室。
3. 什么使我们这么快地重新考虑这个问题?
4. 他们勇敢地、愉快地迎接自己的任务。
5. 她的眼睛高兴地眨了一下。
6. 莉莎开心地向一位参观者挥手。

二、判断并改错　True or false

1. 错。妈妈轻轻地给孩子盖好被子。
2. 错。从那里你可以远远地看一棵树、一棵草。
3. 错。他一个人孤零零地坐着。
4. 错。他高高兴兴地跑进来。
5. 错。孩子们聚精会神地听老师讲故事。
6. 错。蜘蛛掉到地上,很快(地)跑走了。

练习四　Practice Four

一、翻译　Translate

1. 他们首先更好地了解这些问题,然后一个一个地解决它们。
2. 如果我们一步一步地认真(地)做,最后总能成功。
3. 一年一年地好起来了。
4. 我们开车一家一家地拜访,一家一家地敲门,准备开始我们的任务。

二、根据句子的意思,用"一 + 量词 + (一)量词 + 地 + 动词"的形式改写句子
　　Based on the meaning of the sentence, use the form " 一 + classifier + (一) classifier + 地 + verb" to rewrite the sentence

1. 他太喜欢这本书了,一遍(一)遍地看。
2. 他很喜欢看小说,一本(一)本地看。
3. 人们的生活水平好起来了,一天(一)天地好起来。
4. 他很细心地照顾她,给她喂饭。一勺(一)勺地喂她,直到她吃饱了。
5. 走路就是要这样,要一步(一)步地走。

练习五　Practice Five

一、把句子扩展成含多项状语的句子
Expand the sentences to include multiple adverbials

1. 我们（在公路上兴高采烈地）跑着。
2. 晚上，我（和爸爸一起默默地）坐着看电视。
3. "你太累了，别这么拼命地工作，要注意身体。"我（心疼地对阿眉）说。
4. 我忽然有一点儿难过。王眉（也默默地）不说话。
5. 她是决不愿意放弃的！尽管她不能（再用语言明明白白地）告诉你。
6. 她叹口气，（不情愿地把书）装回自己包里。
7. 我们（那五年里在海洋中没日没夜地）执行任务。
8. 每天晚上她回去的时候，总是低着头，拉着我的手，（不言不语地慢慢地）走。
9. 我相信，她（也一定会用某种形式向你）表示感谢的。
10. 他（没有像别人那样急急忙忙地）走到海水中去。
11. 她（竟然在深夜三点钟的时候偷偷地）进了我的房间。

二、翻译　Translate

1. 我高兴地宣布：第二次会议将于明年夏季在俄罗斯彼得堡举行。
2. 我住在伦敦的时候常常在公共泳池游泳。
3. 怀特太太为她的儿子担心，因为他每天晚上都和朋友一起喝很多酒。
4. 接下来的几天里，男孩子们又"意外地"遇到了更多的问题。
5. 她在心里默默地骂自己笨。
6. 在那之前，我们和他们一起坐火车去了巴黎。

练习六　Practice Six

一、判断并改错　True or false

1. 错。年轻的时候，应该多看书。
2. 错。你的病刚好，一定要好好休息。
3. 错。到山下的时候，我高兴地进了车，开车回家了。
4. 错。我骑自行车骑得很快，差点儿撞到人。
5. 错。我喜欢书法。不过，我觉得太难写了。

二、翻译　Translate

1. 他回答问题回答得怎么样？
   他回答得很愚蠢。
2. 他做什么了？
   他愚蠢地回答了那些问题。

综合练习 Mixed practice

一、在合适的位置填上"地" Fill in "地" at the appropriate space

1. "叔叔，昨天我看见过这条军舰。"女孩歪着头骄傲（地）说。
2. 就是因为这次旅行（），我深深（地）爱上了中国。
3. 我到处（）登山临水，不停（地）往南（）走。
4. 他来看我，也大惊小怪（地）问："你还是无所事事（地）待着？"
5. 还是一天一天（地）、一年一年（地）飞下去。
6. 我已经（）不那么神经病似（地）天天（）跑首都机场。
7. "可她确实（）是有话对我说呀。"我绝望（地）大（）叫。
8. 他没再说一句话，动也不动（地）坐着，脸白得像张纸。
9. 当她开始仔细（地）打量我们的船，并高兴（地）叫起来时——她看见了我。
10. 她一阵风似（地）跑出去。
11. 我接过她递给我的杯子，一边喝水一边往窗子下面（）看，看到那姑娘和一个个子很高的飞行员（）从院子里（）走过。
12. "咱们别开这种玩笑好不好？"我连忙（）打断她。
13. 有一天晚上，她没来。我不停（地）往她办公室打电话，五分钟一个。
14. 春节期间（）飞机加班很多，她常常（）到夜里十二点才（）回宿舍，第二天一大早（）又要进机场准备。

二、将定语和状语放在句中合适的位置

Arrange the adverbial and attributive into the appropriate positions in the sentences below

1. 兴奋的旅游者们纷纷从车上下来了。
2. 我用望远镜看那些神情愉快的男男女女。
3. 她向我透露了她心里的秘密。
4. 女孩纯朴的理想深深地感动了我。
5. 他不停地说一个无聊的电视剧。
6. 我实在受不了吃吃睡睡的无聊的日子。

三、参看下面的句子结构，在合适的地方填上"的""地""得"

Using as reference the sentence structures below, at the appropriate space fill in "的"，"地"，"得"

1. 我充满信任（地）乘阿眉服务（的）航班回北京。
2. 一个穿红色连衣裙（的）女孩清楚（地）出现在我的视野中。
3. "别像个傻子似（地）看我。"我拍着他（的）肩膀乐呵呵（地）说，"待会儿尝尝我（的）手艺。"

4. 站在我身旁（的）一个老头一边从扶手上抽回自己瘦瘦（的）手，一边抱歉（地）对阿眉说："这是我（的）手。"

5. "你知道我现在（　）最大（的）愿望是什么？"
   "什么？"
   "临死前（　），最后一眼（　）看到（的）是你。"
   "小傻瓜，那时（　）我早（　）老了，老（得）不成样子。那时，也许（　）你想看（的）是孩子。"

6. 开头那几个月（　）我做（得）太好了，好（得）过了头，简直可以说惯坏了她。我天天（　）待在首都机场，只要是她们（的）飞机落地，我总要（　）急急忙忙（地）跑过去问："阿眉来了吗？"

四、找出下列句子里的定语、状语和补语
Locate the attributives, adverbials and complements in the sentences below

1. 我看见他把纸藏了起来。
   状语：今天中午、亲眼、慌慌张张地、把一张纸
   定语：一张（纸）
   补语：起来

2. 我会告诉你们事儿。
   状语：到时候、当着你们大家的面、坦率地
   定语：我这几天决定的（事儿）、你们大家的（面）

3. 我们安排：你们跟我见面。我会骑马过去。你们准备好。
   状语：就这样、明天上午十一点、在树林里麦地后面左边的那棵大树旁边、跟我、把一切
   定语：树林里麦地后面左边的那棵大树（旁边）
   补语：（准备）好

4. 他需要得到爱。
   状语：为了使自己对自己有信心、至少、从自己身边的一个人身上
   定语：那种；看得见、摸得着、感觉得到的（爱）
   补语：（看）得见、（摸）得着、（感觉）得到

五、给下面的句子添加定语、状语和补语
Add attributives, adverbials and complements to the sentences below

1. 那个在北京大学学习了两年的聪明的英国学生昨天上午8点和他的朋友一起坐一辆黄色的出租车很快地去了北京最大的机场。

2. 我那些在北京认识的好玩儿的中国朋友，昨天和我一起在一家又便宜又好吃的饭店吃了一顿告别午饭，我们吃得很开心。

第十三讲　要 会 将

练习一　Practice One

一、读一读下面的句子，根据"要"的意思，把句子分成五类

Read the sentences below, and classify the sentences into five types according to the different meanings of "要"

主语的主观意愿决定的将来行为	1、2、5
客观情况决定的将来行为	4、8
近将来时事件	3、8、10、12
主观判断或估计	7、11
要求、命令或禁止	6、9

二、翻译　Translate

1. 我以为你也许想要读一下这封信。
2. 如果你对现在的生活不满意，不要抱怨，要做一些事情。
3. 不要等着好事发生在你身上，你要走向幸福。
4. 我觉得他们就要成功了。
5. 他宣布他要退学了。
6. 告诉她我过一会儿给她回电话，我又要晚了。
7. 在学校里，女孩子要比大多数同龄的男孩子高一些。
8. 它们要更贵一些，但是用的时间也长一些。
9. 他说他有可能要到今晚才回来。
10. 他几天后要出发去新疆。
11. 你打电话的时候，我正要睡觉。
12. 他正要说话时，电话铃响了。
13. 她站在水池旁边，正要往里跳。

练习二　Practice Two

翻译　Translate

1. 医生下周还会给你看病。在此期间，你一定要尽可能多休息。
2. 如果我们哪一天结婚的话，一定会有一个很棒的婚礼。
3. 我父亲如果看见我脸上的伤，他会气疯的。
4. 哈珀上校发现了，一定会非常生气。

5. 我把一百万美元藏到了一个永远没人会找到的地方。

6. 热爱生活，生活也会爱你。

7. 比赛时我总会紧张得不行。

8. 如果有问题没有回答，他总会觉得不自在。

9. 一顿丰盛的英式早餐总会包括香肠。

10. 要不是下雨，我们会有一次愉快的旅行。

11. 要不是路太远，我一定会请你一起去。

12. 别跑题，否则你会把我弄糊涂的。

练习三　Practice Three

翻译　Translate

1. 我们将去伯明翰参加会议，然后马上回来。

2. 外交大臣将要访问中国。

3. 你将得到你想要的，这几乎是没有疑问的。

4. 对此他将别无选择，只有接受。/ 他将不得不接受，别无选择。

5. 他将要访问4个城市，包括中国的上海。

6. 一些已经工作的人将要失业。

7. 我们将要搬到一座新房子里去。

8. 他对我们将要做的事感到好奇。

练习四　Practice Four

翻译　Translate

1. 总统即将结束对索马里的访问。

2. 他一定已经知道我父母的婚姻即将结束。

3. 明年春天的选举即将到来。

4. 很显然，中国热情学习西方的时代行将结束。

5. 没有人会为行将发生的事情担心。

6. 那位重病人行将死去，我们什么也不能做。

练习五　Practice Five

翻译　Translate

1. 我知道我将会永远感激她。

2. 将会有充足的机会去放松、游泳和晒太阳。

3. 他忍不住担心将会发生的事情。

4. 如果这个工作真有那么好，你将会赚很多钱。

5. 我意识到从今以后我的生活将会多么艰难。
6. 这将会是一个极其寒冷的冬天。
7. 他知道明天将会是艰难的一天。

练习六　Practice Six

翻译　Translate

1. 他们下个月去 Guyana 旅行。
2. 中国明年开始进入一个新的五年计划期。
3. 但是两个月以后到期。
4. 新生后天入学。
5. 我后天晚上来看你。
6. 我们下周聚一聚，好吗?
7. 我们下周放假。
8. 我最快下周写完论文。

综合练习　Mixed practice

一、选词填空　Choose the appropriate word to fill in the blank

1. 现在觉得是天大的事，过个几十年回头看看，你就（会）觉得无足轻重了。
2. 她好像（要）立刻走过来，对我说一句很重要的话。
3. 如果 IBM 公司和苹果公司联合起来，（将）会有什么效果呢?
4. 她下个月就（要）去杭州出差，所以最近我们见面的次数比较多。
5. 偶尔他们对某个人某件事的看法也（会）不同，但更多的是一个人听另一个人的。
6. 他脾气不好，你说话（要）小心，弄不好他（会）和你吵架的。
7. 今年的冬天比往年都（要）暖和一些，奇怪。
8. 如果你一直这样浪费时间，你（将／会）一事无成。

二、判断并改错　True or false

1. 错。要是我跟他一起去，我知道他会让我喝酒。
2. 错。我要跟中国人合租房子，这样我会每天有机会说中文。
3. 错。因为现在我是一个大款，所以，我要买我最想要的帽子。
4. 错。如果你去一个公园的话，你就会看见美丽的风景。
5. 错。我真的羡慕你，你一定会越来越适应外国的生活。
6. 错。我要了解中国的情况，也要了解中国的文化。
7. 错。马上要放假了，我们都在准备行李。

第十四讲 在 正 呢

练习一 Practice One

一、用"S+（时点词）+在+V+(O)"和"时点词，S+在+place+V+(O)"看图说话

Use the "S + (时点词) + 在 + V + (O)" and "时点词, S + 在 + place + V + (O)" to talk about the pictures

1. 今天上午8点到10点，她在滑雪。/ 今天上午8点到10点，她在滑雪场滑雪。
2. 昨天下午4：30，他们在打篮球。/ 昨天下午4：30，他们在操场上打篮球。
3. 他现在在跑步。/ 他现在在海边跑步。
4. 今天晚上她在和朋友一起打羽毛球。/ 今天晚上她在羽毛球场和朋友一起打羽毛球。
5. 他现在在游泳。/ 他现在在游泳馆游泳。

二、翻译 Translate

1. 我在吃早饭，不能在网上看报纸。
2. 他在网上玩游戏，不愿意接电话。
3. 他给我打电话的时候，我在图书馆听一个艺术讲座。

练习二 Practice Two

一、翻译 Translate

1. 他此刻正在南美旅游。
2. Randall 这个时候应该正在拿周日的报纸。
3. 我正在等几封重要的信，可是一封都没到。
4. 我那时正在努力戒烟。
5. "为什么我们不知道正在发生的事情？"他抱怨说。

二、选词填空 Choose the appropriate word to fill in the blank

1. 我去的时候，他（正）在看电视。
2. 回头一看，他（正）要起身离开。
3. 我（正）要去找你，你就来了。
4. 他们（正）打算卖掉房子，然后搬到一个小点的公寓。
5. （正）说着，忽然听到外面有人敲门。
6. 这几天我一直（在）想这个问题。
7. 四年前他就开始写论文了，现在还（在）写，还没写完。
8. A：你（在）干什么？
   B：我（在）给朋友写信。

练习三　Practice Three

一、用"S + 一直在 + V（+ O）"看图说话
　　Use the "S + 一直在 + V（+ O）" form to talk about the pictures below
1. 他们一直在跳舞。/ 昨天晚上，他们一直在跳舞。/ 从 8 点到 12 点，四个小时里，他们一直在跳舞。/ 他们一直在舞厅跳舞。
2. 他们一直在喝酒。/ 两个小时里，他们一直在喝酒。/ 他们一直在酒吧喝酒。

二、翻译　Translate
1. 这些年来，他一直在进行教育改革。
2. Elizabeth 一直在为学校的作业收集蜗牛。
3. 我们一直在努力抢救她。
4. Dan 发现我一直在偷偷地和前男友见面。
5. 他和汉娜一直在他房外的院子里吵架。

练习四　Practice Four

翻译　Translate
1. 她知道你们想有个孩子，她一定总在偷听你们的谈话。
2. 我总在做决定，比如戒烟。
3. 像阿基米德一样，他总在思考问题，总在寻找事物的道理。
4. 我们不能老是这样了，好像我们总在争吵。

练习五　Practice Five

翻译　Translate
1. 你刚才在想什么呢？你开小差了。
2. 她总在背后说你的坏话呢！
3. Peter 业余时间总在练习弹钢琴呢。你难道不知道吗？
4. 留下吃饭吧。反正外面正下雨呢。
5. 怪不得从上周以来我的腿一直在疼呢。
6. 他一直在计划离开匈牙利呢，所以他卖掉了房子。现在你明白了吧？

第十五讲　着

练习一　Practice One

一、选词填空　Choose the appropriate word to fill in the blank
1. 我激动得不知道说什么好，只是呆呆地看（着）他。

2. 我去的时候，他（正/在）睡懒觉呢。
3. 在火车上，我们一边唱（着）歌，一边看（着）外面的风景。
4. 一班的学生（在）唱歌，二班的学生（在）跳舞。
5. 我喜欢躺（着）看书，所以，我的视力很不好。
6. 已经半夜了，他还（在）看书，真用功。
7. 她戴（着）一顶白色的帽子，很漂亮。
8. 我们（正）担心你找不到这里，你就来了。

二、翻译　Translate

1. 孩子一直盯着他身后的墙。
2. 她深深爱着他：这是个童话般的浪漫故事。
3. 我们盼望着他某一天再回家。
4. 这份报社的工作让我一天又一天地做着同样的事。
5. 他捡起一支铅笔，无所事事地摆弄着。
6. 她小口地喝着酒。现在一切都变得模糊起来，除了尼克的脸。
7. 他们看着她，好像她疯了一样。

练习二　Practice Two

一、翻译　Translate

1. 他说完话站起来，直视着我。
2. 他骑着马寻找那座城堡。
3. Sylvia 手里拿着相机问道："我们先去哪里？"
4. 他坐在那儿，听着老爷钟的嘀嗒声。
5. "欢迎我吗？"他靠着门，满怀希望地笑着说。
6. James 从卧室出来，用毛巾擦着他的湿头发。

二、用"V_1着（O）+V_2（O）"看图说话
　　Use the "V_1着（O）+V_2（O）" form to talk about the pictures

1. 女孩子背着书包去学校。/ 女孩子笑着回头看我们。
2. 她扶着妈妈看风景。/ 她陪着妈妈聊天。
3. 孩子骑着自行车玩儿。
4. 孩子哭着找妈妈。

练习三　Practice Three

一、翻译（一）　Translate

1. 服务员似乎急着要我们点菜。
2. 别急着说这个。

3. 别急着走。我还没做完呢。
4. 孩子们都急着看给他们的礼物。
5. 我不急着回去。
6. 我还没来得及看看孩子,她就急着把他带到医生那儿去了。

二、翻译（二） Translate
1. 她忙着把毛巾准备好。
2. 她忙着给客人端饭菜。
3. 老太太忙着给孩子们做衣服。
4. 我不能跟你一起去。我忙着听报告呢。
5. 他在屋里里走来走去,忙着把自己的东西放在一起。
6. 他总在忙着做生意。

练习四 Practice Four
一、看图说话 Talk about the pictures
1. 她在椅子上躺着晒太阳。/ 她躺在椅子上晒太阳。
2. 他在石头上坐着看大海。/ 他坐在石头上看大海。
3. 他们在沙滩上趴着聊天。/ 他们趴在沙滩上聊天。

二、翻译 Translate
1. 我们在客厅的沙发上坐着看电视。/ 我们坐在客厅的沙发上看电视。
2. 一些人在门口站着聊天。/ 一些人站在门口聊天。
3. Daniel 在沙发上靠着吃苹果。/ Daniel 靠在沙发上吃苹果。
4. 可以在沙滩上懒洋洋地躺着睡觉,我高兴极了。/ 可以懒洋洋地躺在沙滩上睡觉,我高兴极了。

练习五 Practice Five
一、看图说话 Talk about the pictures
1. 墙上贴着一张画。/ 墙前站着一个人。
2. 马路边蹲着两个人。
3. 阳台上站着一个人。
4. 草地上躺着一只小熊。
5. 地上长着很多漂亮的花。/ 花田里站着一个女孩。
6. 门口坐着一个女孩。

二、翻译 Translate
1. 他们还留下了一张名片,上面印着 Bob 的名字。
2. 在报纸下面放着一个信封。

3. 她是一个害羞的、漂亮的女孩，长着一双大大的蓝眼睛。

4. Lucy 在墙上挂了一条横幅，上面写着"欢迎爸爸回家"。

5. 客厅里到处乱扔着玩具、书、零食等。

6. 我找到了他那件夹克衫，就在门厅里挂着。

7. 她脖子上戴着一条银项链，上面挂着个十字架。

8. 这个护士头上戴着一顶红色的帽子。

练习六　Practice Seven

一、完成句子　Complete the sentences

1. 他得了一种病，不但坐着坐着就睡着了，而且<u>走着走着／开车的时候，开着开着</u>也能睡着。

2. 一次，牛顿牵着马上山，<u>走着走着</u>，突然想起了一个问题，便集中注意力思考起来。

3. 这个小城虽然很老，却也有很多时尚的东西，如果你在古老的小巷中散步，<u>走着走着就能看见一家麦当劳</u>。

4. 老太太又戴上老花镜，仔细地看丈夫的照片，<u>看着看着，她哭了。／看着看着，她笑了</u>。

5. 当晚我在宿舍看电视，心里却想着白天的事，<u>想着想着，我决定去看他</u>。

6. 她们看见男孩在跑在追在喊在哭，那小姑娘也大声哭起来，小男孩<u>跑着跑着跳到了河里</u>，那个小姑娘也一下子跳到河里。

二、翻译　Translate

1. 一个不知道姓名的人在 Dundonald 附近走着走着，摔倒了，死了。

2. 孩子哭着哭着睡着了。

3. Rhett 的声音又认真又亲切，Bonnie 听着听着，停止了抽泣。

4. 那个孩子跑着跑着，被什么东西绊了一下，摔倒了。

练习七　Practice Seven

一、翻译　Translate

1. 听着，如果你和他说话或什么的，一定要让我们知道，好吗？

2. 总统让飞机在 20 分钟车程的地方等着。

3. 尽管哭吧。别忍着。

4. "还是你拿着吧，"她说，"我们还要买别的东西。"

5. 你拿着它吧，把它作为你第一周的一部分工资。

二、看图说话　Talk about the pictures

1. 你（给我）听着，以后不许和我吵架！

2. 看着，我教你怎么做。

练习八　Practice Eight

一、回答问题　Answer the questions

1. 我的同屋讨厌着呢，我真的不喜欢他。/ 哪里啊，我的同屋好着呢。/ 哪里啊，我们的关系好着呢。
2. 他们两个人常常吵架，关系坏着呢。/ 他们的关系好着呢，很少吵架。
3. 在中国学习轻松着呢。/ 在中国学习紧张着呢。/ 在中国学习累着呢。

二、翻译　Translate

1. 你的牛仔裤还在洗着呢。
2. 请赶快向前面移动一下，你后面还有人等着呢。
3. 接着说，我们还在听着呢。
4. 离8月还早着呢。
5. 我才不在乎下不下雨呢，我高兴着呢。
6. 厨房里咖啡还多着呢。
7. 走开吧，孩子们，我正忙着呢。
8. 因为车到中午才开，李梅亭正在床上懒着呢。

综合练习　Mixed practice

一、改写句子　Rewrite the sentences

1. 我们喝着咖啡聊天。
2. 你知道吗？我现在开心着呢。
3. 外面（正）下着雪呢，你别走了。
4. 他现在（在）睡觉呢，别打扰他。
5. 墙上挂着一张画儿。
6. 他看着看着电视哭了。

二、选词填空　Choose the appropriate word to fill in the blank

（一）

　　我认识王眉的时候，她十三岁，我二十岁。那时，我（在）海军服役；她来姥姥家过暑假。那年夏天，我们载（着）海军指挥学校的学员进行了一次远航。到达北方的一个港口，我用望远镜看岸边那些愉快的男男女女，看见一个穿（着）红色裙子的女孩。她笑（着）跳（着）叫（着）向我们招手。这个女孩子给我留下的印象非常深刻，第二天她出现在码头，我一眼就认出了她。

　　我当时（正）背（着）枪站岗。她一边沿（着）码头走来，一边看飞翔的海鸥。然后，她看见了我。

"叔叔，昨天我看见过这条军舰。"女孩歪（着）头骄傲地说。

"我知道。"我笑（着）看（着）她。

那个夏天真是非常美好。女孩天天来码头上玩儿。

一天傍晚，女孩在我们舰吃过饭，回家经过堤上公路。忽然刮起了大风，海水漫上了公路。女孩吓坏了，不敢走了。我们在船上远远看到她，舰长对我说："你去帮帮她。"我跑到堤上，一边冲进水里，一边大声喊："紧跟我！"我们在公路上兴高采烈地跑（着）。当踏上干燥的路面时，女孩崇拜地看（着）我。我那时的确很帅：戴（着）蓝白色的披肩，海鸥围绕（着）我上下飞……

后来，暑假结束了，女孩哭（着）回了南方。不久寄来了信。我给她回了信，鼓励她好好学习。我们的通信曾经给了她很大的快乐。她告诉我，因为有个水兵叔叔给她写信，她在班级里还很受羡慕呢。

（二）

（在）火车站的候车室里，右边（是）一扇通往站台的玻璃大门，左边（是）一扇通往站长办公室的小门。候车室的椅子上坐（着）一些旅客，一张桌子的周围也坐（着）一些旅客。他们有的正（在）等从上海开来的快车。旅客中有戴（着）头巾打盹儿的人，也有穿（着）大衣的小商贩，另外，还有一些从大城市来的人。

三、判断并改错 True or false

1. 错。沿着窗户对面的墙还放着一张床。
2. 错。我爬了很长时间才到山顶的时候，我高兴极了。
3. 错。我喜欢坐在一条清澈的小溪边，看一本书。
4. 错。一天我在一家饭馆坐着看外面的风景。
5. 错。椅子也一起放着。
6. 错。房间地上铺着一个地毯，窗户关着。
7. 错。两个女孩儿在秋千上坐着聊天儿。
8. 错。花坛上种着几种花。
9. 错。有的人在沙发上坐着聊天。
10. 错。你说得太快了，我听不懂。
11. 错。我一直在房间等着朋友来接我。
12. 错。你打着电话开车！太危险了。你快停车吧。
13. 错。小孩子们在操场上踢着足球。

第十六讲 了

练习一 Practice One
根据意思，在合适的位置使用"了"
Based on the meaning, put "了" in the appropriate positions
孩子：妈妈，今天我要吃六个香蕉。
妈妈：好。吃吧。（过了一会儿）你吃（了）几个香蕉（了）？
孩子：吃（了）两个（了）。
（再过一会儿，孩子说吃完了）
妈妈：你吃了几个？
孩子：吃了四个。

练习二 Practice Two
用指定的结构回答问题或完成句子
Use the structure provided to answer the question or complete the sentence
1. 要是我的汉语能说得跟中国人一样就好了。
2. 我觉得北京的留学生活太棒了。/ 北京的生活比我在国内时有意思多了。/ 真是好得不能再好了。
3. 早上七点的时候，我说<u>该起床了</u>。
4. 六月的时候，我说<u>要放假了</u>。
5. 因为我两个月没看电影了。
6. <u>好久没见了</u>，今天一起吃个饭聊聊吧。

练习三 Practice Three
二、判断并改错 True or false
1. 错。昨天跟好朋友见面聊天，我觉得很开心。
2. 错。去年的夏天很热，我们去海边度假了。
3. 对。

练习四 Practice Four
下面的段落好不好？如果不好，应该怎么改？
Are the sentences below grammatically correct? If they are not, how can they be corrected?
这两个段落都不太好。
1. 昨天我先去西单了，在那儿吃了饭，买了一些东西，还去了书店，然后就去国贸大厦了。

因为"吃饭""去书店"都是在西单这个故事场景里发生的事情，是细节事件，要用"了$_1$"。

2. 我们到了不久之后，学校的上午运动开始了，我们在操场上看了一会儿。然后我们去上英语课了。虽然那节课本身比较乏味，但我看到了一些很特别的东西。

"运动会开始了"引入一个新的故事场景，接下来最好有一些细节事件的叙述，否则，故事的进展不好。"上英语课了"是另一个故事的进展，所以，可以用"了$_2$"。

练习五　Practice Five

一、判断并改错　True or false

1. 错。读大学的时候，每个月都看一场电影。
2. 错。我是孩子的时候，常常和爸爸一起去钓鱼。
3. 错。我是孩子的时候，常常和爸爸一起去钓鱼。
4. 错。昨天我们一个上午都在聊天。
5. 错。我们没有偷看你的日记。
6. 错。妈妈走进来，问："你怎么还没睡觉？"
7. 错。春节的时候，我去云南旅行了一个星期。我发现云南是一个很好玩儿的地方。

二、哪里可以用"了"？为什么？　Where can "了" be used? Why?

我决定（　）坐（　）阿眉服务的航班回（　）北京。我在广播登机之前进（了）客舱。阿眉给我看(了)她们的厨房设备(　)。我喜欢那些东西，可不喜欢阿眉对我说话的口气。

"别这样对我说话。"我说（　）。

"才没有呢。"阿眉有点委屈，"过一会儿我还要亲手端茶给你（　）。"

我笑（了），说（　）："那好，现在带我去我的座位。"

"请坐，先生。提包我来帮您放上面。"

我坐下，感到很舒服（　）。阿眉又对我说（　）："你还没说那个字呢。"我糊涂（了），猜不出来。

上（　）客（了），很多人走进（了）客舱，阿眉只好走过去迎接他们。我突然想（了）起来，可那个字不能在客舱里喊呀。

综合练习　Mixed practice

一、判断并改错　True or false

1. 错。上个星期天在希尔顿饭店，我们留学生参加了一场毕业晚会。
2. 错。我们在我弟弟的家休息了三天。
3. 错。到了东京以后，我们去了很多地方。
4. 错。回家的时候，去商店买了几斤苹果。

5. 错。今天我去看了一个公寓。
6. 错。我昨天早上十点起床,然后看了半个小时电视。
7. 错。上海给我留下了很深刻的印象。
8. 错。今天早上我的朋友给我打了电话。/ 打电话了。
9. 错。她让我知道北京大学的学生真聪明。
10. 错。每个晚上我们吃四五个小时晚饭。
11. 错。在中国的时候,我每天跟中国人说话。
12. 错。我从来没有吃那么长时间的饭。
13. 错。突然一个朋友给他打了电话,问:"你在哪里?"他回答:"我正在饭店里呢。"
14. 错。那时候他给了我一束玫瑰花。"纪念今天的日子吧。"他说。
15. 错。我弟弟问我他为什么不能喝酒。
16. 错。我非常高兴我决定来中国了。
17. 错。我高中毕业的时候,打算学习中文。
18. 错。我让弟弟离开,因为今天的生日晚会只请成人。
19. 错。在四天内,我们没有空儿去游览,真遗憾。
20. 错。我看到漂亮的花儿,非常感动。

二、综合改错(1) Correct the errors (1)

一天在我的农村我骑着我的自行车,突然在道路上的旁边看三筐梨了。筐梨的旁边有一个男人把梨摘了。他没看到我,所以我把一筐梨放在我的自行车的筐里而跑得很快。	看三筐梨→看见了三筐梨 筐梨的旁边→在那些梨筐的旁边 把梨摘了→在摘梨 而跑掉得很快→很快地跑了
回家的时候我见面一个很漂亮的姑娘了。她经过我的旁边,我回头而把帽子丢了。后来,我的自行车把石头打了,而我摔倒了,而且把梨掉了在地上。	见面了一个姑娘→看见了一个姑娘 我的自行车把石头打了→我的自行车撞上了一个石头 把梨掉了在地上→把梨掉在了地上
马上三个男孩子来帮我了。他们也帮我把梨捡了,而且把我的帽子找到了而还给我。我很感谢得把三个梨给他们而快快得走了。我不知道他们发现了我把筐梨偷了。	三个男孩子来了,他们帮我…… 把梨捡了→把梨捡了起来 还给我→还给了我 我很感谢得把三个梨给他们而快快得走了。得→地 我不知道他们发现了我把筐梨偷了。→有没有发现是我偷的梨。

三、综合改错（2） Correct the errors (2)

一个人在村摘梨了。我骑着我的自行车，突然看了两筐梨，没有人。我停了我的自行车，摘了一筐梨，放在自行车，出去了。	在村摘梨了→在村里摘梨 看了→看见了 放在自行车→放在自行车上 出去了→离开了。
骑自行车的时候，我看一个女孩子了，回头看了她。突然我的帽子吹了，那时候，我撞上了一个小石头，摔倒。三个小孩子来了帮助我，一个在打了乒乓球。捡了梨以后，他们把筐梨给了我。我走了。	看一个女孩子了→看见了一个女孩子 吹了→被吹掉了 摔倒→摔倒了 来了帮助我→来帮助我了 在打了乒乓球→在打乒乓球 筐梨→筐里的梨
一个小孩子捡了我的帽子，吹口哨着，来了给我的帽子，他也拿起来了三个梨，给了他的朋友。他们一边走，一边吃了梨。	吹口哨着→吹着口哨 来了给我的帽子→来了，给我的帽子 一边吃了梨→一边吃着梨
农民从树下去了，看了没有一筐梨了，突然看了三个孩子吃了梨，他想一想他们可以是小偷。	从树下去了→从树上下来了 看了没有一筐梨了→发现没有了一筐梨 看了三个孩子吃了梨→看见了三个孩子在吃梨 可以→可能

四、趣味阅读 Amusing Reading

在这个叙事语篇中，只有两个"了$_2$"，比"了$_1$"少多了。

In this narrative discourse, there are only two "了$_2$s", much less than "了$_1$".

这个故事有三个发展阶段：This story has three stages of development:

（1）我没机会跟王眉独处。

（2）我和王眉相处得不愉快。

（3）我和王眉确定恋爱关系。

后两个故事的进展分别是用"王眉来了"和"王眉又来了"作为标记的。而在故事进展的每一个阶段中，作者使用"了$_1$"对具体的事件进行叙述。

The stages of development of the two later stories are marked by "王眉来了" and "王眉又来了". In every stage of development in the story, the author uses "了$_1$" to implement narration of the specific events of the story.

第十七讲 过 来着 是……的 不 没

练习一 Practice One

一、翻译 Translate

1. "恐怕我从来没有去过那儿。""当然，我也没去过。"
2. "你从未看过玛丽莲·梦露的电影？"
3. 这是我看过的最精彩的电影之一。
4. "我听过多少次了？"麦钱特生气地抱怨道。
5. 她在哼一首我以前从未听过的民歌。
6. 巧得很，我曾经碰到过类似的情况。
7. 因为他曾经爱过她，她现在仍能对他产生影响。
8. 他不曾来过。
9. 的确，我们总想要自己不曾有过的东西。
10. 如果你曾经喜欢过我，就和我一起去，让我们从现在开始吧。

二、回答问题 Answer the questions

1. 是啊，他是一个非常有名的记者，他采访过很多名人，做过很多非常好的报道。
不是，他不太有名，他没有采访过很多人，也没有做过几个有名的报道。
2. 去贵州的时候，我吃过兔肉。
3. 因为他去过欧洲，在法国住过两年。
4. 因为她离过婚，很伤心。
5. 他们的关系很好，从来不曾吵过架。
6. 因为我从来没有见过像她这么漂亮的人。/ 因为她是我见过的最可爱的女孩。

三、选择填空 Choose the appropriate word to fill in the blank

1. 过
2. 了
3. 过、了
4. 过、×、了
5. 过、了
6. 了

练习二 Practice Two

翻译 Translate

1. 一定有人会说："我怎么跟你说来着！"

2. 让我想一想，刚才我说什么来着？
3. 他去年冬天还回家来着。
4. 我刚才想说什么来着？噢，对了，我们终于有了第二台电脑。
5. 今天上午有人打听你来着。
6. 情人节那天，她工作来着，我们今晚庆祝。

练习三　Practice Three

一、用"是……的"改写句子 Use "是……的" to rewrite the sentences

1. 他是<u>今天早上</u>到的北京。
2. 他是<u>坐火车</u>去的新疆。
3. 他是<u>在旅行社</u>订的两张机票。
4. 他是<u>给朋友</u>带的礼物。
5. 他是<u>和家人一起</u>去旅行的。
6. 他是<u>去北京参加会议</u>的。
7. 是<u>他</u>今天做的报告，不是我做的。

二、用"是……的"完成对话 Use "是……的" to complete the conversation

A：喂，你好。啊，小王，是你啊。你是什么时候到的？
B：<u>我是昨天晚上到的</u>。
A：是吗？路上顺利吧？
B：还行。挺顺利的。
A：你怎么来的？坐飞机还是坐火车？
B：<u>坐火车来的</u>。
A：挺累的吧？一个人来的吗？
B：不是，<u>和小红一起来的</u>。她怕坐飞机，不是吗？
A：对对对，我知道，我知道。她从来不坐飞机。
B：这次<u>我们不是来出差</u>的，就是为了玩儿玩儿。你明天有空吗？咱们见个面好好聊聊？
A：好啊，两年没见了。咱俩是该好好聊聊。

三、判断并改错　True or false

错。2014 年 11 月，我跟两个朋友一起去了宁夏，宁夏在中国的西北边。我们坐火车去的，坐了 26 个小时。

练习四 Practice Four

选词填空 Choose the appropriate word to fill in the blank

1. 你是怎么了？澡也（不）洗，饭也（不）吃，打算干什么呢？
2. 我们都忘了，谁都（没）送他礼物。
3. 我做梦也（没）想到他竟然来了。
4. 他从（没/不）说谎，我们都相信他，你也相信他好了。
5. 我是故意（不）告诉他的。
6. 书还（没）看完，还要借一个月。
7. 这几天心情（不）太好，我学（不）下去。
8. 谁也（不）知道他去了哪里。

综合练习 Mixed practice

一、判断并改错 True or false

1. 错。我们走路时，下雨了。所以，我们撑开了伞。
2. 错。我不经常喝啤酒，其实到今天为止我从来没喝过一瓶。
3. 错。父亲得在一个星期以内回韩国，所以，我的妈妈、弟弟和我还去了别的东北的大城市。
4. 错。有的人去美国留过学。
5. 错。我不曾看过北京的春天。
6. 错。我们是坐公共汽车去的人民大学。
7. 错。他们之间很和气，所以从来没有吵过架。
8. 错。从留学以来一封信也没给你写过，真对不起。
9. 错。教育家也曾经说过："孩子是父母的镜子。"如果父母爱看书，孩子也会喜欢看书；如果父母爱玩儿电脑，孩子也会这样。
10. 错。自从那次爸爸听完我说的话以后，就没有在家人旁边抽过烟。

二、选词填空 Choose the appropriate word to fill in the blank

1. A：我去（过）一次新疆，是坐火车去（的）。
   B：你是什么时候去（的）？
   A：1994年，那时候我还是学生。背（着）一个旅行包就去了。
   B：是啊。我第一次去新疆也是学生。
   A：你去（过）几次新疆（来着）？
   B：八次。
2. A：老关，我陷进去（了）。
   B：天哪！是什么犯罪组织？

A：换换脑子。是情网。

B：谁布（的）？

A：还记得那年到（过）咱们村的那个女孩吗？就是她。她长大（了），我和她谈上（了）。

B：是吗？她叫什么名字（来着）？

3. 我去看（了）几个同学，他们有的（在/正在）读大学，有的已成为工作单位的领导，曾经和我好（过）的一个女同学已成（了）别人的妻子。换句话说，他们都有自己正确的生活轨道，并都（在）努力地向前。

4. 我去疗养院找她。在路上碰见一个卖冰糕的，买（了）一大把。她一见我，笑（了）。"给我找点热水喝。"我把剩下的两只冰糕递给她。

阿眉舔（着）融化的冰糕，拿起一只暖瓶摇（了）摇："没水（了），我给你打去。"她一阵风似地跑出去。

这时，她同房间的空中小姐进来，拿（着）一本书。我没见（过）这个人。我弯（了）弯腰，表示尊敬，她却拿挺大的眼睛瞪（着）我："你就是阿眉的男朋友？"

5. 我天天待在首都机场，只要是她们的飞机落地，我总要堵（着）去吃饭的乘务员问："阿眉来(了)吗？"知道我们关系的刘为为、张欣等十分感动。不知道的人回去就问："阿眉，你欠（了）北京那个人多少钱？"如果运气好，碰上（了）阿眉，我们就跑到三楼冷饮处，坐（着）聊个够。阿眉心甘情愿和我一起吃七毛钱的盒饭。她还说这种肉丸子浇（着）蕃茄汁的盒饭，是她吃（过）的最香的饭。这期间，有个和我一起在海军干（过）的朋友，找我跟他一起去外轮干活。他说那个公司很需要我们这样的老水手。我真动心（了），可我还是对他说："我年龄大（了），让那些单身小伙子去吧。"

第十八讲　V起来　V下去

练习一　Practice One

一、选择填空　Choose the appropriate expression to fill in the blank

1. 每次玩累了，两个人就手捧茶杯，靠着椅子<u>开始聊天</u>。

2. 他们把胳膊肘支在桌子上，脸靠得很近，喝着酒，<u>开始聊天</u>。康伟业说："时小姐，你怎么样？工作和生活都挺好吧？"

3. 玛丽走过去挽着哥哥的手，把他领到摆满沙发的休息室，二人<u>开始聊天</u>了。

4. 这两位老同学，一见面就互相拥抱，<u>聊起天来</u>。

5. 小王一边给我们读她刚写的信，一边和我们热情地<u>聊起天来</u>。

6. 夏天的晚上，闷热得很，蚊子嗡嗡的。关灯之后，谁也睡不着，我们就<u>聊起天来</u>。

7. 没想到，达到目的地还不到10分钟，天竟<u>下起雨来</u>了，而且越来越大……
8. 天气仍然不好，时不时地还<u>下起雨来</u>。
9. 天气预报真准，晚上10时50分左右，天空<u>开始下雨</u>，并且越下越大，路面已全部被打湿。
10. 他喜欢在雨里走。有人说，有一次天空阴云密布，他就带着伞出门了，走了不久，果然<u>开始下雨</u>，而且越下越大，衣服被淋湿了。

二、翻译　　Translate
1. 听了他们的笑话，她夸张地笑起来。
2. 我忍不住大声哭起来。
3. 一小会儿功夫之后，她便忙着吃起来了。
4. 这是一顿丰美的饭菜，我们大家开始大吃起来。
5. 他开始唱起歌来，然后我也跟着唱起来。
6. 突然间，大家都喊起来、唱起来了。

练习二　　Practice Two
一、选词填空　　Choose the appropriate word to fill in the blank
1. 听众朋友，这期节目播送完了，请您（继续）收听本台的其他节目。
2. 恭喜你答对了，我们（继续）看下一题。
3. 看到这种情况，他实在不能（继续）忍（下去）了。
4. 照这样（继续）学（下去），四年之后你一定会成为一名出色的翻译。
5. 你儿子朝这个方向（继续）发展（下去），看你将来怎么办吧。
6. 我再也不能无动于衷地（继续）表演（下去）了。
7. 要是你认为确实能（继续）过（下去），那就过一辈子吧。
8. 虽然困难很多，但也没有办法，还要（继续）学（下去）。

二、想一想，下面的句子应该用"继续V"还是"V下去"
　　Think about it: Which phrase should be used in the sentences below, "继续V" or "V下去"
1. 现在让我们来继续讨论下一个议题。
   这件事再讨论下去有什么意义呢？
2. 最后，直到很晚了，不能再找下去时，汤姆才难过地回家了。
   他把孩子送到学校以后，又继续去找工作。
3. 接着说下去，我们还听着呢。
   "如果你爱我，"赫斯渥继续说，"我就会满足了。"

三、翻译　　Translate
1. 如果你继续这样做下去的话，总有一天你会犯大错的。

2. 他继续说下去，就像什么事儿也没发生一样。
3. 我们坚持下去直到工作做完。
4. 加油，坚持下去，你们差不多已经做完了。
5. 工作一天一天地进行下去了。
6. 我已经失败了好几次，但我仍然继续下去。
7. 你如果照这样子继续下去，你会损害健康的。/ 你如果这样下去，你会损害健康的。
8. 沉默了一会他又继续说下去。
9. 如果是我，我会继续做下去。
10. 他们不敢相信你竟然能够把一场对话进行下去。
11. 我们必须努力把工作做下去。
12. 我知道现在快半夜了，但我们最好还是坚持干下去，把工作干完。

综合练习 Mixed practice

一、用"起来、开始、下去、继续"填空
Use "起来, 开始, 下去, 继续" to fill in the blanks

1. 我们下个星期（继续/开始）学习（　）形容词的用法。
2. 妈妈不给孩子买玩具，孩子（开始）哭（起来）了。
3. 春天来了，天气（开始）暖和（起来）了。
4. 那位小姐没再（继续）说（下去），气哼哼地走了。
5. 阿眉的身体越来越糟，再这么（继续）干（下去），非生病不可。
6. 你们别管我，（继续）干（　）你们的。

二、选词填空 Choose the appropriate word to fill in the blank

1. 你走吧。再待（下去），也没意思了。
2. 他太伤心了，忍不住哭（起来）。
3. 她不知道自己哭了多久，哭到最后，她没有力量再哭（下去），也不再有眼泪了。
4. 不但要让他了解你为什么哭，还要让他相信你不会一直哭（下去），相信你有能力笑（起来）。
5. 吃过药之后，头疼消失了，可胃却开始疼（起来）。
6. "大夫，这个疼能过去吗？"病人问，"要是老这么疼（下去），我可不活了。"
7. 王师傅，你不能瞎练。你要照这样练习（下去），你的身体会练坏的。
8. 当时，导演只给她5天时间练习，于是她在家里一脚一脚地练习（起来），一天下来，小腿都踢肿了。

三、判断并改错 True or false

1. 错。你怎么了？现在睡起觉来？

2. 错。时间还早，我们继续喝吧。
3. 错。已经做成这样了，你也别放弃，做下去吧。
4. 错。她一听到音乐便跳起舞来。
5. 错。我要把汉语学下去。
6. 错。那时候我们的村子里很缺老师，所以，父亲一回国，就当起老师来了。
7. 错。我很希望早点让他的身体好起来，可是现在的医学不能治好他的病，所以，我认为"安乐死"这个办法也是一种选择。
8. 错。随着人口的增长，以前忽略的问题一天一天地严重起来了。
9. 错。那时候，他们的生活有好多难处，但是最重要的是他们还要活下去，他们想办法面对困难。
10. 错。如果我自己得了一种不治之症的话，当然我想还要生活下去。
11. 错。随着人们对健康关心的增加，人们也对绿色食品关注起来了。
12. 错。我觉得人们一直在研究有关食品的问题，这样的活动很重要，一定要把它进行下去。

第十九讲　动词重叠　Verb Reduplications

练习一　Practice One

一、写出下列动词的重叠形式
Write the reduplicate forms of the verbs listed below

聊聊天　练习练习　跳跳舞　见见面　锻炼锻炼　休息休息　收拾收拾　吵吵架

练习二　Practice Two

翻译　Translate
1. 既然这个方法不行，我们试试另一个。
2. 我只是问问他的名字。
3. "我想看看他，"他想，"碰碰他，摸摸他。"
4. 你可以和朋友在球场上踢踢球，这样锻炼锻炼身体。

练习三　Practice Three

翻译　Translate
1. 咱们来想想办法把它变得更容易些吧。
2. 我们都应该给自己时间好好想想。
3. 出去走走，好好玩玩，交些新朋友。
4. 哇，好家伙！想想看我会告诉他什么。

5. "嘿，朱迪思，"他接着说，"跟我谈谈你自己吧。"
6. 我觉得你该跟他谈谈了。
7. 这些事情还可以再商量商量吗？

练习四　Practice Four

翻译　Translate

1. 我想听听您对 2008 年世界博览会的看法。
2. "我到街上去走走，"吃完晚饭她说。
3. 我现在就需要跟她谈谈。
4. 她是想跟杰克商量商量。
5. 明天见，商量商量咱们的事。
6. 把烟戒了，多关心关心自己吧！
7. 我想请你们把这个计划带回家里，在周末的时候研究研究。

练习五　Practice Five

一、回答问题　Answer the questions

　　不可以。因为这个句子虽然是一种列举，但是表达的意思很强烈，如果用动词重叠翻译的话，句子的语气就翻译错了。

二、翻译　Translate

1. 我就想逛逛巴黎，读读萨特的作品，听听悉尼·贝谢的音乐。
2. 晚饭后，她听听音乐，洗洗碗。
3. 他说我应该洗洗脑，需要复习复习学过的知识。
4. 我每天都要做家务，而我的丈夫只是偶尔洗洗碗。

练习六　Practice Six

一、翻译　Translate

1. 你要是想谈谈，一定给我打电话。
2. 我要是想活动活动，就到山上走走。
3. 也许我能帮帮你的忙吧。
4. 我知道。我真的希望能帮帮他。

二、完成句子　Complete the sentence

1.（试）你如果不试试，你怎么知道你不行啊？
2. 如果你想出去玩玩儿（出去玩儿），你就给我打电话，我来接你一起去。
3. 去银行取钱的时候，你应该好好看看。如果不好好看看的话，万一有假钱怎么办！

练习七 Practice Seven

翻译 Translate

1. 他边点了点头边转过身，我看着他走了。
2. 两个办法都试了试，但没有成功。
3. 我们尝了尝他带来的白葡萄酒。
4. "我会没事的，"他说，"那只是想想而已。"
5. 当人们追问她的私生活时，她羞涩地笑了笑。
6. 她领着我四处看了看，将我介绍给每个人。

综合练习 Mixed practice

一、判断并改错 True or false

1. 错。你最好想清楚了再回答。
2. 错。孩子一边哭，一边找妈妈。
3. 错。他看了看我，什么也没说就走了。
4. 错。大家正在商量这个问题。
5. 错。在北京大学的时候，我们一起学习过。
6. 错。这就是我要看的书。
7. 对。
8. 错。我们去散散心吧。
9. 错。你这样说，真让我高兴。
10. 错。每天晚上很多人在湖边散步。
11. 错。你把那个球递给我。
12. 对。

第二十讲 语气助词 Modal Particles

练习一 Practice One

一、选词填空 Choose the appropriate word to fill in the blank

1. 他是学生 (吗 / 吧 / 啊) ?
2. 你去过长城 (吗 / 吧 / 啊) ?
3. 谁愿意去 (呢 / 啊) ?
4. 你去不去 (呢 / 啊) ?
5. 你还像个学生 (吗 / 啊) ?
6. 你不是吃过了 (吗) ?

7. 你难道不知道（吗/啊）？

8. 他没来过北京，哪儿能到过天安门（呢/啊）？

9. 他都不去，你又何必去（呢/啊）？

10. 客人来了，怎么不倒茶（呢/啊）？

二、用"啊"的不同形式填空　Use the different forms of "啊" to fill in the blank

1. 好了（啦），好了（啦），别哭了。

2. 怎么，你还不知道（哇）？

3. 快看（哪），那是什么（呀）？

4. 你先走（哇），别等我。

5. 好累（呀），休息一下吧。

练习二　Practice Two

根据上下文的语境，选择"吧、啊"填空

Based on the context of the sentences, use "吧" or "啊" to fill in the blank

1. 我们大概要迟到了（吧）？

2. 女：你们就是《人间指南》编辑部的（吧）？

3. 牛：会吓着孩子（吧）？

4. 余：干什么呢？加班儿（啊）？下班了也不回家，是不是家里又闹矛盾了？

5. 噢，好，没问题（啊）？好，好，太好了。

6. 王：啊，知道知道。我们小的时候就看过。哎哟，原来是您的作品（啊）？

练习三　Practice Three

一、根据上下文语境，选词填空

Choose the appropriate word to fill in the blank according to the context of the sentences

1. 余：嘁嘁，可笑。你还打算把我怎么样（啊）？

　 余：你凭什么不跟我说（啊）？我是当事人之一。你必须回答我提出来的问题。

　 何：请你马上出去……你们来这么多人干什么（啊）？都出去！

　 戈：诶诶诶，我说您客气点儿，行吗？您那么大人了，怎么不懂礼貌（啊）？

2. 牛：别哭，快别哭……啊，东宝儿，怎么回事儿（啊）？

3. 刘：诶，萝卜这么大啊。诶，辣不辣（啊）？

4. 余：我又一次深深地体会到，你说，就咱们这些用这种态度对待自己错误的人，咱们怎么能不进步（呢）？

　 李：就是啊。进步得怎么能不快（呢）？

练习四　Practice Four

一、翻译　Translate

1. 让我看看你的表。这块表真漂亮啊!
2. 厨房真漂亮啊! 真现代化啊!
3. 要是你早些时候告诉我该多好啊!
4. 你的卷发多漂亮啊! 为什么要剪掉呢?
5. 多难看的东西啊! 扔掉, 扔掉!
6. 哦, 是啊! 有时候雨下得可大啦! 北京这儿怎么样?
7. 老王工作可认真啦, 你别马马虎虎的。
8. 你担心得太多啦! 问题并没有这么严重。
9. 那太棒啦! 说不定你可以交到一个女朋友。

二、选择填空　Choose the appropriate expression to fill in the blank

1. 我们感到教师的工资太低了。如果能给教师提一提工资, 那就（太好啦）。
2. 那时候很多人不爱学习, 但是他说:"以后我考大学。考上大学（多好啊）, 到时候会有好的出路。"
3. 老师:"小丽, 你来谈谈对大学的感受。"
   小丽:"大学生活（可好啦）! 有很多的自由, 爱干什么干什么!"
4. 年轻（真好啊）! 有那么多选择, 犯了错也没关系, 有的是机会和时间。

练习五　Practice Five

选择合适的语气助词填空　Select the appropriate modal particle to fill in the blank

1. 竹, 我爱你, 嫁给我（吧）。
2. 刘:张和, 去做饭（吧/啊）。
   刘:啊, 有客人就不吃饭了? 行, 待着（吧）, 待着（吧）。晚饭甭吃了。嗯, 就知道聊。无聊!
   张（对客人说）:她就是这么个人……你别往心里去（啊）。
   张:刘秀英, 我告诉你, 你说话可得负责任（啊）。
3. 余:这叫矿泉壶, 你看看（吧）。
4. 牛:好了, 老何同志, 别发火, 别发火（嘛）。我们可以按照你的要求, 立即让他们停止……
5. 王:不管怎么说, 我觉得没那么严重。出了事儿, 咱们就想办法解决（嘛）。其实……
6. 王:诶, 大家倒是说话（啊）。该怎么办呢? 事儿都这样了, 现在该怎么办?

李：老陈回来也没有办法，承认了（呗）。
7. 李：到那儿再说（呗）。见机行事。现在担心也没用。
8. 王：登广告就登（呗），交钱不就完了吗？他怎么这么低三下四的呢？

练习六　Practice Six

用"啊、呢、吧、嘛"填空　Use "啊，呢，吧，嘛" to fill in the blank

1. 呢　　2. 啊　　3. 呢　　4. 呢　呢　　5. 呢　啊　　6. 嘛　　7. 吧／啊　呢

练习七　Practice Seven

翻译　Translate

1. "天哪！"丹尼斯心里喊道，"啊，我的天哪！"
2. 上帝啊，求你让他打电话给我吧！
3. 她只说吃啊穿啊的。
4. 什么猪肉啊，土豆啊，青菜啊，她都买了。
5. 他们走啊走啊，一直走到河边。

练习八　Practice Eight

一、**翻译**　Translate

1. 他是跟你开玩笑呢，你别当真。
2. 我不介意你开玩笑，我还喜欢你这样呢。
3. 睡觉吧。我明天还得忙呢。／我明天还有很多工作要做呢。
4. 你就不能穿得更体面一些吗？别人还以为你是个流浪汉呢！
5. 你还是我的朋友呢！你怎么能对我做这样的事？
6. 他们说："汤姆，你闭嘴！"我说："才不呢，你们闭嘴！"
7. "可我们会把炉子弄坏的！"——"我才不在乎呢！"
8. "知道这个周末谁要来吗？"——"不知道。不过，管他呢。"

二、**选词填空**　Choose the appropriate word to fill in the blank

1. 摆出来就吃（吧），吃完了大家还得谈正事（呢）。
2. 你不知道，我收到你的信，哭了好几天（呢）。
3. 这鱼可新鲜（呢）！你就买一条（吧）。
4. 你别生我的气，我不是故意躲着你，我心里矛盾着（呢）。

练习九　Practice Nine

翻译　Translate

1. "周日晚上在弗兰克家怎么样？"——"好啊，几点？"

2. 滚出去。事情给你搞得还不够糟啊!
3. 我不知道啊,我没在哪儿啊!
4. "有人打电话找你。"——"可是没有人知道我在这里啊!"
5. 你玩儿那支枪要当心啊。那是真枪啊!
6. 那的确是不幸啊!

练习十　Practice Ten

翻译　Translate

1. "你是怎么知道他是爱尔兰人的呢?"——"很明显的事嘛。"
2. 这才对了嘛,你现在慢慢开始熟悉情况了。
3. 只是开个玩笑嘛,何必当真呢?
4. 这样做就是不对嘛。
5. 我们快要结婚了,应该互相帮助嘛。
6. 你是罪有应得,种瓜得瓜,种豆得豆嘛。
7. 当然,嫉妒总是伴随着羡慕,这是人之常情嘛。/ 事情本来就是这样嘛。

练习十一　Practice Eleven

翻译　Translate

1. 你一定是在等哪位小伙子吧。
2. 我不在的时候,你打扫一下厨房总该可以吧。
3. 也许,我完全退出更好吧。
4. Jenny,你想去参加晚会就去吧。
5. 他告诉我,想打就打吧,并给了我电话号码。
6. 你想唱歌就唱吧,很多歌手来这儿都会现场唱歌。

练习十二　Practice Twelve

翻译　Translate

1. 你要唱就唱呗。管那么多干什么!
2. 不懂?那就好好学呗。
3. 我们是朋友,朋友就互相帮忙呗。还能说什么呢?
4. 所以,只要你想就去见她呗。谁管呢!

综合练习 **Mixed practice**

一、用合适的语气助词填空（一）

Use the appropriate modal particle to fill in the blank

玛丽：最近忙不忙（啊）？

安娜：可忙啦！

玛丽：忙什么（呢/啊）？

安娜：写论文（啊）、考 HSK（啊）、上课（啊），忙死了。你挺悠闲的（吧）？

玛丽：才不是（呢）！我也忙得很，天天做实验。

安娜：是吗？今天晚上我们去看场电影（吧）？休息休息。

玛丽：看电影（啊）？好看（吗）？

安娜：听说可好看（呢）！

玛丽：我不大喜欢看电影，还是去跳舞（吧）！

安娜：那好（啊/吧）。这次就再听你一次。

玛丽：本来就应该听我的（嘛）。我的主意多好（啊）！

安娜：别自我感觉良好了。我们什么时候去（啊/呢）？

玛丽：晚饭后 7:30，行（吗）？

安娜：行（啊）。要化化妆（吧）？

玛丽：当然。漂漂亮亮的跳舞才有意思（嘛）！

二、用合适的语气助词填空（二）

Use the appropriate modal particle to fill in the blank

（一）

A：可这事儿也太好了（吧）？好得我都不敢相信。这种好事儿，我真是头一次遇见。

B：你对生活失去信心了（吧）？不相信这世界上还有好人了？这也难怪。这几年（啊），社会都乱了。什么理想（啊）、信念（啊）、前途（啊）、高尚（啊），都没人信了。我不怪你们，年轻人（嘛），容易动摇。这么着（吧），你们回去再好好儿想想，前后左右都想到了，要是觉得有问题就算了。要是觉得可以干，信得过我，就按名片上的号码儿给我打个电话。我给你们几天时间考虑，好好儿想想。好不好（啊）？

（二）

……事情是这样，再有两个月就到六一儿童节了。孩子(嘛)，祖国的花朵，民族的希望，一年（呢），就这么一个节，咱们当大人的，平时可以不管，到节日了，总得为孩子们办点儿事儿，你说对（吧）？

（三）

李：诶，你们俩能不能安静一点儿？不吵了？不是说的都是一件事儿（吗）？

夏：就是（啊）。

李：谁先说不行（啊）？都坐下，坐下坐下。诶，那你叫什么名字（啊）？

夏：我叫夏天。简单地说（吧），是这么回事儿。有一个星星，朝咱们地球撞过来了。据说这一撞（啊），咱地球上最少得死一半儿人。

李：据说，你是据谁说的？消息可靠（吗）？

夏：这个准确的出处（啊/呢），我也不说不出来。不过，我天天（啊）听收音机，像什么日本（啊）、朝鲜（啊）、苏联（啊）、美国（啊）……

李：坐下说，坐下。

夏：英国（啊），还有好些我不知道名字的国家，它们的广播我都听。诶，你知道（吗），外国人（呢），他们说话都像感冒了似的，没有四声。你让我说它是哪国之音，我哪儿说得出来（啊）！不过，我确实是听见了，最后一句最可怕，说这个星星跟咱地球这么一撞，就好像好几千万颗原子弹爆炸一样。

李：这是科学，你听外国的广播它可靠（吗）？

主要参考文献
Main References

北大中文系（1993）《现代汉语》，商务印书馆.

储泽祥（2004）《汉语"在+方位短语"里方位词的隐现机制》，《中国语文》第2期.

崔建新（1995）《可重叠为AABB式的形容词的范围》，《世界汉语教学》第4期.

郭圣林（2006）《"V着V着"句的语篇考察》，《语法研究和探索》第13辑，商务印书馆.

何杰（2001）《现代汉语量词研究》（修订版），民族出版社.

黄伯荣 李炜（2012）《现代汉语》（上、下），北京大学出版社.

李珊（2003）《动词重叠式研究》，语文出版社.

李晓琪（2005）《现代汉语虚词讲义》，北京大学出版社.

李英 邓小宁（2005）《"把"字句语法项目的选取与排序研究》，《语言教学与研究》第3期.

李英哲等（1990）《实用汉语参考语法》，北京语言学院出版社.

李珠（1997）《建立三维语法教学体系——初级阶段对外汉语语法教学研究的回顾与展望》，《世界汉语教学》第2期.

刘月华（1996）《汉语的形容词对定语和状语位置的选择》，Journal of the Chinese Language Teachers Association, Vol.31:2.

刘月华（1998）《趋向补语通释》，北京语言文化大学出版社.

刘月华等（2000）《实用现代汉语语法》（修订本），商务印书馆.

鲁健骥（1999）《对外汉语教学思考集》，北京语言文化大学出版社.

陆俭明（1988）《数量词中间插入形容词情况考察》，《第二届国际汉语教学讨论会论文选》，北京语言学院出版社.

马真 陆俭明（1997）形容词做结果补语情况考察，《汉语学习》第6期.

孟琮《动词和动作的方向》,《第二届国际汉语教学讨论会论文选》,北京语言学院出版社 1988.

彭小川等(2004)《对外汉语教学语法释疑201例》,商务印书馆.

石毓智(2004)《论汉语的构词法与句法之关系》,《汉语学报》第1期.

佟秉正(1988)《汉语语法的对比教学》,《世界汉语教学》第1期.

王光全 柳英绿(2008)《汉语处所化的机制及其在教学中的应用》,《世界汉语教学》第1期.

王还(1984)《汉语的状语与"得"后的补语和英语的状语》,《语言教学与研究》第4期.

王邱丕 施建基(1991)《扩展、排他、强调——说补语》,《语言教学与研究》第4期.

王邱丕 施建基(1992)《补语与状语的比较》,《语言教学与研究》第4期.

徐晶凝(1998)《关于程度副词的对外汉语教学》,《南开学报》(哲社版)第5期.

徐晶凝(2008)《现代汉语话语情态表达研究》,昆仑出版社.

徐晶凝(2014)《叙事语句中"了"的语篇功能初探》,《汉语学习》第1期.

徐晶凝(2016)《主观近距交互式书面叙事语篇中"了"的分布》,《汉语学习》第2期.

徐晶凝 雷友芳 王芳(2015)《〈博雅汉语〉初级教材多项定语的呈现考察——兼谈教材科学性的定量判断》,《国际汉语教学》第6卷第2辑,学林出版社.

袁毓林(2004)《汉语语法研究的认知视野》,商务印书馆.

张国宪(2005)《性状的语义指向规则及句法异位的语用动机》,《中国语文》第1期.

张旺熹(1999)《汉语特殊句法的语义研究》,北京语言文化大学出版社.

赵元任著,吕叔湘译(1979)《汉语口语语法》,商务印书馆.

朱德熙(1982)《语法讲义》,商务印书馆.

Acknowledgements

感谢从 2006 年以来所有选修过中级语法课的同学们。无论是他们课上的提问、课后作业里的表现，还是在教学评估里的反馈，对我来说，都提供了进一步深入思考理解汉语语法现象及语法教学理念的极为宝贵的视角。

2017 年 2 月 3 日，突然接到了一封邮件，是两年前选修过语法课的法国学生 Sylvie Nguyen（斯维）写来的。这个不期而至的春节问候，让我再次深刻地感受到作为教师的幸福。我也一直记得她，安静、优雅、努力。回想起来，语法课上与我一道营造过美好教学体验的学生太多了，恕我不能一一列举他们的名字。在此，我要特别感谢来自西班牙的范娜莎、石海神、阿龙西门，以及来自美国的吴亚当，他们的作业收入这本书中。感谢 2016 年秋季学期的俄罗斯学生伊利亚，他提供了火车卧铺车厢的照片，并指出了试用本教程里的俄文错误，还给了我一些很好的修改建议。

感谢所有在慕课平台上选修过语法课的同行和学习者们，他们慷慨的积极反馈极大地增强了我出版本书的信心。感谢来自英国的 Keith Robinson 特意写来邮件，针对授课 PPT 排版等方面所提出的 10 余条详细修改建议（抱歉的是，因为太忙一直没有时间进行课程重录）；感谢 Александра Козлова 写来邮件指出俄文错误；感谢不辞辛苦一一回答课程问卷调查的 Peter Ross, Nieves Rodriguez, Jake Piper, Amy Lynne, Elizabeth Braun, James Yan 等等学员；感谢通过论坛平台提供课程反馈的 sherrlw-MN 等等学员。虽然我从未与这些来自世界各地的"学生们"谋面，但他们的参与、支持对我同等重要，感谢他们给我带来的无上的快乐与温暖。

感谢北京大学对外汉语教育学院 2014 级的美国硕士毕业生 David Schultz（萧大龙），他利用 2015 年的暑假时间帮忙对本书进行了英文翻译，并在长达两年的时间里，不厌其烦地多次帮助我判断英语的句子是否合乎语法，以及究竟该如何表达。

感谢我的女儿郑涵颖，她在高二紧张的学习之余帮忙完成了本书的插图绘制。

感谢北大出版社愿意出版这本教程，感谢编辑孙娴老师的细致工作。感谢胡双宝先生，胡先生的终审意见让我体悟到做研究所需要的一丝不苟的精神。

感谢所有直接或间接给予我帮助的同事们、朋友们！引用慕课学员 Peter Ross 在给我的邮件里所说的话："这不是随便的感谢，是从我的心里来的。"

徐晶凝
2017 年 3 月 4 日